ROLAND DURAND

LA CUISINE
DES CHAMPIGNONS
EN 200 RECETTES

ROLAND DURAND

LA CUISINE
DES CHAMPIGNONS
EN 200 RECETTES

Flammarion

Cet ouvrage a été publié pour la première fois en 1989, sous le titre *Les meilleures recettes de champignons*.

L'auteur remercie Joseph Relier, mycologue, Jean et Alain Rougié, Jacques Chadel, Martine Berthier, Martial Enguehard, Pierre Miecaze, Philippe Renard, Patrice Guibert et Alain Gonnet pour leur contribution à la mise en forme et à la réalisation de cet ouvrage.

Texte mis au point par Sylvie Girard.

© Flammarion, 1989
Dépôt légal : août 2000
Numéro d'édition : FT2551
ISBN : 2-08-202551-9

SOMMAIRE

7
LA PASSION D'UN CHEF

11
DE LA CUEILLETTE À LA TABLE
Les champignons dans la cuisine

14
Les champignons sauvages

18
Les champignons cultivés

20
Les champignons du marché

23
Un aliment complet

24
La cuisine des champignons

35
DES AMANITES AUX VOLVAIRES
Les meilleurs champignons comestibles

66
Menus de saison

67
RECETTES

220
Index des recettes par variété de champignon
Index des recettes par catégorie de plat

A Jean Delaveyne,
avec mon amicale gratitude.

La passion d'un chef

Les champignons sont pour moi des compagnons de longue date. De mon enfance campagnarde, je garde un besoin profond de contact avec la nature, la prairie, la forêt. Paysans auvergnats, mes parents et mes grands-parents m'ont transmis, instinctivement, ce goût pour la terre et ses produits. L'habitude de ramasser les champignons et de les cuisiner, en fonction de la saison, des saveurs uniques qu'ils possèdent et des innombrables préparations qu'ils permettent, n'est pas pour moi une découverte récente, et je garde encore aujourd'hui le souvenir de ces tapis entiers de mousserons qui se déployaient dans l'herbe rase après le passage des moutons. Il faut dire que le Massif Central, aux alentours de Clermont-Ferrand où je suis né, est l'une des régions de France les plus riches en champignons sauvages, aussi bien en quantité qu'en variété. Lorsque, pendant les vacances, on m'envoyait garder les vaches, les cortèges de bolets ou de girolles, d'agarics ou de russules me faisaient déjà signe.

Il m'a fallu conquérir une certaine autonomie comme chef de cuisine pour imaginer un livre de recettes entièrement consacré aux champignons. J'avoue d'emblée mon goût pour trois cuisines. D'abord celle de mon terroir d'origine, l'Auvergne. Celle ensuite de l'Asie et de l'Extrême-Orient, où de fréquents voyages m'ont fait découvrir des mariages de saveurs pleins de subtilité. Enfin, l'inépuisable registre de la cuisine des légumes, dans laquelle les champignons occupent une place de choix, ne serait-ce qu'avec le champignon de couche, l'espèce cultivée la plus répandue au monde, souvent décriée — à juste titre lorsqu'elle est conservée en boîte — mais réellement exquise quand on la cuisine fraîche.

Ma rencontre avec Jean Delaveyne, le célèbre chef du *Camélia,* à Bougival, qui fut le père spirituel de nombreux cuisiniers, a sans aucun doute été décisive dans mon goût pour ces étonnants produits que sont les champignons. Non seulement j'ai appris à mieux les connaître, mais aussi l'originalité de son approche a été pour moi une source de découvertes, pour en exploiter toutes les possibilités sur le plan culinaire et gastronomique. Ce n'est pas du jour au lendemain que j'ai imaginé les caillettes de sardines fraîches aux mousserons, la tête de veau en fricassée aux gyromitres ou la minute de carpe aux cèpes : c'est grâce à des conversations passionnantes avec des gens passionnés, des lectures nombreuses et des expériences multiples, avec toujours l'envie de « tirer » d'un produit tout ce qu'il peut donner que naissent les idées de recettes, avec en outre cette curiosité permanente qu'alimentent les voyages dans des pays où les traditions gastronomiques sont bien différentes des nôtres.

Il y a néanmoins un point commun entre les cuisines européennes et asiatiques : le goût des champignons, justement. C'est au Japon par exemple que ce penchant connaît une véritable passion à la saison du fameux *matsutake* ou tricholome botté (*Tricholoma caligatum*), une espèce sauvage très réputée que les amateurs s'arrachent à prix d'or : chaque exemplaire est présenté dans une boîte-écrin aussi précieusement qu'un joyau, délicatement décoré d'aiguilles de pin car ce champignon pousse près des conifères. On le trouve dans certaines régions d'Europe, notamment en Italie du Nord. Les autres champignons couramment cultivés au Japon — le *shiitake* ou lentin de chêne, le *maitake* ou pleurote en écaille d'huître, le *shimejitake* ou armillaire couleur-de-miel, ainsi que le *nameko,* collybie à pied velouté et *l'enokitake,* typiquement japonais — restent des produits de luxe malgré l'attrait qu'ils exercent sur les gourmets. La truffe, et même le cèpe, ne sont pas non plus chez nous de consommation très courante, mais combien d'heureuses surprises attendent le chasseur de champignons ! Je lui promets d'authentiques révélations avec certains de mes préférés, comme le coprin chevelu à déguster tout jeune le jour même de sa récolte, chef-d'œuvre de délicatesse qu'il faut cuisiner le plus simplement possible. Le tricholome équestre, lui aussi, se prête à de succulentes recettes. Quant au polypore en ombrelle, sa consistance, son parfum, sa saveur, tout en lui est remarquable.

Plus encore que les légumes classiques du potager, les champignons sont à l'image d'une véritable cuisine terrienne, l'une de celles qui m'inspire le plus. Soupes et potages, salades et gratins, fricassées, sautés et ragoûts à base de champignons m'ont inspiré toutes sortes de variantes, et très souvent dans le registre le plus simple, qui évite de dénaturer la saveur et la personnalité de chaque espèce. Si j'ai voulu consacrer un livre de recettes aux champignons, c'est bien la preuve que je les tiens en haute estime. Parfois, la lecture d'une recette dans un livre ou un magazine, la dégustation d'un plat dans un restaurant me donnent l'idée d'un apprêt que je m'empresse de mettre au point, comme les ravioli de cèpes dans leur bouillon d'ail doux, la langue de bœuf en estouffade aux anchois, la pissaladière aux lactaires ou la marinade de pleurotes à la menthe. Certaines épices exotiques, ou des modes de cuisson en usage en Asie, m'ont également permis de renouveler certaines préparations, comme le curry de clitocybes nébuleux au lait de coco, la langue de bœuf en sashimi ou le chutney de champignons. Mais je ne voudrais pas non plus passer pour un « obsédé » des champignons ! Des amanites aux volvaires en passant par les clavaires, les guépinies ou les pézizes, les champignons, sauvages ou cultivés, ont un rôle de tout premier choix à jouer en cuisine, du hors-d'œuvre jusqu'au dessert, en accompagnement de viandes ou de volailles, d'abats, de poissons ou de coquillages. Comme toujours en ce domaine, c'est le juste accord qu'il faut savoir réaliser, pour ne pas réunir dans une assiette des ingrédients trop disparates.

L'originalité des saveurs que l'on découvre en cuisinant les champignons, les textures et les parfums qu'ils apportent aux mets sont une garantie de plaisirs gustatifs et de surprises renouvelées par la joie, déjà, de les avoir découverts et ramassés dans les champs et les bois. Et si j'ai créé une compote aigre-douce de girolles aux abricots secs pour accompagner du gibier, des œufs cocotte aux pivoulades ou des filets de turbot aux girolles et aux fanes de radis avec ces « légumes » d'un genre particulier, je trouve autant de satisfaction à cuisiner les classiques cèpes à la bordelaise, les coprins poêlés au beurre ou les lactaires poivrés sur la braise, le ris de veau aux morilles ou la brandade de morue aux truffes.

Abondants et variés, parfumés et savoureux, les champignons méritent tous les éloges, à la fois du promeneur, du cuisinier et du gourmet. Depuis la grande référence qu'offrait la *Mycogastronomie* du docteur Paul Ramain en 1954, les cuisiniers, amateurs ou professionnels n'ont cessé de faire appel aux espèces les plus diverses, des plus nobles aux plus modestes. La fécondité de la nature est à cet égard la plus riche des sources d'inspiration.

LES CHAMPIGNONS DANS LA CUISINE

Produits simples, directement issus de la nature, les champignons reflètent pour moi une véritable harmonie qui se renouvelle constamment. A chacune de mes promenades en forêt ou à la campagne, je les retrouve, offerts à la cueillette, si authentiques par rapport aux variétés de légumes cultivées et soumises aux croisements et aux progrès de l'agronomie. Et pourtant, de plus en plus de champignons sont cultivés pour approvisionner le marché. J'aime tous les champignons, et parmi les recettes que je propose, certaines sont volontairement très simples et faciles, pour permettre une cuisine rapide, au retour de la cueillette ou du marché, d'autres sont plus élaborées, pour un repas de fête ou parce que le produit lui-même est rare.

Mise à part une vingtaine d'espèces appréciées par tous les « mycophages » depuis très longtemps, l'intérêt gastronomique de la plupart des champignons est avant tout affaire de goût personnel, surtout si l'on tient compte de réactions variables selon les individus. Le clitocybe nébuleux, excellent et justement réputé à mon avis, possède néanmoins ses détracteurs et ses partisans, selon qu'on le trouve déplaisant au goût et légèrement laxatif, ou au contraire agréable au palais et produisant une certaine euphorie digestive. J'en ai moi-même consommé à plusieurs reprises sans jamais ressentir le moindre effet... Je connais des « casseroleurs », comme on dit dans le jargon des chasseurs de champignons, qui ne s'intéressent qu'à deux ou trois espèces, alors que certaines variétés, méprisées par ces derniers, sont considérées comme les égales des meilleures aux yeux des « mycogastronomes ». Il faut les entendre parler avec émotion de la délicate psalliote des bois ou de la pholiote du peuplier, dont la chair ferme et croquante est parfumée à l'amande, de la clavaire chou-fleur à saveur de noisette ou de l'hygrophore blanc-de-neige à l'odeur de violette.

Le terme « champignon » s'applique à plus de 100 000 espèces, y compris les levures et les moisissures microscopiques, qui sont de loin les plus nombreuses. Pour ce qui est des champignons comestibles et qui présentent de l'intérêt pour le gastronome, la flore de l'Europe de l'Ouest permet d'en recenser environ 250 espèces. Une vingtaine d'entre elles comptent parmi les plus délicats et savoureux produits de la cuisine, une cinquantaine d'autres sont très honorables et les autres, si elles sont bien fraîches et bien préparées, sont simplement mangeables. Parmi toutes celles que j'ai eu l'occasion de cuisiner, j'en ai retenu une bonne cinquantaine, que les recettes de ce livre utilisent avec le maximum de variété.

Les champignons sauvages

La gastronomie des champignons commence par un plaisir qui compte à mon avis pour beaucoup dans ce goût que je partage avec de nombreux amateurs : la cueillette, cette promenade en pleine nature, dans les « coins » que je connais ou dans ceux que je découvre, pour dénicher au bon moment les exemplaires qui donneront le meilleur d'eux-mêmes.

Il existe deux grandes poussées mycologiques dans l'année, la première au printemps et la seconde en automne. A la fin de l'hiver, la douceur parfois humide du printemps qui s'annonce explique l'apparition de certains champignons qui témoignent du renouveau de la nature : ce sont surtout les morilles et les premiers tricholomes de la Saint-Georges. En automne, l'humidité caractéristique de cette saison, avec les brouillards mouillants mais frais de septembre, la fin de la sécheresse et des chaleurs estivales occasionnent des chocs thermiques ou hygrométriques indispensables pour déclencher le processus de formation des espèces. C'est alors qu'apparaissent les cèpes et les girolles, les craterelles, les pholiotes et les lactaires, les psalliotes et les russules. Quant aux truffes, elles ne fructifient qu'en hiver, après les premières gelées. Il est à noter également que les champignons fructifient particulièrement bien en période de lune croissante (premier quartier), phénomène familier aux chasseurs de champignons.

Aucun « truc » ne permet de reconnaître un bon champignon d'un mauvais, quand on a des doutes sur sa toxicité éventuelle. Comme tous les mycologues sérieux, je n'attache aucun crédit aux préjugés et aux « on-dit » que l'on retrouve encore souvent répandus dans les croyances populaires. L'on dit par exemple que les champignons mangés par les insectes, limaces ou escargots sont bons. C'est faux. Tous ces animaux peuvent consommer impunément tous les champignons, vénéneux ou non. On dit aussi que les champignons toxiques font noircir une cuiller d'argent à la cuisson. En réalité, c'est le soufre que contiennent les champignons (surtout s'ils sont âgés) qui provoque ce brunissement. Autre préjugé courant: les champignons à chair blanche seraient comestibles, de même que ceux qui sentent bon, et leur toxicité serait annulée en les pelant. Attention à cette triple contre-vérité! L'amanite printanière et la vireuse, toutes deux mortelles, sont blanches; d'autre part, l'amanite phalloïde dégage une odeur agréable, au même titre que l'entolome livide, dont la bonne odeur de farine est trompeuse. Quant à la cuticule (petite pellicule fine qui recouvre le chapeau), une fois épluchée, elle ne rend pas inoffensif le champignon toxique. On entend dire aussi que les « bons » champignons ne changent pas de couleur quand on les brise: si la chair change de couleur, c'est qu'il est mauvais. Si, comme moi, vous aimez les bolets, ne vous privez pas de déguster le bolet blafard, très bon comestible qui devient bleu à la cassure. Quant à l'amanite rougissante, comme son nom l'indique, elle vire au rouge, tout en étant délicieuse dans l'assiette. En revanche, l'amanite phalloïde reste blanche.

En réalité, seule une connaissance parfaite des caractères botaniques d'une espèce peut vous mettre à l'abri des erreurs. La présence simultanée de trois éléments: lamelles blanches, anneau et volve doit aussitôt déclencher en vous un signal d'alarme. Il s'agit en effet des caractéristiques des trois *amanites mortelles*: la *phalloïde,* la *printanière* et la *vireuse*. Tout aussi dangereuses sont les petites *lépiotes rougissantes* reconnaissables à leurs écailles brunâtres sur le chapeau, l'anneau et le bas du pied. Plusieurs *cortinaires* de couleur rouge, jaune, fauve ou brune sont également responsables d'intoxications parfois mortelles.

S'il existe des champignons mortels, on peut d'autre part rencontrer des champignons *très toxiques,* pas nécessairement mortels, mais entraînant de graves malaises. Ce sont essentiellement: le *tricholome tigré* (chapeau à mèches brunâtres sur fond blanc avec un pied massif et ventru); l'*entolome livide,* surnommé « empoisonneur de la Côte-d'Or », assez commun (lamelles roses, chapeau ocre clair à fibrilles) et que l'on peut confondre avec le clitocybe nébuleux qui est parfaitement comestible ; le *clitocybe de l'olivier,* rouge-orangé à lamelles phosphorescentes (qui ressemble quelque peu à la girolle). Enfin, prenez garde aux champignons « simplement toxiques » comme le *clitocybe blanc* du bord des routes, le *clitocybe couleur de céruse* et le *clitocybe blanc d'ivoire,* ainsi que l'*inocybe de Patouillard,* mortel à fortes doses, à chapeau conique, lamelles blanchâtres et pied courbe, et en général tous les *inocybes,* responsables de l'intoxication sudorienne.

J'ai choisi de vous présenter plus en détail environ 70 champignons parmi les différentes familles aux innombrables variétés (voir pages...), en précisant notamment, outre les noms, l'aspect physique, la saison, la valeur gastronomique, les conseils culinaires, etc., un élément qui me paraît très précieux : savoir si le champignon en question est comestible ou non, voire toxique à l'état cru. La trompette-des-morts, qui fait merveille dans les mélanges de champignons sauvages ou séchée pour parfumer des farces ou des ragoûts, est immangeable crue, mais non toxique. Le coprin chevelu en revanche, l'un des meilleurs champignons de cueillette que je connaisse, est délicieux très jeune et très frais, même cru, mais devient toxique dès qu'il vieillit un peu. Quant à l'amanite rougissante, réellement toxique crue, elle devient un excellent comestible après une cuisson prolongée. La passion des champignons, c'est aussi cette curiosité qui pousse à vouloir tout connaître d'eux, de leurs mystères et de leurs qualités, pour en capter le meilleur.

Pour obtenir des champignons le maximum de plaisirs et profiter pleinement de leurs saveurs inégalables, je vous recommande surtout deux règles importantes. Règle numéro un : ne faites jamais entrer dans votre cuisine un champignon douteux, inconnu ou mal identifié. Face à la multitude des espèces qui ne présentent aucun intérêt culinaire ou qui sont toxiques, voire mortelles, les espèces qui intéressent le cuisinier sont bien répertoriées, peu nombreuses et faciles à repérer. **Ne prenez jamais de risques.** Seconde règle : même parmi les champignons comestibles, éliminez ceux qui sont un peu trop avancés, éventuellement véreux, vieux ou fanés, à plus forte raison blets ou pourrissants, et ne conservez que les champignons jeunes et parfaitement sains. La cueillette des champignons est non seulement une promenade en pleine nature, mais aussi un voyage parfois dépaysant parmi les noms qui les désignent. Chaque champignon en possède au moins trois : le nom latin, dans le lan-

LES SAISONS DES CHAMPIGNONS SAUVAGES

JANVIER FÉVRIER	Truffes et pour les années à hiver peu rigoureux : pézize écarlate, rhodopaxille nu et sinistre (pied bleu et pied violet), oreille de Judas, clitocybe nébuleux, pleurote en forme d'huître, pholiote changeante.
MARS	Hygrophore de mars. Les premières morilles.
AVRIL	Morilles, coprins, tricholomes de la St Georges (mousseron vrai).
MAI	Marasme d'oréade, pholiote changeante, premières girolles, coprin, pholiote du peuplier, tricholome de la St Georges, pleurote en forme d'huître, dernières morilles, bolet à pied rouge, cèpe réticulé.
JUIN	Derniers tricholomes de la St Georges, russule verdoyante et charbonnière, psalliote champêtre, pholiote changeante, marasme d'oréade, fistuline hépatique, chanterelle, amanite rougissante, bolet à pied rouge, bolet blafard, cèpe réticulé, amanite engainée.
JUILLET AOÛT	Si l'hygrométrie est satisfaisante : marasmes d'oréades, coulemelles, psalliotes, pholiote changeante, fistuline hépatique, chanterelle, amanites : des Césars, rougissantes, engainées, fauves, safran. Russule verdoyante et charbonnière, coulemelles. Nombreuses variétés de bolets (réticulés, blafards, pied rouge, tête de nègre, bleuissant, cèpe des pins etc.), polypore en ombrelle.
SEPTEMBRE OCTOBRE	Marasmes d'oréades, coulemelles, psalliotes, pholiote changeante, fistuline hépatique, chanterelles, craterelles, amanites, russules, tous les bolets, armillaire de miel, clitocybes et clitopiles, coprin, cortinaires, lépiotes, lactaires, gomphydes, helvelles, hydnes, pézizes, pleurotes, polypores, tricholomes.
NOVEMBRE	Bolets, craterelles, hydnes, armillaires de miel, clitocybes nébuleux, et géotrope, oreille de Judas, cortinaire remarquable, pholiote changeante, pleurote en forme d'huître, rhodopaxilles nu (pied bleu) et sinistre (pied violet), pézizes, tremelle gélatineuse.
DÉCEMBRE	Truffes, tremelle gélatineuse, armillaire de miel, clitocybe nébuleux, oreille de Judas, pleurote en forme d'huître, rhodopaxilles nu et sinistre.

gage universel que les mycologues ont choisi pour désigner les espèces, puis un nom français, généralement la traduction du premier, et enfin un ou plusieurs noms régionaux, le plus souvent très imagés et descriptifs, tels que boule-de-neige ou nez-de-chat, pied-de-mouton, langue-de-bœuf jaunet, tête-de-méduse ou gros-blanc. Certains noms sont trompeurs, car ils désignent parfois plusieurs espèces: le « faux » mousseron désigne par exemple le marasme d'oréade, alors que le mousseron « vrai » correspond au tricholome de la Saint-Georges! Quant à la lépiote élevée, elle réunit à elle seule jusqu'à 60 noms vernaculaires...

Le calendrier de la page précédente présente la majorité des espèces de champignons de cueillette que l'on peut rencontrer, mois par mois, à travers bois et prés.

Les champignons cultivés

On a pris l'habitude d'opposer les champignons de cueillette, dits « sauvages », et les champignons de culture, « domestiqués » avec plus ou moins de bonheur et des résultats variables. C'est sous le règne de Louis XIV que les jardiniers de Versailles inventèrent la culture sur fumier de cheval du champignon dit de Paris, qui, depuis, représente l'espèce la plus cultivée dans le monde entier. On peut se le procurer frais à peu près partout en France, et il est, dans cet état, de loin supérieur à tous les champignons en conserve. Dans les années 80, grâce aux recherches de l'INRA, un autre champignon cultivé a fait une percée révolutionnaire: le pleurote. « Numéro un mondial, la France en a cultivé 1 500 tonnes en 1987 et ce chiffre est en expansion vertigineuse », précise Fabien Gruhier dans *Les Délices du Futur* (Flammarion, 1988). « C'était un produit naturel, sauvage, effroyablement capricieux et ultra-saisonnier. On en a fait une production industrielle standard, désormais comparable à la chaussure ou au briquet jetable. Le cycle, intégralement maîtrisé, débute avec la préparation d'un substrat incubé à base de pailles de céréales ensemencées au mycélium. Il se termine avec la livraison de pleurotes frais en barquettes. Ou séchés, en bocaux. Ou précuisinés (fines herbes, poivre vert), en garniture. Ou carrément cuisinés avec canard ou poularde... Les recherches se poursuivent. Bientôt sur les marchés, on assistera au débarquement massif du coprin et de la pholiote du peuplier. Pour ces deux merveilles des sous-bois, tout est prêt. On a domestiqué intégralement le cycle de reproduction. »

Mais pour le cèpe, la girolle et, bien sûr, la truffe, qui exigent une délicate symbiose avec les arbres, les laboratoires de recherche sont encore impuissants. Pour le gastronome, la forêt et ses champignons inimitables vont encore conserver leurs sortilèges pour quelques décennies. Néanmoins, l'INRA a mis au point un procédé qui permet d'ensemencer les racines de jeunes plants de chênes ou de noisetiers, afin d'« inoculer » l'apparition des truffes...

À part le champignon de couche (*Psalliota bispora*) et le pleurote en forme d'huître (*Pleurotus ostreatus*), il faut signaler plusieurs autres espèces qui font l'objet d'une culture à plus ou moins grande échelle, selon le degré d'avancement des techniques :
la PHOLIOTE DU PEUPLIER (*Agrocybe aegerita*), cultivée et vendue dans la région parisienne sous le nom d'« albarelle du Vexin » est sans doute, avec le shiitake, l'un des meilleurs champignons de culture, mais son prix reste très élevé, parfois même supérieur à celui d'excellentes espèces sauvages ; le SHIITAKE (*Lentinus edodes*), vendu sous le nom de « lentin de chêne », occupe la seconde place dans le monde après le champignon de couche. Il est cultivé surtout en Chine, au Japon, à Taiwan, en Corée du Sud et depuis peu en France, notamment dans le Périgord ; l'OREILLE DE JUDAS (*Auricularia auricula judae*) est produite en grandes quantités par les Chinois et vendue sous le nom de « champignon noir » ; on la trouve dans les épiceries extrême-orientales ou dans le rayon exotique des grandes surfaces ; la VOLVAIRE CULTIVÉE (*Volvaria volvacea* ou *esculenta*), cultivée sur divers substrats végétaux en Chine, en Thaïlande, en Inde, etc., est vendue en France en conserve sous le nom de « petite volvaire » ; le STROPHAIRE À ANNEAU RUGUEUX (*Stropharia rugosoannulata*), cultivé depuis quelques années sur paille de blé et surnommé « cèpe de paille » ou « tête noire », n'a rien à voir avec le cèpe, mais c'est un bon champignon, comestible cru. La COLLYBIE À PIED VELOUTÉ (*Flammulina velutipes*) est cultivée essentiellement en Chine et au Japon, où on l'appelle *nameko*, « petite flamme », en raison de sa couleur. C'est le troisième champignon de culture du monde ; on peut la trouver dans les magasins de produits japonais. La LÉPIOTE PUDIQUE (*Lepiota naucina*) et l'agaric boule-de-neige sont cultivés comme le champignon de Paris ; le PIED-BLEU (*Lepista*

nuda) est cultivé à l'échelon familial, mais sa culture industrielle pose de nombreux problèmes. Des morilles ont été cultivées avec succès sur un support de topinambours, d'artichauts, de cardons ou de déchets de pommes (espèce *vulgaris* et *hortensis*).

Je n'ai nullement l'intention de me faire ici le défenseur des champignons cultivés face à l'incroyable richesse de la flore sauvage. Les champignons cultivés bien frais sont souvent excellents, mais rien ne vaut, bien entendu, un plein panier de jeunes et beaux champignons sauvages, cueillis à la bonne saison...

Les champignons du marché

Produit de cueillette par excellence, le champignon est d'autant plus prisé par l'amateur qu'il l'a débusqué lui-même sous les feuilles mortes avant d'en faire un plat succulent, mais heureusement pour ceux qui n'ont pas le loisir de partir à la chasse aux champignons à la bonne saison, les marchés se trouvent aujourd'hui approvisionnés par un bel échantillonnage de variétés, qu'elles soient de culture ou de cueillette. Selon la réglementation française, seuls les champignons cultivés (champignon de couche et pleurote en forme d'huître) sont commercialisés librement sans autorisation préalable. Les champignons sauvages en revanche ne peuvent être mis en vente ou vendus que s'ils appartiennent aux espèces autorisées ou tolérées dans les conditions prévues par l'arrêté du 27 août 1975 :

« Les champignons sauvages devront toujours être intacts et munis de toutes leurs parties : chapeau, pied (déterré et non coupé) et éventuellement bulbe ou volve. Ils devront présenter individuellement un développement et un degré de maturité suffisant pour en permettre l'identification. Afin de faciliter l'examen, ils devront être placés dans leur emballage sur deux couches seulement. Il est interdit de mélanger dans un colis des champignons d'espèces différentes. Il est également interdit de procéder au nettoyage par voie humide des champignons avant leur mise en vente.
Sont considérées comme autorisées dans les conditions prévues ci-dessous les espèces de champignons suivantes :

LES SAISONS DES CHAMPIGNONS SUR LES MARCHÉS
(sauvages et cultivés)

JANVIER FÉVRIER	Champignons de Paris, pleurotes, shiitakes, truffes.
MARS	Champignons de Paris, pleurotes, shiitakes, morilles françaises (certaines années), morilles d'importation (Maroc-Turquie).
AVRIL	Comme en mars, plus mousserons vrais (tricholomes de la St Georges), girolles d'importation, gyromitres.
MAI	Champignons de Paris, pleurotes, shiitakés, morilles, mousserons vrais, pholiotes cultivées, girolles d'importation, marasmes d'oréades (toujours vendus sous le nom de mousseron), gyromitres. Premières girolles françaises.
JUIN	Champignons de Paris, pleurotes, shiitakes, chanterelles, marasmes d'oréades, psalliotes des champs, albarelles cultivées, strophaires cultivés (tête brune), mousserons vrais (les derniers).
JUILLET	Champignons de Paris, pleurotes, shiitakes, albarelles de culture, girolles, marasmes d'oréades, psalliotes des champs, strophaires (tête brune), cèpes (certaines années), amanites des Césars.
AOÛT	Comme en juillet, avec interruption d'approvisionnement en girolles et cèpes si le temps est sec. Amanites des Césars.
SEPTEMBRE	Champignons de Paris, shiitakes, albarelles de culture, girolles, marasmes d'oréades, cèpes, rosés des prés, boules-de-neige, premières trompettes-des-morts, amanites des Césars, strophaires cultivés (tête brune), coulemelles.
OCTOBRE	Champignons de Paris, pleurotes, shiitakes, albarelles de culture, têtes brunes (strophaires), marasmes d'oréades, cèpes, rosés, boules-de-neige, trompettes-des-morts, pieds de mouton, coulemelles, girolles, pieds bleu et pieds violet, chanterelles jaunes, chanterelles grises, tricholomes équestres (canaris), lactaires délicieux.
NOVEMBRE	Champignons de Paris, pleurotes, shiitakes, albarelles de culture, strophaires (têtes noires), derniers cèpes, trompettes des bois, pieds bleus, pieds violets, chanterelles grises, tricholomes équestres.
DÉCEMBRE	Champignons de Paris, pleurotes, shiitakes, truffes, pieds bleus, pieds violets, chanterelles grises (certaines années).

les cèpes: de Bordeaux (Boletus edulis), *tête de nègre* (Boletus aereus), *bai* (Boletus badius), *orangé* (Boletus aurantiacus),
les chanterelles: girolles (Cantharellus cibarius); *grise ou cendrée* (C. cinereus), *tubiforme* (C. tubiformis),
les craterelles: cornes d'abondance ou trompettes-des-morts (Craterella cornucopioïdes), *jaune* (C. lutescens),
les pieds de mouton (Hydnum repandum),
les morilles (Morchella).
Sont considérées comme tolérées dans les conditions prévues ci-après les espèces de champignons suivantes:
les coulemelles ou lépiotes élevées (Lepiota procera);
les mousserons de printemps ou tricholomes de la Saint-Georges (Lyophyllum gambosum ou Georgii);
les faux mousserons (Marasmius oreades);
les psalliotes des champs (Agaricus campester) *et les P. boule-de-neige* (A. arvensis);
les tricholomes nus ou pieds bleus (Rhodopaxillus nudus) *et les tricholomes sinistres* (Rhodopaxillus saevus);
les tricholomes équestres (Tricholoma equestre);
les lactaires délicieux (Lactarius deliciosus) *et les lactaires sanguins* (Lactarius sanguifluus);
les oronges ou amanites des Césars (Amanita cactarea).
Les grossistes (commissionnaires-négociants ou approvisionneurs) désireux de procéder à la commercialisation des champignons sont tenus de se faire inscrire au préalable sur une liste tenue par le Bureau de l'Inspection des Champignons (bâtiment C 3), M.I.N. de Paris-Rungis.
Cette inscription ne pourra être effectuée que si le demandeur peut apporter la preuve de connaissances mycologiques suffisantes au cours d'un examen préalable effectué à sa demande à la Direction des Services Vétérinaires du Val-de-Marne, et portant essentiellement sur les espèces autorisées et tolérées. »

Comme on le voit d'après ces extraits du règlement du Marché d'intérêt national de Paris-Rungis, auquel est attaché un mycologue professionnel, l'approvisionnement en champignons est une chose sérieuse, et les variétés proposées permettent sans aucun doute un choix gastronomique de haute tenue. J'ajoute, pour être complet sur cette question, qu'en province, c'est le maire qui est responsable des autorisations concernant la mise sur le marché des variétés de champignons sauvages.

Si j'ai déjà précisé que le chasseur de champignons, pour obtenir les meilleurs résultats en cuisine, doit sélectionner les exemplaires les plus jeunes, les plus sains et les plus beaux, il va sans dire que la même règle est valable sur le marché!

Un aliment complet

Les champignons sont souvent qualifiés de « viande végétale », sans doute en raison de leur consistance charnue. Il suffit d'avoir dégusté une fois une belle assiettée de cèpes parfumés pour savoir ce que cela veut dire. Quant à la fistuline hépatique, dite langue-de-bœuf, elle évoque irrésistiblement la tranche de foie poêlée au beurre, sans parler de la guépinie qui, crue en salade avec une vinaigrette relevée, fait penser à une salade de museau de bœuf! En réalité, la valeur alimentaire des champignons n'a pourtant rien de commun avec celle de la viande, car ils sont constitués essentiellement de substances difficilement attaquées par les sucs gastriques.

Le champignon peut néanmoins être considéré comme un aliment complet: 80 à 90 % d'eau, certes, mais aussi des minéraux (0,6 à 1,5 %), des hydrates de carbone, c'est-à-dire des sucres (1 à 3 %), des protéines (2 à 4 %), dont une partie seulement est assimilable, et des vitamines, variables selon les espèces (A, B ou D). Sur le plan de l'apport calorique, les champignons sont comparables à la plupart des légumes (de 25 à 45 calories pour 100 g de champignons crus). Cependant, une grande partie de l'eau de végétation s'évapore pendant la cuisson, ce qui favorise une concentration des éléments nutritifs. En revanche, la chair des champignons absorbe facilement les matières grasses ou les sauces, ce qui rend un plat de champignons cuisinés largement plus calorique que la même proportion à l'état cru.

Il est généralement recommandé de ne pas consommer une trop grande quantité de champignons à la fois. Raison de plus d'ailleurs pour privilégier la qualité! Mais si les champignons ont la réputation d'être indigestes, cela est dû surtout à des modes de préparation trop gras (rissolés à l'huile, mijotés en sauce) ou trop riches en crème. Je vous conseille surtout de suivre attentivement mes recommandations de cuisson et de préparation. Certaines espèces doivent être à peine saisies, d'autres plus longuement cuites. Néanmoins, les variétés dont la chair est compacte, bien qu'excellentes, ne sont pas toujours supportées par les estomacs délicats (c'est le cas du tricholome de la Saint-Georges). En fait, ce n'est pas leur valeur nutritive qui fait l'intérêt des champignons. Un plat de champignons, c'est essentiellement une gourmandise, une fête gastronomique capable de réjouir aussi parfaitement la vue, le toucher et l'odorat. Choisissez donc les meilleurs et les plus beaux, pour que cette fête soit une pleine réussite.

La cuisine des champignons

La passion des champignons est restée vivace à travers les siècles, depuis la lointaine époque où les amanites passaient pour mets royal sur la table des patriciens romains. L'histoire écrite de leur cuisine remonte en effet à Horace et à Apicius, au Ier siècle av. J.-C., avec des recettes de cèpes et d'oronges fortement agrémentées d'épices. Au Moyen Âge, l'espèce la plus appréciée était la psalliote. Dans *le Ménagier de Paris*, ouvrage d'art culinaire datant du XIVe siècle, l'auteur nous conseille sur le choix et l'emploi des champignons : « Champignons d'une nuit sont les meilleurs, et sont petits et vermeils dedans, clos dessus ; et les convient peler, puis laver en eau chaude et pour bouillir ; qui veut mettre en pâte, s'y mette de l'huile, du fromage et de la poudre » (épices telles que cannelle, gingembre, muscade, cardamome, clou de girofle et sucre).

Les gourmets ont toujours su apprécier ces fruits de la terre, et les cuisiniers n'ont jamais manqué d'imagination pour les accommoder, en plats régionaux ou en mets plus élaborés issus de la gastronomie citadine.

La grande règle de la cuisine des champignons consiste à éviter de masquer leur saveur intrinsèque par des assaisonnements inappropriés. « La cuisine, c'est quand les choses ont le goût de ce qu'elles sont. » Cet adage de Curnonsky est tout particulièrement juste en ce qui concerne la préparation des champignons. Certains possèdent une saveur si subtile qu'il est impératif de ne pas utiliser d'épices ou d'aromates pour les cuisiner : le caractère artificiel qui résulte de cette adjonction dénature complètement leur goût véritable. Il existe des espèces très délicates — coprins chevelus, meuniers, psalliotes, russules vert-de-gris — qui demandent un traitement absolument naturel. Surtout, ne les ébouillantez pas avant de les accommoder, par exemple. Les étuver sur feu doux avec une noisette de beurre constitue souvent la meilleure solution.

Les « cocktails » de champignons ont leurs partisans et leurs détracteurs. J'aime identifier, reconnaître et savourer pour elle seule la saveur typique d'une espèce. Mais j'aime aussi être séduit par une osmose de parfums bien harmonisée, lorsqu'elle forme une composition originale. Essayez par exemple la fricassée de champignons de Jean Delaveyne, qui réunit cèpes, girolles, trompettes des morts, mousserons pieds bleus et champignons de couche, avec un choix d'épices dosées avec doigté (voir page 197).

Préparation

NE LAISSEZ JAMAIS EN ATTENTE LES CHAMPIGNONS FRAIS

Même parfaitement sains et nettoyés, évitez de laisser les champignons en attente avant de les cuire. Le séjour au réfrigérateur contribue à leur faire perdre une bonne part de leur saveur et de leur parfum. Certains doivent être consommés le jour même de la cueillette, comme le coprin chevelu. Les psalliotes, les russules et les meuniers, ainsi que d'autres à chair tendre, perdent beaucoup de leurs qualités après une attente prolongée : cuisinez-les le jour même ou au plus tard le lendemain. Seules les espèces non colonisées par les larves, telles que girolles, trompettes des morts, pieds de mouton ou morilles, peuvent attendre jusqu'à 48 heures.
Les cèpes en revanche ne doivent jamais attendre trop longtemps, car même s'ils sont cueillis sains en apparence, ils sont susceptibles de renfermer des larves minuscules qui, en quelques heures, les auront rendus impropres à la consommation.

Si pourtant, pour une raison ou une autre, vous ne consommez pas tout de suite tous les champignons que vous avez cueillis, stockez-les dans un endroit frais, à la cave par exemple (ou dans le bas du réfrigérateur), en évitant de les entasser. Placez-les tête en bas et pied en l'air quand il s'agit des espèces que les larves apprécient (cèpes et russules, en particulier), car celles-ci ont toujours tendance à remonter. Au moment de la préparation culinaire, supprimez le bout du pied, voire sa totalité si nécessaire. Il ne faut pas oublier que le froid n'arrête nullement l'activité des larves, mais qu'elle la ralentit seulement. Des champignons même peu atteints qui séjournent trop longtemps avant leur préparation, même au réfrigérateur, peuvent se révéler immangeables.

CHOISISSEZ LE MATÉRIEL ADÉQUAT

Ayez soin notamment de toujours choisir des couteaux et des ustensiles de cuisine en acier inoxydable, pour éviter le noircissement de certaines espèces.

Pour les cuissons au four, les plats en terre (plat sabot, à gratin ou « tian » provençal, par exemple) ainsi que les cocottes en fonte sont irremplaçables. Évitez le plat en verre à feu, toujours difficile à nettoyer après usage. Pour la cuisson sur le fourneau, les poêles et les casseroles à revêtement anti-adhésif donnent d'excellents résultats, de même que les plats en fonte émaillée.

Le hachage des champignons doit toujours se faire au couteau (ou éventuellement au robot ménager) par petites quantités.
Si vous vous servez d'un hachoir électrique, utilisez toujours la vitesse la plus lente. Il faut en effet que le hachis cru ne soit pas réduit en purée lisse, sinon il rend trop d'eau à la cuisson et devient inconsistant et insipide.

APPRENEZ A BIEN NETTOYER LES CHAMPIGNONS

Les champignons sont naturellement très riches en eau. Inutile par conséquent de les laver à grande eau, ce qui dilue les sucs parfumés qui font toute leur valeur. Un séjour plus ou moins prolongé dans de l'eau additionnée ou non de sel, de citron ou de vinaigre provoque une perte notable des arômes. L'expérience prouve qu'après un trempage de 30 minutes, les champignons deviennent fades et sans intérêt. En outre, lorsqu'ils sont gorgés d'eau, les champignons sont difficiles à cuisiner.

Dans de nombreux cas, un nettoyage superficiel est donc suffisant. Pour les chapeaux des cèpes ou de certaines autres espèces bien lisses, on les essuie délicatement avec un linge ou un papier doux absorbant légèrement humecté. Si des brindilles se sont glissées entre les lamelles ou le long des plis, utilisez simplement un petit pinceau rond à poils mi-durs, manié avec prudence. Il permet d'éliminer la plupart des particules et des souillures sans meurtrir le champignon et surtout sans le mouiller. Un peu de patience et de minutie valent mieux qu'un plat de champignons insipides...

Si les espèces de champignons dont on dispose sont néanmoins trop souillées, il est tout de même préférable de les laver, mais très rapidement, quitte à perdre une partie de l'arôme. Évitez en effet de cuisiner vos champignons en compagnie de particules de mousse, d'humus, de feuilles ou d'aiguilles plus ou moins en décomposition, sans compter le sable qui adhère souvent sur certains. Lorsque vous lavez des champignons, opérez par conséquent rapidement, en les passant très vite, un par un (entier et non en morceaux) sous un filet d'eau courante. Prenez soin de les égoutter sitôt lavés et épongez-les soigneusement avec un linge absorbant, pour ôter le plus vite possible le maximum d'eau. Les morilles sont particulièrement concernées par cette opération, à cause de leurs nombreuses alvéoles qui retiennent du sable ou de la terre : après les avoir passées rapidement dans une cuvette pleine d'eau, passez-les une par une sous le robinet en dirigeant le jet à l'intérieur, puis secouez-les, toujours une par une, pour les égoutter ensuite sur un torchon. Certains champignons, en raison de leur constitution, nécessitent un nettoyage particulier. La cuticule, cette peau fine qui recouvre le chapeau de certaines espèces et qui se détache plus ou moins facilement, doit parfois être enlevée. Il est vrai qu'en général, on ne pèle pas les champignons, mais quand il s'agit des oronges et des amanites, des clitocybes nébuleux, des cortinaires et des champignons visqueux ou gluants, c'est une opération indispensable. Pour ces derniers, il est même vivement conseillé de le faire sur place, lors de la cueillette, afin de ne mettre dans son panier que des champignons déjà propres.

Certains champignons se caractérisent par la présence d'aiguillons à la face inférieure du chapeau, à la différence des lamelles chez la psalliote ou des tubes chez le cèpe. C'est le cas essentiellement de l'hydne (pied-de-mouton) : il faut toujours retirer ces aiguillons avant de le cuisiner, sauf chez les jeunes exemplaires de petite taille.

Pour ce qui est des cèpes et des bolets, les tubes peuvent être très fermes. Dans ce cas, on les laisse. Mais s'ils sont trop gros ou trop mous, éliminez-les, surtout s'il s'agit de faire sécher les cèpes : en effet, lors du trempage, ces tubes se transforment en une matière visqueuse dont la consistance est désagréable.

FAUT-IL ÉBOUILLANTER LES CHAMPIGNONS ?

Nombre de champignons, et en particulier les espèces les plus délicates, n'ont nullement besoin de cette opération préliminaire à la cuisson, destinée à détruire certaines toxines, à rendre plus tendres certaines chairs coriaces, à retirer une amertume ou atténuer un goût trop fort. On ébouillante généralement les clitocybes nébuleux, armillaires de miel, polypores en ombrelle, certains lactaires, etc. La couleur des pieds-bleus, ébouillantés et passés rapidement à l'eau froide, se « fixe » comme celle des épinards ou des haricots verts soumis au même traitement. On a intérêt également à blanchir les trompettes-des-morts destinées à la stérilisation, car elles peuvent abriter dans leur entonnoir des impuretés qui développeront des arômes désagréables pendant leur conservation.

Cuisson

Les champignons peuvent être sautés, grillés, braisés, frits, etc., mais tous ne doivent pas cuire dans les mêmes conditions. Les variétés à chair tendre et délicate (mousserons, marasmes, psalliotes, meuniers, coprins, oronges, notamment) demandent une cuisson rapide, sous peine de devenir fades et coriaces. Les autres espèces peuvent supporter une cuisson plus prolongée, et celle-ci d'ailleurs se révèle parfois nécessaire. Une remarque importante concerne la plupart des champignons sauvages : une fois réchauffés, ils perdent leur saveur initiale, deviennent indigestes et même parfois toxiques.

CHAMPIGNONS SAUTÉS

Une fois nettoyés et émincés, taillés en quartiers, en dés ou en bâtonnets, ils sont placés dans une poêle sans eau ni matière grasse, légèrement salés et couverts ; on chauffe doucement jusqu'à ce que les champignons rendent leur eau, puis on égoutte, en récupérant soigneusement l'eau dans un bol. Une fois décanté, ce jus peut servir à parfumer une sauce ou bien il est réincorporé aux champignons en fin de préparation. Après avoir été bien égouttés, les champignons sont alors mis à sauter avec un corps gras (huile d'olive ou d'arachide, beurre, graisse d'oie, saindoux), qui doit d'abord chauffer seul dans la poêle (si vous utilisez du beurre, ajoutez un peu d'huile d'arachide, ou mieux d'olive pour l'empêcher de brûler). Lorsque la matière grasse est chaude, ajoutez les champignons pour les faire rissoler sur feu vif en remuant. Salez et poivrez légèrement en début de cuisson, puis rectifiez l'assaisonnement avant de servir. Toutes les espèces consommables crues doivent cuire rapidement. Pour les autres, prolongez la cuisson doucement à couvert après le rissolage. L'assaisonnement a lieu en fin de cuisson. On ajoute alors, sauf pour les espèces les plus fines, persil haché, épices, fines herbes, etc. Lorsque les champignons ont été blanchis, ils se traitent de la même façon après un égouttage soigneux.

CHAMPIGNONS GRILLÉS

Ce mode de cuisson concerne notamment les lactaires, les lépiotes, la fistuline hépatique, les cèpes et les psalliotes. Entiers, en gros morceaux ou en brochettes, légèrement huilés, ils sont exposés sur un gril pas trop chaud. Les marques des barreaux du gril ne doivent jamais devenir noires : cette carbonisation provoque non seulement un goût amer chez le champignon, mais aussi l'apparition de substances nocives. Saler en fin de cuisson.

CHAMPIGNONS CUITS AU FOUR

Certaines variétés possèdent une chair spongieuse qui a tendance à absorber beaucoup de matière grasse (coulemelles, russules et amanites). Il suffit de les disposer dans un plat légèrement beurré et de les assaisonner. Ils cuiront ainsi au four dans le jus qu'ils rendront.

CHAMPIGNONS FRITS

Ce mode de cuisson convient bien à certaines espèces charnues (cèpes et psalliotes, par exemple) : enrobées de pâte à frire, panées, ou simplement farinées. Dans ce dernier cas, les champignons doivent avoir été préalablement sautés vivement à la poêle puis égouttés et bien épongés, sinon ils absorbent trop d'huile et donnent une préparation indigeste et écœurante. Le bain de friture doit être porté à 180° C ; une fois frits, les champignons sont épongés soigneusement, pour éliminer l'excès de matière grasse, et servis aussitôt, brûlants.

Conservation

Les champignons se prêtent parfaitement à différentes méthodes de conservation. Mais comme celles-ci modifient plus ou moins profondément leur structure, elles entraînent parfois des modes d'emploi et des utilisations culinaires particulières.

CONSERVE À L'HUILE

La méthode consiste tout d'abord à plonger les champignons dans une solution d'eau et de vinaigre bouillants (à parts égales) pendant 2 à 3 minutes, puis à les égoutter et à les mettre en bocaux avant de les recouvrir d'huile d'olive, avec ou sans aromates. Ils se conservent ainsi plusieurs semaines, à l'abri de la lumière, dans un endroit frais et aéré. On les emploie ensuite surtout sautés, pour une garniture.

CONSERVE AU VINAIGRE

Cette méthode est réservée aux champignons de petite taille et bien fermes, comme les rosés, les petites girolles ou les pieds-bleus. Faites bouillir le vinaigre avec des aromates (laurier, sauge, thym, clou de girofle, sel, poivre en grains), puis immergez les champignons dans le liquide bouillant ; faites cuire 10 minutes, égouttez les champignons et faites bouillir à nouveau le vinaigre pendant 10 minutes supplémentaires. Les champignons sont rangés dans des bocaux, recouverts de vinaigre refroidi et aromatisés avec une branche d'estragon. Les petits champignons au vinaigre ont le même emploi que les cornichons, comme condiment, en particulier avec de la viande froide, mais surtout des terrines de gibier ou de canard.

FERMENTATION

Ce procédé, de tradition russe, donne une sorte de choucroute de champignons très savoureuse, enrichie en vitamines et de digestion facile, parée de vertus thérapeutiques. Il consiste à entasser dans des fûts de chêne (ou des terrines de grès, pour de plus petites quantités) des couches alternées de champignons frais et secs et de sel mélangé avec des aromates (feuilles de chêne, ail, cumin) ; on recouvre le tout d'un couvercle en bois puis d'un poids. Lorsque la fermentation lactique s'engage, un liquide se forme en surface. Les champignons peuvent être consommés au bout de 3 à 4 mois, après un dessalage approfondi à grande eau pendant une nuit, comme pour la morue. Les champignons de prédilection pour cette préparation sont les lactaires, très abondants en Europe centrale et en U.R.S.S., notamment le lactaire délicieux et le lactaire poivré, que l'on sert traditionnellement en hors-d'œuvre avec le caviar.

STÉRILISATION

Largement employée à l'échelon industriel, cette méthode se pratique également chez soi. Les champignons doivent être très propres. Il faut aussi leur faire subir une pré-cuisson très simple qui varie selon les espèces : pour les champignons à chair tendre (psalliotes, mousserons de printemps et d'automne, coulemelles, pleurotes), on leur fait rendre leur eau avec un peu de sel, on les égoutte et on les stérilise, recouverts de leur eau filtrée. Pour les champignons à chair ferme ou dont on veut préserver la couleur (trompettes-des-morts, pieds-de-mouton, pieds-bleus, lactaires), ils sont blanchis 1 minute à l'eau bouillante avec 1 cuillerée à soupe de gros sel par litre, égouttés et mis en bocaux, couverts à hauteur avec une partie de l'eau d'ébullition filtrée. Les champignons gluants (gomphides, bolets gluants) sont blanchis avant la stérilisation, mais l'eau de blanchissage est remplacée par de l'eau salée et bouillie, dans les mêmes proportions. Quant aux bolets, ils peuvent être sautés à l'huile, bien saisis et égouttés avant stérilisation ; les mettre dans les bocaux à chaud, bien tassés et stériliser normalement.

Tassez ensuite les champignons dans des bocaux ébouillantés. Recouvrez-les avec leur cuisson salée, séchez le bord des bocaux, mettez en place les élastiques ébouillantés et fermez.
Placez les bocaux dans un autocuiseur (dont le panier replié aura été déposé au fond) et séparez les bocaux les uns des autres avec du papier ou un linge ; remplissez le récipient d'eau aux deux tiers, fermez-le, faites chauffer et comptez 45 minutes de cuisson à partir de la mise en rotation de la soupape (112° C). Laissez refroidir les bocaux dans l'eau de l'autocuiseur avant de les retirer. Retournez-les pour vérifier l'étanchéité et gardez-les dans un endroit frais et sec, à l'abri de la lumière, la tête en bas, pour que le contact du liquide empêche le dessèchement du caoutchouc. Ils se conservent ainsi quelques mois et s'utilisent pratiquement comme des frais, notamment pour les psalliotes, les girolles, les mousserons ou les morilles.

CONGÉLATION

Ce traitement stoppe le développement des agents microbiens, qui s'arrête lorsque la température descend au-dessous de 0 °C. Compte tenu de leur teneur élevée en eau, les champignons frais perdent leur texture et la plus grande partie de leur parfum, sauf les truffes et les cèpes de petite taille bien fermes. Il est donc préférable de leur faire rendre leur eau au préalable, soit en les chauffant à couvert dans une poêle, soit en les blanchissant pour certaines espèces.

Truffes : comme leur parfum est très volatile, il faut les congeler en milieu hermétique ; nettoyer soigneusement chaque champignon, l'envelopper dans une feuille de papier aluminium et le ranger séparément dans un bocal hermétique. On peut aussi les mettre dans des boîtes ou des bocaux et les recouvrir de graisse d'oie, les fermer et mettre à congeler.

Cèpes : ne choisir que les petits exemplaires très fermes dits « bouchons de champagne » ; les nettoyer soigneusement et les mettre au congélateur côte à côte, sans qu'ils se touchent, soit sur une grille, soit sur une plaque tapissée de papier sulfurisé ou aluminium jusqu'à ce qu'ils aient durci ; il suffit ensuite de les rassembler rapidement avec précaution, dans des boîtes en plastique munies d'un couvercle, et de les remettre aussitôt au congélateur. A défaut de boîtes, on peut aussi utiliser des sachets à congélation, mais les cèpes seront davantage exposés aux chocs lors des manipulations.

Autres champignons : les blanchir (trompettes-des-morts, lactaires, pieds-bleus, armillaires), leur faire rendre leur eau (girolles, pieds-de-mouton, lépiotes, psalliotes, laqués, polypores), les saisir vivement à l'huile (cèpes et bolets) ; dans tous les cas, les égoutter soigneusement, les laisser refroidir et les mettre dans des sachets à congélation bien fermés, avec une étiquette portant le nom de l'espèce et la date de mise en congélation. A consommer dans un délai maximum de 6 mois.

Emplois des champignons congelés : les truffes une fois décongelées doucement au réfrigérateur s'utilisent comme les fraîches. Les cèpes congelés crus ne doivent pas décongeler complètement avant l'emploi : les laisser revenir à température ambiante jusqu'à ce qu'on puisse les couper en forçant un peu sur la lame du couteau, les saisir aussitôt dans de l'huile très chaude, puis les égoutter et les cuisiner ensuite à convenance. Pour les autres champignons : sortir les sachets du congélateur et les laisser décongeler au réfrigérateur avant de les cuisiner selon la recette.

SÉCHAGE

La dessiccation est un mode ancien et naturel de conservation des champignons, qui élimine par évaporation l'eau dont leurs tissus sont imprégnés, ce qui augmente l'intensité aromatique de la plupart des espèces tout en la modifiant. Cèpes, morilles, mousserons, etc., une fois séchés dans de bonnes conditions, puis cuisinés intelligemment, deviennent de très bons produits dans des emplois variés, mais ils ont acquis désormais une « expression aromatique » différente. Toutes les recettes de champignons frais ne conviennent pas aux champignons séchés. Ces derniers donnent d'excellents potages et parfument agréablement un jus de rôti, un sauté, une daube, etc. ; ils peuvent également prendre place dans de nombreuses farces.

Espèces charnues (cèpes, girolles, pholiotes ridées, tricholomes, pieds-de-mouton, etc.) : les nettoyer soigneusement, ôter les aiguilles des pieds-de-mouton et les tubes des cèpes s'ils sont gros, les couper en tranches minces et étaler celles-ci sans qu'elles se touchent en une seule couche sur une grille ou sur un treillage fin ; les exposer au soleil dans un endroit bien aéré, en retournant périodiquement les tranches ; lorsqu'elles sont bien sèches, les rassembler dans des boîtes ou des bocaux à fermeture hermétique et les conserver dans un endroit sec jusqu'à l'emploi. Il est à ce propos préférable de les consommer avant un an au maximum, sinon le parfum s'altère et peut même devenir désagréable, avec un goût de « vieux », de poussière ou de rance.

Pour le cèpe, il est préférable de dessécher uniquement les pieds et de surgeler ou de stériliser les chapeaux pour un autre usage.

Espèces à chair mince : on peut se contenter de les étaler sur une table recouverte d'une feuille de papier ou de carton ; les retourner fréquemment et les conserver ensuite comme les autres champignons. Une fois broyés au mixer ou dans un moulin à café, ces champignons fournissent une poudre — que l'on appelait autrefois dans certaines régions tabac de cuisine — à utiliser comme une épice pour parfumer diverses préparations. C'est notamment le cas du marasme qui donne une poudre très aromatique pour relever des farces ou des potages.

Lorsque le soleil ne suffit pas pour assurer une dessiccation rapide, on a recours au four de la cuisinière, chauffé à 30 ou 40° C (ne pas dépasser cette température, sinon les qualités organoleptiques des champignons subissent des dommages qui les rendent impropres à tout emploi culinaire). Une fois préparés et nettoyés comme ci-dessus, les laisser à cette température pendant 2 heures, porte du four ouverte, les retirer et les laisser 15 minutes hors du four, puis les remettre à nouveau pendant 2 heures, et ainsi de suite jusqu'à dessiccation complète. Une autre méthode consiste à déposer les champignons sur un cadre tendu de toile métallique, suspendu au-dessus d'une source de chaleur, à une distance telle que les champignons puissent sécher doucement et lentement.

Emplois des champignons séchés. Pour utiliser des champignons séchés, il convient tout d'abord de les faire tremper 10 minutes dans de l'eau tiède, puis de les égoutter, de changer l'eau, et enfin de les remettre 10 à 15 minutes dans un nouveau bain d'eau tiède. Certaines variétés comme la girolle conservent malgré ce trempage une consistance un peu caoutchouteuse et résistante, mais elles s'attendrissent à la cuisson dans un milieu humide. Une fois trempés, réhydratés et égouttés, les champignons séchés trouvent leur meilleur emploi dans les daubes ou les cuissons mijotées : c'est notamment le cas pour le cèpe et la girolle. La trompette-des-morts quant à elle fait merveille dans les jus de rôti ; il est d'ailleurs à noter que ce champignon, une fois séché, possède des qualités gastronomiques accrues.

La morille est probablement le champignon dont la saveur après trempage est la plus proche de sa saveur à l'état frais, à condition de ne pas avoir été stockée trop longtemps. Quant au gyromitre, il perd sa toxicité après dessiccation et peut être utilisé comme la morille ; il est parfois vendu frauduleusement dans le commerce sous le nom de morille, mais le consommateur n'y perd pas, car son arôme vaut largement celui de la morille.

Les champignons séchés vendus dans le commerce. Dans les épiceries fines ou les grandes et moyennes surfaces, un certain nombre de champignons séchés sont disponibles. Il s'agit essentiellement des cèpes (en provenance de France ou d'Italie), des morilles (qui sont souvent importées d'Inde), des gyromitres (qui nous viennent en grande partie de Pologne) et des trompettes-des-morts. S'y ajoutent deux variétés de champignons exotiques : l'oreille-de-Judas, appelée oreille-de-chat connu surtout sous le nom de champignon noir et qui entre dans de nombreuses préparations asiatiques et s'emploie après trempage et essorage ; il peut même s'utiliser sans cuisson, une fois réhydraté, dans des salades composées ; le shiitake, « champignon parfumé » ou lentin de chêne, qui peut se préparer de la même façon que les autres champignons séchés.

DES AMANITES
AUX VOLVAIRES

Amanite des Césars

Amanites et Oronges

Depuis « l'ennemi public numéro un » - l'amanite phalloïde - jusqu'à l'amanite des Césars, qui occupe la première place aux yeux de bien des amateurs, le pire et le meilleur se côtoient dans cette famille.

AMANITE DES CÉSARS (*Amanita caesarea*) ■ Autres noms: oronge, oronge vraie, jaune d'œuf, rouget, jaseran, cocon ■ Saison: juillet à octobre ■ COMESTIBLE CRUE.
Ce champignon vit dans les bois clairs de feuillus, notamment sous les chênes et les châtaigniers, surtout sur les terrains siliceux du Midi, du Centre et de l'Est de la France. Très commune en Italie, cette espèce plutôt méridionale se rencontre rarement dans la Région parisienne et reste totalement inconnue dans les pays nordiques.
Considéré depuis l'Antiquité comme le plus exquis des champignons avec la truffe, ce très beau champignon faisait les délices des empereurs romains, qui le consommaient dans du vin additionné de miel. Il portait alors le nom de *boletus*. Il apparaît sur les fresques de Pompéi, Sénèque et Tacite ont chanté sa succulence. Durant l'Antiquité et le Moyen Âge, l'amanite des Césars fut l'objet d'une cueillette effrénée. Le pape Clément VII, vers 1530, interdit son ramassage sur tous ses États afin de s'en réserver l'exclusivité, mais un autre pape, Pie VII, fut empoisonné accidentellement à Fontainebleau par son cuisinier, avec de fausses oronges qu'il avait lui-même cueillies.
Il faut choisir de préférence cette amanite lorsque le chapeau est encore bombé en forme de coupole. Sa chair est épaisse, ferme et moelleuse à la fois. De couleur blanche, elle possède un goût très fin de noisette. Pour les préparations où on l'utilise crue, on retire la cuticule qui recouvre le chapeau. Ce sont des préparations simples, avec un assaisonnement léger, qui mettent le mieux en valeur ses qualités.

AMANITE ROUGISSANTE (*Amanita rubescens*) ■ Autres noms: pied-rouge, golmote, amanite vineuse, oronge vineuse, royal, amanite rougeâtre ■ Saison: du printemps aux premières gelées ■ TOXIQUE CRUE.
Celles que l'on cueille en montagne

sont meilleures que celles des plaines. Si elle est toxique crue, elle peut être excellente une fois cuite, à condition que la cuisson dure au moins 20 minutes pour faire disparaître la substance hémolytique qu'elle contient, détruite à partir de 60 °C. Il faut retirer la cuticule légèrement amère qui recouvre le chapeau et il est conseillé de l'ébouillanter avant de la traiter.

L'odeur qu'elle dégage à la cuisson déplaît à certains. D'autre part, elle n'est pas très digeste, et il est préférable de ne pas en consommer de trop grandes quantités.

AMANITE ENGAINÉE (*Amanita vaginata*) ▪ Autres noms: amanite en étui, amanite vaginée, coucou mellegrise, orangée, grisette ▪ Saisons: été et automne ▪ TOXIQUE CRUE.

Amanite engainée

Très commune dans tous les terrains, sous toutes les essences d'arbres. Cet agréable comestible est particulièrement fragile, ce qui exclut tout lavage. Sa chair mince et douce est blanche ou légèrement teintée. Il nécessite une cuisson prolongée afin de supprimer toute trace de toxicité et demande un assaisonnement qui lui donne un peu de relief.

Autres amanites comestibles: AMANITE SOLITAIRE (*A. solitaria*); AMANITE JONQUILLE (*A. gemmata*); AMANITE OVOÏDE (*A. ovoida*); AMANITE ÉPAISSE (*A. spissa*); AMANITE FAUVE (*A. fulva*); LIMACELLE À GOUTTELETTES (*Limacella guttata*).

Cèpes et Bolets

La famille des bolets rassemble des champignons qui figurent parmi les plus savoureux et les plus activement recherchés par les chasseurs. Il existe plus de 65 variétés différentes qui ne sont pas toutes d'égale qualité. Certaines présentent une chair qui bleuit ou verdit à la cassure: toxiques crues, elles peuvent être d'une qualité remarquable après cuisson. Quatre espèces de bolets sont appelées « cèpes »: ce sont les meilleures, vendues sous l'appellation de « cèpes de Bordeaux » bien qu'elles soient toutes distinctes les unes des autres.

CÈPE DE BORDEAUX (*Boletus edulis*) ▪ Autres noms: cèpe, cèpe comestible, bolet comestible, cèpe franc, gros-pied, tête rousse, cèpe d'automne ▪ Saison: automne ▪ COMESTIBLE CRU.

Ce champignon vit sous les bois de

feuillus en plaine (chênes et hêtres) et sous les épicéas en montagne, en symbiose avec ces arbres qu'il aide à se développer. Ce roi des champignons, symbole gastronomique par excellence, est l'un des plus recherchés, des plus appréciés et des plus vendus. Sa chair épaisse et blanche dégage une odeur

Cèpe de Bordeaux (à gauche) et cèpe bronzé

agréablement fruitée, une saveur douce un peu sucrée, avec un léger goût de noisette quand il est cru. Le nombre de recettes qui permettent de l'accommoder témoigne de sa qualité. La chair est plus ferme chez les petits, mais plus parfumée chez les gros.

CÈPE BRONZÉ (*Boletus aereus*) ■ Autres noms : tête-de-nègre, cèpe noir, gendarme noir ■ Saisons : été et automne ■ COMESTIBLE CRU.
Les amateurs lui donnent la palme parmi les cèpes, à cause de son odeur musquée et de la fermeté de sa chair.

CÈPE DES PINS (*Boletus pinicola*) ■ Autres noms : cèpe acajou, bolet acajou ■ Saisons : été et automne ■ COMESTIBLE CRU.
Il offre les mêmes qualités gastronomiques que les précédents, mais se caractérise par un parfum un peu plus intense.

CÈPE D'ÉTÉ (*Boletus reticulatus* ou *aestivalis*) ■ Autres noms : bolet réticulé, champignon de fleur, bolet d'été ■ COMESTIBLE CRU.
Même si sa chair est un peu moins compacte que chez les autres cèpes, avec une saveur sucrée plus marquée que chez le cèpe de Bordeaux, ce champignon constitue également une espèce de premier choix.

BOLET BLEUISSANT (*Boletus cyanescens*) ■ Autres noms : indigotier ■ Saisons : été et automne ■ NON COMESTIBLE CRU.
Sa chair très blanche et bien ferme vire instantanément au bleu dès qu'on en casse un fragment. C'est néanmoins une excellente espèce, qui se prête à toutes les recettes du cèpe.

BOLET APPENDICULÉ (*Boletus appendiculatus*) ■ COMESTIBLE CRU.
C'est le plus précoce des bolets et l'un des meilleurs. On peut le trouver dès le mois de mai. Sa chair est blanche, très ferme, avec une odeur d'huile de noix.

Bolet bai (*Boletus badius*) ▪ Autres noms: cèpe bai, cèpe des châtaigniers ▪ Saisons: été et automne ▪ Non comestible cru.
Excellent, très parfumé, sa chair est blanc jaunâtre, avec une saveur douce et une odeur fruitée. Il verdit au toucher et au contact de l'air.

Bolet à pied rouge (*Boletus erythropus*) ▪ Autres noms: pied-rouge, cèpe à pied rouge ▪ Saison: mai à novembre ▪ Non comestible cru.
Sa chair compacte jaune d'or vire au vert-bleu puis au bleu foncé dès qu'on la casse. Son odeur est faible et sa saveur fruitée. Il nécessite une cuisson prolongée.

Bolet blafard

Le **Bolet blafard** (*B. luridus*) lui ressemble beaucoup et présente les mêmes qualités gastronomiques.

Champignons Noirs

C'est le nom générique que l'on donne à ces champignons asiatiques qui figurent très fréquemment dans les recettes extrême-orientales. Ils se prêtent particulièrement bien à la dessiccation et c'est sous cette forme qu'ils sont importés d'Orient.

Oreille-de-Judas (*Auricularia auricula-judae*) ▪ Autres noms: champignon noir, oreille-de-chat, champignon croquant ▪ Saison: toute l'année ▪ Comestible crue.
Produit en grandes quantités par les Chinois, ce champignon vit naturellement sur les troncs de feuillus morts ou âgés. Il est aujourd'hui disponible séché dans les rayons de produits asiatiques. Après trempage et essorage, il entre dans de nombreux apprêts de salades, de légumes sautés, de garnitures, mais aussi de préparations sucrées. Il se consomme cru ou cuit.

Chanterelles, Girolles et Craterelles

Tous ces champignons se caractérisent par un chapeau qui forme comme l'épanouissement du pied. Ils constituent un groupe intermédiaire entre les champignons à lamelles, très évolués, et un groupe plus primitif connu sous le nom d'*aphyllophorales*, c'est-à-dire « champignons sans lamelles ».

Chanterelle comestible

Facilement identifiables, généralement vivement colorés, ils sont bien connus et recherchés par les amateurs.

Chanterelle comestible
(*Cantharellus cibarius*) ■ Autres noms : girolle, girandole jaunotte, chevrette, crête-de-coq, gallinace, roussotte, girondelle ■ Saisons : été et automne
■ Comestible crue (modérément, à cause de son amertume).

Sa physionomie dépend de l'arbre sous lequel elle pousse (conifères et feuillus) : chanterelle du chêne, jaune et élancée ; chanterelle du hêtre, pâle et massive ; chanterelle du sapin, presque blanche. Il existe également une variété appelée *C. amethystinus*, qui porte sur son chapeau un fin duvet violacé.

Les girolles du début de saison (mai à juillet) sont meilleures que celles de l'automne. Il faut les choisir petites de préférence et ne pas les laver, car ce sont de véritables éponges qui se gorgent d'eau, ce qui rend la cuisson difficile. Si elles sont vraiment souillées, mieux vaut les blanchir rapidement à l'eau bouillante salée. La girolle est un champignon fin et très apprécié, avec une chair ferme, fibreuse et élastique, jaune d'or, une odeur d'abricot à la fois acidulée et fruitée, d'une saveur douce et légèrement poivrée.

Chanterelle jaunissante
(*Cantharellus lutescens*) ■ Autres noms : chanterelle, chanterelle jaunâtre, chanterelle modeste ■ Saisons : automne et hiver
■ Non comestible crue.

Elle vit principalement sous les conifères, en montagne, notamment dans le sud de la France. Certaines années, on en trouve encore en janvier et même en février. C'est une excellente variété de champignon. Sa chair est un peu mince, mais sa fine saveur et son parfum de mirabelle sont très agréables.

Chanterelle jaunissante

TROMPETTE-DES-MORTS (*Craterellus cornucopioides*) ▪ Autres noms : craterelle corne d'abondance, champignon noir, truffe du pauvre ▪ Saisons : été et automne ▪ NON COMESTIBLE CRUE.
Ce champignon pousse en colonies importantes dans les endroits humides des forêts de feuillus, parfois sous les épicéas.
Très recherché pour les préparations originales qu'il permet, il possède néanmoins une réputation gastronomique un peu surfaite.
Sa couleur particulière le prédispose à figurer dans les cocktails de champignons. Sa chair mince et souple, un peu coriace et pourtant fragile, est faiblement amère, avec un léger parfum de mirabelle.
La trompette-des-morts se prête à merveille à la dessiccation, et c'est ainsi que son utilisation devient la plus intéressante, en poudre ou non, pour parfumer des potages, des farces, des ragoûts ou des jus de rôtis.

Autres chanterelles comestibles :
CHANTERELLE DE KONRAD (*C. konradii*) ; CHANTERELLE DE FRIES (*C. friesii*) ; CHANTERELLE JAUNE-VIOLACÉ (*C. ianthinoxanthus*) ; CHANTERELLE CENDRÉE (*C. cinereus*) ; CHANTERELLE SINUÉE (*C. sinuosus*) ; CHANTERELLE EN TUBE (ou en entonnoir) (*C. tubeaformis*) ; CHANTERELLE EN MASSUE (*Nevrophyllum clavatum*).

Trompette-des-morts

Clavaires et Sparassis

Les clavaires sont des champignons en forme d'algues, d'arbustes, de choux-fleurs ou de ramifications, parfois d'entonnoirs ou de pilons, généralement assez peu intéressants en cuisine et souvent purgatifs dès qu'ils commencent à être un peu vieux. L'un d'entre eux essentiellement mérite d'être mentionné.

SPARASSIS CRÉPU (*Sparassis crispa*) ▪ Autres noms : clavaire crépue, chou-fleur, crête-de-coq, morille des pins ▪ Saisons : été et automne ▪ NON COMESTIBLE CRU.
Ce curieux champignon formant une masse crépue pousse dans les bois de pins, plus souvent en montagne, à l'abri des troncs, des souches ou des racines avec lesquels il vit en symbiose. Sa valeur gastronomique est intéressante à condition de le consommer jeune : vieux, il devient

coriace et purgatif.
On évitera de le laver, mais il faut le nettoyer avec beaucoup de soin en retirant les petites bêtes et les brindilles qui se cachent entre ses multiples ramifications. La chair de cette clavaire est blanche, de consistance un peu élastique. Elle possède un parfum particulier qui tient de l'anis et de la cannelle, parfois de la noix, et sa saveur rappelle celle de la noisette et de la morille.
Une autre clavaire lui ressemble beaucoup sur le plan gustatif:
le SPARASSIS EN LAMES (*S. laminosa*).

Sparassis crépu

Autres clavaires dites comestibles:
CLAVAIRE DORÉE (*Ramaria aurea*); CLAVAIRE CHOU-FLEUR (*Ramaria botrytis*); CLAVAIRE JAUNE (*Ramaria flava*); CLAVAIRE CENDRÉE (*Clavulina cinerea*).

Clitocybes et Armillaires

Les nombreux individus de cette famille mycologique, de taille et de teinte variables, ont pour point commun de présenter en général des lamelles découvertes, inégales, le plus souvent minces et serrées, qui descendent plus ou moins bas sur le pied. Le chapeau, souvent déprimé au milieu, se creuse parfois profondément en entonnoir. Il est impossible de le peler, car la cuticule adhère à la chair. Si les comestibles sont en abondance dans cette famille, on y trouve aussi des représentants toxiques contenant de la muscarine, qui provoque un empoisonnement. Parmi tous ceux que l'on utilise en cuisine, aucun d'ailleurs n'est comestible cru.

CLITOCYBE AMÉTHYSTE (*Laccaria amethystina*) ▪ Autres noms: laqué améthyste, améthyste ▪ Saisons: automne et parfois été
▪ NON COMESTIBLE CRU.
Il pousse en colonies très nombreuses - ce qui compense sa petite taille - dans les bois humides, sous les feuillus ou les conifères, en terrain acide, dans l'herbe, sur la mousse, dans les feuilles et à même la terre. Ce fin comestible à la saveur de violette possède une chair mince, tendre et fragile. Il faut éliminer les pieds, qui sont en revanche durs et fibreux. Sur le plan gustatif, il s'associe particulièrement bien avec les coquillages et les œufs.

Clitocybe nébuleux (*Clitocybe nebularis*) ■ Autres noms: grisette, petit-gris ■ Saison: automne
■ Non comestible cru.
On le trouve dans les bois de feuillus ou de conifères, de préférence en lisière ou dans les clairières. Insensible aux températures voisines de 0 °C, il se rencontre jusqu'aux fortes gelées. Laxatif, il a ses partisans et ses détracteurs du fait de son goût particulier. On évite de le cuisiner vieux car sa chair ferme et épaisse ramollit. Sa douce saveur est légèrement aigrelette, avec une odeur cyanique faiblement anisée et un arôme qui rappelle le muscat et la farine moisie. Il est préférable de le blanchir 2 à 3 minutes à l'eau salée avant de le cuisiner. Il se prête bien aux préparations épicées.

Armillaire couleur-de-miel

Clitocybe géotrope (*Clitocybe geotropa*) ■ Autres noms: tête de moine, mousseron d'automne
■ Saison: automne
■ Non comestible cru.
Son habitat est celui des bois clairs, des lisières herbeuses, parfois des prés et des pâturages, où il pousse en cercles ou en lignes. C'est l'un des champignons les plus volumineux, mais on se limitera aux petits exemplaires, car il devient dur et coriace en grandissant. Sa chair blanche et ferme possède une fine odeur de lavande ou de foin coupé, subtilement mentholée. Il n'est pas nécessaire de le faire cuire longtemps.

Clitocybe en entonnoir (*Clitocybe infundibuliformis*) ■ Autres noms: clitocybe bossu ■ Saisons: été et automne ■ Non comestible cru.
On le rencontre sous toutes les essences d'arbres, avec une prédilection particulière pour les conifères. C'est le plus courant des clitocybes. Sa chair est à la fois molle et élastique, mais possède un goût agréable tout en exhalant une odeur qui tient de l'anis et de l'amande amère.

Armillaire couleur-de-miel (*Armillariella mellea*) ■ Autres noms: grande souchette, tête-de-méduse, agaric de miel, souquarelle, clitocybe de miel ■ Saison: automne
■ Non comestible cru.
Ce champignon pousse en colonies nombreuses sur le bois mort ou les

souches d'arbres et contribue à leur décomposition, mais on le rencontre aussi sur les racines d'arbres sains, dont il finit par provoquer le dépérissement. Très appréciée dans les pays de l'Est, elle est relativement négligée en France, car elle apparaît à une époque où l'on trouve en abondance de nombreuses autres espèces de premier choix. C'est un comestible honorable, à condition de ne consommer que les petits sujets, débarrassés du pied, dur et coriace, et de préférence blanchis (car ils conservent sinon une certaine amertume).

Autres clitocybes comestibles :
CLITOCYBE ORANGÉ OU FAUSSE CHANTERELLE (*Hygrophoropsis aurantiaca*) ; CLITOCYBE GÉANT (*Leucopaxillus giganteus*) ; CLITOCYBE CONNÉ (*Clitocybe connata* ou *Lyophyllum connatum*) ; CLITOCYBE RETOURNÉ (*Lepista inversa*) ; CLITOCYBE ODORANT (*Clitocybe odora*) ; CLITOCYBE LAQUÉ (*Laccaria laccata*).

Coprins

Les coprins se développent rapidement : ils poussent « à vue d'œil » après une forte pluie, mais leur vie est très éphémère. Un seul mérite d'être cuisiné, le coprin chevelu, en raison de ses qualités gastronomiques. Des essais de culture ont été menés en Hollande, mais sa fragilité et sa faible durée de conservation sont de sérieux obstacles à sa commercialisation.

Coprin chevelu

COPRIN CHEVELU (*Coprinus comatus*)
■ Autres noms : goutte d'encre, escumelle, encrier ■ Saisons : été, automne et parfois printemps
■ COMESTIBLE CRU.

On le voit apparaître en colonies nombreuses, dans les champs ou sur leurs bordures, dans les jardins, sur les chaumes ou les pelouses, et parfois même à travers les fentes du macadam, sur les routes de campagne.
C'est l'un des meilleurs champignons de cueillette que l'on puisse rencontrer, mais sa préparation appelle quelques observations. En effet, ce champignon est excellent lorsqu'il est très jeune et très frais, mais il est rapidement toxique dès que les lamelles deviennent noirâtres,

ce qui survient très vite. Il faut en général le consommer le jour même de sa cueillette. Délicieux cru, il ne doit jamais être lavé. Sa chair blanche très fragile, d'une saveur et d'un arôme agréables, demande des apprêts aussi simples que possible.

Cortinaires

Il existe plus de 600 variétés de cortinaires à travers l'Europe, mais la plupart sont de piètres comestibles et ceux du groupe *orellanus* sont très dangereux, voire mortels. Leur nom vient du voile à filaments très fins, la cortine, qui joint les bords du chapeau au pied.

CORTINAIRE REMARQUABLE (*Cortinarius praestens*) ■ Autres noms : cortinaire de Berkeley, cortinaire majestueux
■ Saisons : été et automne
■ NON COMESTIBLE CRU.

Cortinaire remarquable

On le rencontre sous les feuillus ou dans les bois d'essences mélangées, dans les terrains calcaires ou argilo-calcaires.
C'est le géant de l'espèce (jusqu'à 25 cm de diamètre pour le chapeau) et c'est aussi le meilleur. Peu connu et relativement rare, il n'est cuisiné que dans certaines régions. Il faut retirer la peau visqueuse qui recouvre le chapeau. Sa chair blanche, compacte et ferme, possède une saveur et une odeur discrètes, mais agréables et légèrement fruitées.

CORTINAIRE VARIABLE (*Cortinarius varius*) ■ Saisons : été et automne
■ NON COMESTIBLE CRU.
Il s'agit d'une espèce montagnarde qui pousse sous les épicéas dans un sol calcaire. La chair compacte, blanche et ferme, de ce champignon possède une saveur douce et agréable, avec une odeur assez proche de celle du champignon de couche.

Autres cortinaires comestibles :
CORTINAIRE VIOLET (*C. violaceus*) ;
CORTINAIRE LARGE (*C. largus*) ;
CORTINAIRE PIED-BLEU (*C. cyanopus*).

Fistuline hépatique

Avec son nom qui évoque quelque terrible maladie de foie, ce champignon est redouté des forestiers, mais les mycophages l'apprécient à sa juste valeur. Il se présente comme un tubercule étalé en une large masse charnue ayant l'aspect d'une langue, accroché à la base d'un vieux chêne ou d'un châtaignier.

Fistuline hépatique (*Fistulina hepatica*) ■ Autres noms : langue-de-bœuf, langue-de-chêne, glu-de-chêne, glue-de-châtaignier, foie-de-bœuf ■ Saisons : été et automne ■ Comestible crue.

Gomphide glutineux

La langue-de-bœuf parasite les blessures des chênes et des châtaigniers, provoquant une pourriture brune et la mort de l'arbre. On aura soin de ne prendre en considération que les jeunes exemplaires dont la chair, quand on la coupe, laisse exsuder un suc rouge, ce qui accroît la ressemblance de ce champignon avec un véritable bifteck saignant. Relativement tendre, épaisse et fibreuse, la chair n'a pas d'odeur particulière, mais sa saveur légèrement salée et acidulée est très agréable, qu'elle soit consommée crue, en salade, ou bien sautée en tranches comme du foie.

Gomphides

Cette famille de champignons relativement modeste regroupe environ une dizaine de variétés reconnaissables à leur chapeau visqueux et à leurs longues lamelles de consistance molle. Un seul mérite les honneurs de la casserole, mais le docteur Ramain estimait qu'il s'agissait d'une véritable « révélation gastronomique ».

Gomphide glutineux (*Gomphidus glutinosus*) ■ Autres noms : gomphide gluant, pied-de-rhubarbe ■ Saisons : été et automne
■ Non comestible cru.
Habitant des bois de conifères où on le trouve souvent associé à l'épicéa, le gomphide gluant est un champignon relativement courant. Son nom peu ragoûtant pourrait rebuter les gourmands, mais il s'agit en réalité d'une bonne espèce à chair tendre, épaisse et un peu spongieuse. Il est pratiquement inodore, mais possède une saveur légèrement acidulée. Il est recommandé de le nettoyer et de le peler, de préférence sur place, en retirant soigneusement la cuticule du chapeau.

Guépinie

Ce champignon de couleur vive et de consistance molle est peu connu des amateurs ; il s'accommode pourtant merveilleusement dans les salades.

GUÉPINIE EN HELVELLE (*Guepinia helvelloides*) ■ Autres noms : guépinie rousse, trémelle rousse, oreille-de-veau, oreille-de-lapin ■ Saisons : été et automne ■ COMESTIBLE CRUE.
On rencontre la guépinie dans les lieux humides, dans la mousse le long des ruisseaux, ainsi que sous les conifères, en montagne. Sa chair est assez épaisse et molle, gélatineuse et tremblotante, dotée d'une jolie couleur rose-orangé. Elle est presque inodore, mais apprêtée crue, en salade, avec un assaisonnement assez relevé, elle fait penser à une salade de museau de bœuf.

Hydnes, Trémelles Trémellodons

Les hydnes constituent un genre de champignons qui se caractérisent par la présence, sous le chapeau, non pas de lamelles ou de tubes, mais d'aiguillons, minuscules pointes dont la couleur est variable. Seul le pied-de-mouton peut attirer l'attention des mycogastronomes, ainsi que, dans une moindre mesure, l'HYDNE IMBRIQUÉ (*Sarcodon imbricatum*). Les trémelles et trémellodons peuvent également se révéler d'intéressantes curiosités.

HYDNE SINUÉ (*Hydnum repandum*)
■ Autres noms : pied-de-mouton, escarde, hydne commun, barbe-de-chèvre, chevrette, langue-de-chat, érinace ■ Saisons : été et automne ■ COMESTIBLE CRU.
L'hydne sinué pousse en colonies de début juillet jusqu'à la fin de l'automne, sous les conifères et les feuillus. Il affectionne particulièrement les fûtaies de hêtres.
Espèce appréciée, bien que sa réputation soit un peu surfaite, l'hydne ne possède pas un grand parfum et sa saveur amère manque

Hydne sinué

un peu de finesse. Sa chair ferme et compacte est blanche et jaunit au toucher, tout en se révélant fragile. Avant de le cuisiner, il est nécessaire de retirer les aiguillons sous le chapeau. Sa cuisson doit être relativement poussée et il demande un assaisonnement assez relevé.

Trémelle gélatineuse (*Tremellodon* ou *Pseudohymnum gelatinosum*)
▪ Autres noms: trémellodon, hydne gélatineuse ▪ Saisons: automne et hiver ▪ Comestible crue.
Assez répandue dans les forêts de conifères, sauf dans les régions méridionales, la trémelle gélatineuse est un assez bon comestible qui présente l'avantage de se manger crue. Sa chair possède un goût de résine, plus ou moins prononcé, qui peut plaire ou rebuter.

Hygrophores

Le nom latin de ce champignon indique qu'il est gorgé d'eau. Il ne compte pas dans ses rangs d'espèces vénéneuses, mais non plus, malheureusement, de « rois » de la table. Quelques-uns méritent néanmoins l'attention des amateurs.

Hygrophore de mars (*Hygrophorus marzuolus*) ▪ Saison: janvier à avril ▪ Non comestible cru.
Ce champignon très précoce est le premier de l'année à fructifier. Il vit sous les sapins, en montagne, parfois même sous la neige. Sa chair très blanche, légèrement grise dans le chapeau, possède une odeur et une saveur plutôt fades, mais agréables. Elle nécessite un bon assaisonnement.

Hygrophore rouge ponceau (*Hygrophorus puniceus*) ▪ Saison: automne ▪ Non comestible cru.
Assez commun, surtout en montagne où il pousse en petites colonies dans les pâturages, cet hygrophore est le plus beau de la famille.
C'est aussi un bon comestible, dont la chair rappelle celle des cuisses de grenouilles. Son jus, à la cuisson, prend la saveur d'un bouillon de poule. Il teinte les potages en jaune safran. Pour obtenir de bons résultats en cuisine, il suffit de le faire rissoler au beurre et à l'huile avant de le parsemer de cerfeuil en fin de cuisson.

Hygrophore de Mars

Hygrophore comestible (*Hygrophorus penarius*) ▪ Autre nom: hygrophore de l'office ▪ Saisons: été et automne ▪ Non comestible cru.
Il n'est pas très répandu, mais on peut le rencontrer dans les hêtraies ou les chênaies, dans des sols calcaires. Il s'agit sans conteste du meilleur des hygrophores. Sa chair ferme et compacte possède une saveur douce et une odeur fruitée. Il se prête à la plupart des apprêts de champignons et remplace facilement le champignon de couche par exemple.

Autres hygrophores comestibles :
HYGROPHORE BLANC-D'IVOIRE
(*H. eburneus*) ; HYGROPHORE DES PRÉS
(*H. pratensis*) ; HYGROPHORE RUSSULE
(*H. russula*) ; HYGROPHORE DES BOIS
(*H. nemoreus*) ; HYGROPHORE VIRGINAL
(*Camarophyllus virgineus*) ; HYGROPHORE
BLANC-DE-NEIGE (*Camarophyllus niveus*).

Lactaires

Ainsi baptisés parce que leur chair laisse couler un liquide laiteux à la cassure - qui peut être blanc, incolore, coloré ou variable au contact de l'air -, les lactaires comptent quelques comestibles dignes d'intérêt.

Lactaire délicieux

que ce lactaire se révèle le plus agréable à déguster.

LACTAIRE DÉLICIEUX (*Lactarius deliciosus*) ▪ Autres noms : lactaire polonais, vache-rouge, sanguin, barigoule, briqueté catalan ▪ Saison : automne ▪ NON COMESTIBLE CRU.
Très commun sous les conifères, ce lactaire ne mérite pas vraiment le nom que lui attribua par erreur le botaniste suédois Linné, croyant qu'il s'agissait du lactaire sanguin (voir ci-dessous).
Sa chair dure et cassante, blanche chez les très jeunes sujets, devient vite rouge carotte et verdit à l'air. Elle est piquante à l'état cru. Son lait, orange lui aussi, dégage une odeur agréable et possède une saveur un peu âcre (il teinte de rouge les urines de ceux qui en ont consommé : aucune inquiétude à avoir à ce sujet). C'est sans doute grillé sur les braises

LACTAIRE SANGUIN (*Lactarius sanguifluus*) ▪ Autres noms : sanguin, champignon du pin ▪ Saison : automne ▪ NON COMESTIBLE CRU.
Ce lactaire a une prédilection pour les terrains plantés de pins parasols ou de pins d'Alep des régions méridionales.
C'est de loin le meilleur de tous les lactaires. Il ressemble extérieurement beaucoup au lactaire délicieux, mais son lait est rouge et ne colore pas les urines.

Autres lactaires comestibles : LACTAIRE PLUS-QUE-MAUVAIS (*L. deterrimus*) ; LACTAIRE SAUMON (*L. salmonicolor*) ; LACTAIRE SEMI-SANGUIN (*L. semi-sanguifluus*) ; LACTAIRE COULEUR-DE-POIX (*L. picinus*) ; LACTAIRE COULEUR-DE-SUIE (*L. lygnyotus*) ;

LACTAIRE À LAIT ABONDANT
(*L. volemus*) ; LACTAIRE ODORANT
(*L. serifluus*) ; LACTAIRE POIVRÉ
(*L. pergamenus*).

Lentins

Les lentins sont des champignons qui ressemblent extérieurement aux pleurotes, avec une chair souvent plus coriace. C'est une variété de lentin, celle dite « de chêne », qui est cultivée intensivement en Chine, au Japon, à Taïwan, en Corée du Sud, et depuis peu en France. La production du *Lentinus edodes* occupe la deuxième place dans le monde après celle du champignon de couche. Selon le producteur, il est vendu sous le nom de shiitake ou de lentin de chêne.

Lépiote élevée

Lépiotes et Coulemelles

Le mot « lépiote » vient du latin *lepis*, qui signifie « écaille ». C'est une famille bien connue des chasseurs de champignons qui savent les identifier à leur chapeau souvent recouvert d'écailles. La plus commune est sans conteste la lépiote élevée, ou grande coulemelle, connue sous plus de 60 noms vernaculaires à travers toute la France.

LÉPIOTE ÉLEVÉE (*Lepiota procera*)
■ Autres noms : coulemelle, potiron, nez-de-chat, Saint-Michel, chevalier bagué, parasol, etc. ■ Saisons : été et automne ■ COMESTIBLE CRUE.
Très commune dans les pâturages, en bordure des bois, dans les taillis et les bruyères, sous les pins, dans les sous-bois clairs et parfois dans les champs, dans les terrains décalcifiés.
La coulemelle est un comestible estimé, à condition de la cuisiner jeune, encore fermée, quand son chapeau forme une masse ovoïde. Il ne faut jamais laver ni peler ce superbe champignon qui, en grandissant, devient une belle ombelle. Il convient de jeter le pied, dur et fibreux (à moins de l'utiliser dans une duxelles). La chair

du chapeau est molle et blanche, virant au rose en vieillissant ; elle exhale une odeur agréable et possède un goût de noisette. On évitera de la cuire dans une matière grasse qu'elle absorbe trop facilement. En revanche, l'anneau dégusté cru, nature, est une véritable friandise.

Autres lépiotes comestibles (et appréciées) : LÉPIOTE DÉGUENILLÉE (*L. rhacodes*) ; LÉPIOTE EXCORIÉE (*L. excoriata*) ; LÉPIOTE GRÊLE (*Macrolepiota gracilenta*) ; LÉPIOTE PUDIQUE (*L. pudica*) qui se cultive comme le champignon de Paris.

Marasmes et Collybies

Il s'agit, dans ce groupe assez diversifié, de champignons de petite taille : *marasmos* veut dire en grec « maigreur extrême » et *kollubos* : « petite pièce de monnaie ». Proches des collybies, qui possèdent comme eux un pied dur et cartilagineux, les marasmes présentent une particularité intéressante en cuisine : le chapeau se dessèche sans pourrir et, après dessiccation, il reprend sa forme d'origine quand on le fait tremper.

MARASME D'ORÉADE (*Marasmius oreades*) ■ Autres noms : faux mousseron, bouton-de-guêtre, pied-dur, nymphe-des-montagnes, mousseron des prés, mousseron d'automne ■ Saisons : printemps, été et automne ■ COMESTIBLE CRU.

Il pousse en cercles, dans les prés humides, sous toutes les latitudes, de la plaine à la montagne. Le chapeau - seule partie comestible - présente une chair mince, blanche et ferme, avec un parfum très agréable d'amande amère. Il se prête remarquablement à la dessiccation : une fois réduit en poudre, c'est un excellent condiment pour les sauces et les potages.

COLLYBIE À PIED EN FUSEAU (*Collybia fusipes*) ■ Autre nom : souchette
■ Saisons : été et automne
■ NON COMESTIBLE CRUE.
Elle pousse en touffes de six à dix sujets, à la base des arbres feuillus, très fréquemment sur les vieilles

Collybie à pied en fuseau

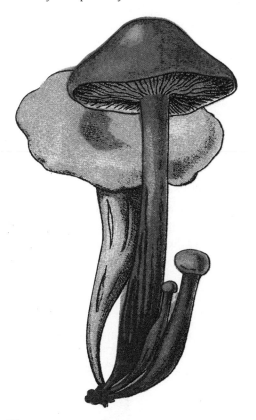

souches. Le pied étant trop coriace, l'on ne cuisine que les chapeaux, lorsque les lamelles sont encore claires ; ensuite, ils deviennent indigestes. La chair est élastique, très faiblement odorante et d'une saveur douce. C'est un bon accompagnement pour un gibier à plumes rôti.

Autres collybies et marasmes comestibles : COLLYBIE DES CHÊNES (*Collybia dryophila*) ; COLLYBIE À LONG PIED (*Oudemansiella longipes*) ; MARASME À ODEUR D'AIL (*Marasmus alliaceus*), que l'on utilise comme condiment après dessiccation ; MARASME CONFLUENT (*Collybia confluens*) ; COLLYBIE À PIED VELOUTÉ (*Flammulina velutipes*), espèce cultivée essentiellement en Chine et au Japon - sous le nom de nameko - où on l'appelle « petite flamme » en raison de sa couleur, et qui occupe le troisième rang dans le monde parmi les productions de champignons de culture.

Morilles, Gyromitres et Helvelles

Les morilles sont des champignons caractérisés par un chapeau globuleux ou conique en forme d'éponge, composé d'alvéoles qui ressemblent extérieurement à du gâteau de cire d'abeille (sans la couleur). Le pied est court et trapu. Chez les gyromitres, les alvéoles laissent place à des circonvolutions qui ont l'aspect d'une cervelle, tandis que chez les helvelles, les lobes sont minces et contournés.

Morille conique et morille ronde

Ces dernières, de moindre valeur culinaire et de consistance élastique, sont parfois dénommées « morilles d'automne ». Quant aux verpes, même s'il arrive qu'elles soient vendues frauduleusement sur les marchés sous le nom de morilles, elles leur sont gastronomiquement inférieures. Pour beaucoup de profanes, il existe deux sortes de morilles, la blonde moins réputée, et la noire, la plus exquise, alors qu'en réalité, parmi les nombreuses sortes que l'on peut rencontrer (et qui sont toutes comestibles), la morille délicieuse est de loin la meilleure. Toutes les morilles, espèces printanières plus ou moins précoces, sont toxiques crues à cause des hémolysines qu'elles contiennent, substances toxiques détruites par la chaleur : il faut donc toujours bien les faire cuire.

C'est en outre un champignon qu'il est préférable de laver, car les alvéoles renferment un sable très fin : il faut les faire tremper rapidement dans l'eau sans les laisser séjourner trop longtemps, puis les passer une par une sous un filet d'eau courante.

Morille délicieuse (*Morchella deliciosa*) ■ Autre nom : morille noire ■ Saison : printemps ■ Toxique crue. On la rencontre dans les forêts de moyenne montagne, surtout en lisière des bois de feuillus et de conifères, dans les ronciers et les fourrés qui concentrent les eaux de pluie. Elle est commune dans toute l'Europe et on la trouve même sous les tropiques, en altitude. Certaines variétés commercialisées à l'état desséché sont importées d'Inde. Sa saveur et son arôme en font un comestible recherché, présent dans nombre de recettes. C'est au cours de la cuisson qu'apparaît son odeur caractéristique qu'elle communique aux aliments cuisinés en même temps qu'elle. Le mijotage à la crème est l'un de ses apprêts classiques. Farcies ou en garniture de viande blanche ou d'abats, les morilles font merveille.

Gyromitre comestible (*Gyromitra esculenta*) ■ Autres noms : moricau, fausse morille, moricaude ■ Saison : printemps
■ Toxique cru (et parfois cuit). Assez commun en montagne ou même en plaine en terrain siliceux, sous les conifères et parfois sous les feuillus, le gyromitre est très répandu dans les pays de l'Est, particulièrement en Pologne qui en exporte de grandes quantités après dessiccation. Décrit à juste titre comme un champignon comestible « qui tue parfois », le gyromitre peut provoquer au hasard, selon l'individu qui en absorbe, des intoxications graves, parfois mortelles. Une fois séché, il perd sa toxicité (mais sa vente à l'état frais est autorisée en France). Sur le plan gustatif, il est supérieur à la morille pour la puissance de son parfum.

Autres morilles à conseiller : Morille comestible (*M. esculenta*), claire et de forme ronde ; Morille conique (*M. conica*), aussi bonne que la morille délicieuse, mais un peu moins appréciée, car sa chair est moins épaisse ; Morille ronde (*M. rotunda*), claire et de grande taille ; Morille vulgaire (*M. vulgaris*) ; Morille élevée (*M. elata*) ; Morille des jardins (*M. hortensis*) ; Morille à gros pied (*M. crassipes*) ; Morille couleur d'ombre, (*M. umbrina*) ; Morille à côtes (*M. costata*).
Quant au morillon (*Mitrophora hybrida*), il a un chapeau semblable à celui des morilles, mais partiellement séparé du pied auquel il n'adhère que par le sommet : moins apprécié que la morille, il doit être cuisiné rapidement car il s'altère vite.

Deux espèces de morilles, *vulgaris* et *hortensis*, ont fait l'objet de cultures, avec succès, sur des supports de topinambours, de cardons, d'artichauts ou de déchets de pommes.

Mousserons, Tricholomes et Rhodopaxilles

Parmi ces champignons le plus souvent robustes et de belle taille qui poussent généralement en automne (en forêt ou dans les prés), un assortiment assez varié est susceptible d'intéresser le gourmet, sans qu'il soit nécessaire d'entrer ici dans des caractéristiques strictement mycologiques.

TRICHOLOME DE LA SAINT-GEORGES (*Calocybe gambosa, Lyophyllum georgii* ou *Tricholoma georgii*) ▪ Autres noms : mousseron vrai, blanc, de printemps ou de la Saint-Georges, misseron, blanquet ▪ Saison : printemps ▪ COMESTIBLE CRU.
Il apparaît aux environs du 23 avril (Saint-Georges) et on le trouve jusqu'en juin dans les bosquets, les taillis, les haies, les lisières ou les prés, souvent en cercles.
C'est l'un des deux ou trois meilleurs champignons qui soient et de nombreux connaisseurs lui accordent volontiers la prééminence. Sa chair blanche, épaisse et ferme, possède une agréable odeur de farine fraîchement moulue. Il doit être cuisiné simplement pour conserver sa fine saveur, et de préférence avec des produits nobles (écrevisses, pointes d'asperges vertes, etc.).

TRICHOLOME PRÉTENTIEUX (*Tricholoma portentosum*) ▪ Autres noms : prétentieux, petit-gris, brise

Rhodopaxille nu

d'automne, verdoyant ▪ Saison : automne ▪ NON COMESTIBLE CRU.
Il pousse en colonies sous les pins et les épicéas, plus rarement sous les hêtres. C'est une très bonne espèce, avec une chair épaisse au centre du chapeau, mince ailleurs, fragile et cassante, blanche ou jaunâtre. Sa saveur est douce et dégage une faible odeur de farine.

TRICHOLOME ÉQUESTRE (*Tricholoma equestre*) ▪ Autres noms : tricholome des chevaliers, chevalier, cavalier, jaunet, canari, bidaou ▪ Saison : automne ▪ NON COMESTIBLE CRU.
Jadis réservé aux tables des nobles, d'où son nom, ce tricholome se rencontre généralement dans les pinèdes de pins à deux aiguilles, en sol sablonneux. Il est très courant dans les Landes.
Sa chair est épaisse, tendre et croquante, avec une faible odeur et une douce saveur d'œillet. Il se

prête à de nombreuses préparations et ne craint pas les assaisonnements un peu relevés.

TRICHOLOME ARGOUANE *(Rhodopaxillus paneolus)* ■ Autres noms : tricholome panéole, rhodopaxille nuageux ou tacheté, argouane des prairies, tricholome bigarré ■ Saison : automne ■ COMESTIBLE CRU.
Relativement commun en automne, ce tricholome pousse en cercles ou en colonies, dans les prés et les pâturages. L'argouane est une espèce délicate à la chair épaisse et tendre, bleuâtre ou gris pâle, avec une odeur et une saveur agréables de farine. Elle prend un goût légèrement poivré à la cuisson.

RHODOPAXILLE NU *(Lepista nuda* ou *Tricholoma nudum)* ■ Autre nom : pied-bleu. ■ Saisons : automne, hiver, parfois printemps et été
■ NON COMESTIBLE CRU.
Les pieds-bleus poussent en colonies nombreuses sous les feuillus et les conifères, ils aiment les terrains riches en humus. Ils sont cultivés depuis longtemps de manière familiale, mais la culture industrielle est beaucoup plus difficile à cause de ses exigences thermiques et lumineuses.
Les meilleurs sont ceux que l'on trouve sous les chênes : leur chair dégage une odeur complexe, agréablement fruitée et légèrement anisée. La consistance du pied-bleu est ferme, un peu fragile. Il peut recevoir de multiples apprêts. Les plus jeunes peuvent être cuits directement, mais il est préférable de blanchir les plus gros, car leur parfum peut s'intensifier et devenir excessivement acidulé au cours de la cuisson.

RHODOPAXILLE SINISTRE *(Rhodopaxillus saevus)* ■ Autres noms : pied-violet, tricholome sinistre, tricholome terrible ■ Saisons : automne et hiver
■ COMESTIBLE CRU.
On se demande pourquoi ce pied-violet porte des surnoms aussi redoutables alors qu'il s'agit d'une excellente espèce, même si elle a tendance à ramollir à la cuisson. La chair est tendre, d'une saveur plutôt faible, mais elle exhale une très agréable odeur fongique.

CLITOPILE PETITE-PRUNE *(Clitopilus prunulus)* ■ Autres noms : meunier, farineux, langue-de-carpe, orcelle, mousseron. ■ Saisons : été et automne
■ NON COMESTIBLE CRU.

Rhodopaxille sinistre

Ce mousseron vit communément sous les feuillus et les conifères, sur les landes et dans les haies, en petites colonies. Clitopile signifie littéralement « au bonnet penché », allusion à l'aspect souvent dissymétrique du champignon dû à son pied excentré, tandis que le surnom de petite-prune lui fut donné par le botaniste Césalpin qui, le premier, en identifia un exemplaire sous un prunellier (à moins que cela ne tienne à l'aspect « pruineux » de son chapeau, évoquant l'aspect de certains fruits, dont la prune). La chair blanche et tendre de cette espèce très commune est très fragile. Elle possède une forte odeur de farine et cuit très rapidement: les recettes les plus simples sont sans doute les meilleures. Elle se prête bien à la dessiccation.

Pézizes

Champignons d'assez médiocre valeur culinaire, les pézizes présentent surtout un intérêt décoratif dû à leur magnifiques couleurs. Mises à part les deux que nous présentons ici, elles sont souvent dangereuses crues, mais perdent leur toxicité à la cuisson.

PÉZIZE ÉCARLATE (*Sarcoscypha coccinea*) ■ Saisons: hiver et printemps ■ COMESTIBLE CRUE.
Assez commune à partir de février, elle pousse sur les bois pourrissants à terre, dans les haies de noisetiers, de prunelliers, d'aubépines et de ronces, et dans les sous-bois.
On peut la consommer crue sans danger (ce qui est loin d'être le cas pour toutes les pézizes): dans le Jura, les enfants la mangent nature, sur des tartines de pain beurré. Sa chair ferme et élastique présente une magnifique couleur écarlate, mais elle est pratiquement inodore. Cette curiosité de la nature sert surtout d'élément de décor dans une salade de champignons.

PÉZIZE ORANGÉE (*Peziza aurantia*)
■ Saison: automne ■ COMESBIBLE CRUE.
Elle pousse à même le sol, dans les clairières ou sur les chemins forestiers humides, parfois en grandes colonies. La chair mince et fragile de cette pézize n'a pas d'odeur et se révèle pratiquement insipide. Sa belle couleur la fait choisir pour des desserts, où on l'arrose de kirsch pour la parfumer.

Autres pézizes comestibles: PÉZIZE VÉSICULEUSE (*Peziza vesiculosa*); PÉZIZE VEINÉE (*Disciotis venosa*); PÉZIZE COMMUNE (*Acetabula vulgaris*).

Pholiotes

Le nom de cette famille de champignons vient du grec *pholis* qui signifie « écaille »: on les reconnaît en effet souvent aux petites écailles
ou squames qui parsèment le chapeau.
PHOLIOTE CHANGEANTE (*Pholiota mutabilis*) ■ Autre nom: dryophile changeante ■ Saisons: printemps, été

Pholiote ridée

tourbières. Sa chair est tendre, un peu fibreuse dans le pied, blanche ou jaunâtre. Cet agréable comestible a une odeur fruitée, légèrement épicée, et une saveur douce.

PHOLIOTE DU PEUPLIER (*Agrocybe aegerita*) ▪ Autres noms : pivoulade, champignon de saule, agrocybe du peuplier, albarelle du Vexin ▪ Saisons : printemps, été et automne
▪ NON COMESTIBLE CRUE.
Très commune dans le Midi et dans la Région parisienne, elle pousse en touffes denses sur les souches de peupliers, de saules ou de sureaux. Elle faisait déjà l'objet, chez les Grecs et les Romains, d'une culture artisanale, consistant à frotter des rondelles de bois de peuplier avec des lames de champignons, puis à les enfouir dans du terreau. Cultivée

et automne ▪ NON COMESTIBLE CRUE.
Elle pousse en touffes parfois très denses sur les souches de divers feuillus. Le pied, coriace et fibreux, doit être éliminé. Le chapeau, surtout chez les jeunes sujets, est un comestible de très grande qualité. La chair est mince, fortement parfumée et très fruitée. Elle relève très agréablement les sautés, les risottos ou les omelettes, mais les colore en marron.

PHOLIOTE RIDÉE (*Rozites caperata*)
▪ Autres noms : rosite ridée, pholiote-aux-chèvres, champignon des tziganes ▪ Saison : automne
▪ NON COMESTIBLE CRUE.
On la rencontre sur les sols acides, sous les épicéas ou les conifères, voisinant avec les hêtres et les bouleaux, ainsi que dans les

Pholiote du peuplier

et commercialisée depuis peu dans la Région parisienne sous le nom d'albarelle du Vexin, elle représente, avec le shiitake, l'un des deux meilleurs champignons de culture, même si leur prix reste élevé, parfois même supérieur à celui d'excellentes espèces de cueillette.

Sa chair est blanche, très compacte, d'une saveur agréable, son odeur caractéristique rappelle nettement le bouchon viné. C'est sans conteste la meilleure des pholiotes, une espèce très recherchée.

Pleurotes

L'étymologie grecque nous apprend que le nom de ces champignons signifie « oreille de côté » : le pied n'est pas situé dans l'axe, mais sur le côté du chapeau. Plusieurs variétés font l'objet d'une culture industrielle : les pleurotes en forme d'huître,

Pleurote en forme d'huître

corne-d'abondance (*P. cornucopiae*) et bouton d'or, ce qui rend ce délicat comestible disponible toute l'année.

PLEUROTE DU PANICAUT (*Pleurotus eryngii*) ■ Autres noms : argouane, oreille-de-chardon, barigoule, champignon de garrigue, oreillette ■ Saisons : printemps, été et automne ■ NON COMESTIBLE CRU.
Abondant dans le Midi, le Centre et près de la côte atlantique, on trouve ce champignon aussi bien au niveau de la mer qu'en montagne. Il vit dans les prés à proximité des souches du panicaut (le chardon).
Cette espèce de tout premier ordre est très recherchée. Sa chair épaisse est tendre puis ferme, de couleur blanche, peu odorante et sa saveur agréable est légèrement musquée.

PLEUROTE EN FORME D'HUÎTRE (*Pleurotus ostreatus*) ■ Autres noms : pleurote en coquille, couvrose, croiset, negret, oreille-de-chat ■ Saisons : automne et hiver pour l'espèce sauvage ■ NON COMESTIBLE CRU.
Il envahit de ses touffes compactes les troncs abattus ou les souches des feuillus. L'espèce sauvage est nettement supérieure à celle cultivée. Sa chair est épaisse et blanche, molle et un peu fibreuse, d'une saveur et d'une odeur douces et agréables.

Polypores

Accrochés au tronc des arbres comme des consoles et en général dépourvus de pied, ces curieux champignons ont une croissance dite « indéfinie », car on ignore le plus souvent quelle sera leur forme définitive. Peu d'espèces de cette famille ont un réel intérêt culinaire, sauf les deux suivantes.

POLYPORE EN OMBRELLE (*Polyporus umbellatus*) ▪ Autres noms : chou-fleur, polypore en bouquet, poule-de-bois, liévrot ▪ Saison : été
▪ NON COMESTIBLE CRU.

Assez commun dans certaines régions en sol calcaire, il fructifie au pied des hêtres, des charmes, des érables ou des chênes. Ce beau champignon très recherché dans l'Est de la France est le meilleur de la famille. Sa chair à la fois ferme et tendre possède une saveur délicate, une fine odeur où se mêlent l'anis et la farine.
On ne consomme que les jeunes sujets, car, en vieillissant, son odeur devient nauséeuse.
Son proche parent, le POLYPORE EN TOUFFE, est également un bon comestible.

POLYPORE DES BREBIS (*Polyporus ovinus*) ▪ Saisons : été et automne
▪ COMESTIBLE CRU.

Il pousse en colonies, en montagne, dans les vieux bois de conifères. Avec sa chair épaisse et homogène, ferme mais fragile, blanche puis un peu jaune, c'est une espèce très recherchée par les amateurs, qui apprécient son odeur et sa saveur plutôt faibles mais très agréables.
Cru, ce polypore a un goût d'amande fraîche.

Psalliotes, Agarics, Champignons de Paris et Rosés

Les psalliotes se reconnaissent à leur chapeau très souvent blanc sous lequel sont disposées des lamelles rayonnantes très serrées. Comptant parmi elles nombre de comestibles

Psalliote champêtre

très estimés, elles se prêtent également à une culture intensive et portent le nom de fimicoles, car elles poussent sur du fumier. Le pied porte un anneau (*psallion* en grec, d'où l'appellation de psalliote).

CHAMPIGNON DE PARIS (*Agaricus hortensis* ou *Psalliota bisporus*)
▪ Autre nom : champignon de couche
▪ Saison : toute l'année
▪ COMESTIBLE CRU.

Culvité depuis l'époque de Louis XIV sur du fumier de cheval fermenté, d'abord dans les jardins de Versailles, puis dans les carrières de la Région

parisienne (notamment à Montrouge), enfin plus récemment dans des sortes de serres à parois non vitrées, le champignon de Paris est produit aujourd'hui dans le Nord, la Région parisienne, le Bordelais et le Val de Loire (dans les caves de tuffeau transformées en champignonnières). Cultivé dans le monde entier (France : premier producteur européen, États-Unis : premier producteur mondial), ce champignon est destiné pour une grande partie à la conserverie. On trouve sur le marché deux variétés de champignons de couche frais (variété championne toute catégorie du rapport qualité-prix, se prêtant à d'innombrables préparations) : une variété blanche, la plus répandue, et une variété à tête marron clair, plus rare, mais dont la chair est plus ferme et plus parfumée.
Pour des apprêts crus : choisir des exemplaires très fermes, croquants, encore fermés. Pour des garnitures : choisir des petits encore fermés, à laisser entiers (vendus sous le nom de « boutons »). Pour un plat : choisir des exemplaires de belle taille et les « oublier » 5 à 6 jours dans le bac à légumes du réfrigérateur où, en se déshydratant, ils vont acquérir davantage de parfum.

PSALLIOTE CHAMPÊTRE (*Agaricus campester*) ■ Autres noms : rosé des prés, camperol, rosé, potiron, agaric champêtre ■ Saisons : printemps et automne ■ COMESTIBLE CRUE.
Il pousse en cercles ou en groupes, dans l'herbe des clairières et dans les pâtures fumées par les troupeaux. Sa chair blanche devient rougeâtre à la cassure. Elle acquiert en cours de cuisson un parfum délicat et prononcé. C'est une espèce très recherchée et un comestible réputé.

AGARIC BOULE-DE-NEIGE (*Agaricus arvensis*) ■ Autres noms : pratelle, boule-de-neige, rosé, paturon blanc, champignon des bruyères, agaric ■ Saisons : été et automne.
Il pousse dans les prés ou les lieux incultes, en lisière des bois ou dans les clairières, en groupes ou en cercles. Sa chair est blanche et ferme. Elle se teinte légèrement en ocre à l'air et possède une fine odeur d'anis. Très voisin du champignon de Paris, il se cultive dans des conditions identiques.

AGARIC DES BOIS (*Psalliota silvicola*) ■ Autres noms : psalliote des bois, boule-de-neige des bois, anisé ■ Saisons : été et automne ■ COMESTIBLE CRU.

Agaric des forêts

Commun dans les bois de conifères et de feuillus, il vit généralement en petites colonies. Les amateurs tiennent cet agaric pour la plus fine de toutes les psalliotes. Sa chair est particulièrement délicate et son parfum d'anis très net.

Agaric des forêts (*Agaricus silvaticus*) ▪ Autres noms: psalliote des forêts, pratelle des forêts ▪ Saisons: été et automne ▪ Comestible cru.
On le rencontre assez fréquemment sous les conifères, mais plus rarement sous les feuillus. C'est également un excellent comestible, qui convient pour tous les apprêts du champignon de couche.

Psalliote auguste (*Psalliota augusta*) ▪ Autres noms: agaric auguste, rosé impérial ▪ Saisons: été et automne ▪ Comestible crue.
Elle vit dans les bois de conifères, en montagne, dans les aiguilles d'épicéas, parfois aussi en plaine sous les feuillus mêlés de conifères.
C'est le plus gros des agarics et le diamètre du chapeau peut atteindre 25 cm. Sa chair épaisse, blanche virant au roux, dégage une odeur qui tient de l'anis et de l'amande amère. Moins estimée peut-être que la psalliote champêtre, c'est néanmoins une très bonne espèce que sa taille rend très avantageuse.

Russules

Famille particulièrement nombreuse que celle des russules qui compte

Russule verdoyante

plus de 300 espèces aux qualités gastronomiques très variables: aucune n'est vraiment toxique, mais certaines sont inconsommables compte tenu de leur odeur ou de leur âcreté au goût. Le mycophage a recours à cet égard à une technique simple: il suffit d'en goûter un petit fragment cru et si celui-ci possède une saveur douce (et qui reste douce), la russule peut se cuisiner avec profit (attention: ce « truc » n'est pas valable pour n'importe quel champignon).

Russule verdoyante (*Russula virescens*) ▪ Autres noms: palomet, palombette, verdet, verdette, bise-verte, bise de curé, blavet, vert-des-dames ▪ Saisons: été et automne ▪ Comestible crue.
Assez commune dans les sols secs et sablonneux, cette variété de russule se rencontre surtout sous les feuillus. C'est sans hésiter la meilleure des russules, bien connue des amateurs

LES MEILLEURES RECETTES DE CHAMPIGNONS

Russule charbonnière (en haut) et russule dorée

violacé, voire vert bouteille ou vert olive et même ardoise, ou encore d'une autre couleur), mais le charbonnier se distingue à coup sûr des autres russules : celles-ci ont des lamelles fragiles et cassantes, alors que le charbonnier a des lamelles au toucher « lardacé », qui se courbent sous le doigt sans casser, avec une consistance voisine du lard mou. La chair de ce champignon est compacte, grenue et cassante, sans odeur. Sa saveur évoque la noisette, avec un arrière-goût un peu âcre. C'est un bon champignon qui mérite un assaisonnement assez relevé.

de champignons sauvages. La chair de cet excellent champignon est blanche, parfois teintée de rosâtre, d'une texture grenue qui la rend cassante. Elle a une fine saveur de noisette, une odeur délicate. La fragilité et la finesse de sa chair demandent des préparations très simples.

RUSSULE CHARBONNIÈRE (*Russula cyanoxantha*) ■ Autres noms : charbonnier, bise violette, colombine verte ■ Saisons : été et automne
■ COMESTIBLE CRUE.
Il s'agit de la plus commune des russules, que l'on rencontre dans les bois de feuillus et de conifères. La teinte de son chapeau est très variable (violet sombre, pourpre,

RUSSULE COMESTIBLE (*Russula vesca*)
■ Autre nom : russule de printemps
■ Saisons : printemps, été et automne
■ COMESTIBLE CRUE.
Cette variété pousse sous les feuillus ou les conifères, mais toujours dans un sol acide, en plaine comme en montagne.

Russule comestible

Son odeur est faible, voire inexistante, et sa chair blanche et ferme possède une fine saveur de noisette. C'est un bon comestible qui apparaît dès le mois de mai, époque à laquelle les espèces sauvages sont encore rares.

Russule dorée (*Russula aurata*) ■ Saisons : été et automne ■ Non comestible crue.
Assez commune dans les sous-bois, cette russule se rencontre près des feuillus et des résineux.
Sans être exceptionnellement savoureuse, elle présente une chair douce, fruitée, d'une odeur agréable, ce qui fait d'elle un comestible très honorable. Elle est si belle avec son chapeau rouge brique tirant vers le cuivre qu'on ne résiste pas au plaisir de la cueillir, mais elle est très fragile. En cuisine, elle entre parfaitement dans les recettes de mélanges de champignons.

Autres russules comestibles : Russule sans lait (*R. delica*) ; Russule noircissante (*R. nigricans*) ; Russule olivacée (*R. olivacea*) ; Russule couleur de belette (*R. mustelina*) ; Russule entière (*R. integra*) ; Russule jolie (*R. rosacea*) ; Russule feuille-morte (*R. xeramplina*) ; Russule améthyste (*R. turci*) ; Russule délicate (*R. puellaris*).

Strophaires

Cette famille relativement méconnue comporte quelques membres de qualité gastronomique moyenne : strophaire vert-de-gris, strophaire couronné et le strophaire à anneau rugueux.

Strophaire à anneau rugueux (*Stropharia rugoso-annulata*) ■ Autres noms : cèpe de paille, tête-noire, stropharia tête-brune ■ Saisons : été et automne ■ Comestible cru.
On rencontre ce champignon dans les forêts sous sa forme primitive, mais il est cultivé depuis quelques années sur des lits de paille de blé, et de plus en plus commercialisé. C'est un bon champignon, improprement dénommé « cèpe de paille » qui n'a rien de commun avec les vrais cèpes, et ne peut aucunement rivaliser avec eux sur le plan de la saveur et du parfum.

Truffes

On a identifié à ce jour une trentaine d'espèces de truffes - trente-deux exactement. Deux d'entre elles se distinguent tout particulièrement et leur ont valu leur renom gastronomique par la puissance et la subtilité de leur arôme. La truffe du Périgord est sans nul doute la plus estimée et sa réputation a fait le tour du monde. La truffe blanche du Piémont (*Tuber magnatum*, « truffe des dignitaires ») est récoltée en quantités plus réduites que la truffe noire et vendue plus chère encore : sa chair est jaune pâle veinée de blanc, avec un parfum alliacé caractéristique, et elle s'utilise surtout crue, en fines lamelles, dans les salades, les risottos ou les plats de pâtes.

TRUFFE DU PÉRIGORD (*Tuber melanosporum*) ■ Autre nom : truffe noire ■ Saison : Hiver
■ COMESTIBLE CRUE.

La répartition géographique de ce tubercule est plutôt mériodionale : Périgord, Midi, nord de l'Italie et de l'Espagne. Il se développe et fructifie dans le sol, où il vit en symbiose avec le chêne essentiellement, mais parfois aussi d'autres arbres tels que le charme, le tilleul ou le noisetier. La rareté de ce champignon en fait un aliment particulièrement onéreux et l'on a cherché à développer des truffières : la truffe fait désormais l'objet d'une culture à partir de jeunes plants de chêne, dont les racines ont été artificiellement contaminées par le mycélium de ce champignon.

Ce « diamant noir de la cuisine » (Brillat-Savarin), « merveilleux tubercule » (Curnonsky) et « saint des saints de la table » (A. Dumas), possède incontestablement un parfum inoubliable et inimitable.

Il existe une multitude de recettes pour l'apprêter, mais son prix décourage nombre d'amateurs.

Il existe néanmoins une recette qui permet d'en tirer le maximum de profit, en se contentant simplement de son parfum. C'est « l'omelette aux truffes sans truffe » : la veille de la préparation, enfermer dans un bocal à fermeture hermétique les œufs de l'omelette, extra-frais, avec une (ou plusieurs) truffe(s). La porosité des coquilles laisse passer le parfum du précieux champignon. Il s'agit là du procédé astucieux qu'utilisaient les ramasseurs de truffes pour se confectionner d'exquises omelettes avant d'aller vendre sur le marché le produit de leur chasse.

Autres truffes appréciées : TRUFFE MÉSENTÉRIQUE (*T. mesentericum*) ; TRUFFE D'HIVER (*T. brumale*) ; TRUFFE D'ÉTÉ OU DE LA SAINT-JEAN (*T. aestivum*).

Vesses de loup

Bien connues des promeneurs, qui s'amusent parfois à les écraser pour en faire sortir des petits nuages de fumée brune, les vesses-de-loup portent le nom plus savant de lycoperdons. Comestibles lorsqu'elles sont jeunes, elles ne présentent pas grand intérêt culinaire.
Les trois espèces que l'on peut éventuellement retenir sont le LYCOPERDON PERLÉ (*Lycoperdon perlatum*), le LYCOPERDON BOVISTE (*Lycoperdon bovista*) et le LYCOPERDON GÉANT (*Calvatia gigantea*), qui peut atteindre un poids de 10 kg pour 35 cm de diamètre, et que l'on coupe en tranches.

Volvaires et Plutées

Les volvaires se caractérisent par la présence d'une volve, comme chez les amanites, sorte de sac qui enveloppe la base du pied, mais à la différence de ces dernières, elles n'ont pas d'anneau. Quant aux plutées, elles sont très voisines des volvaires mais ne possèdent pas de volve.

Volvaire soyeuse (*Volvariella bombycina*) ■ Saisons : été et automne ■ Non comestible crue.
Elle vit à l'intérieur des arbres creux, avec une préférence pour les vieux frênes. On la rencontre aussi sur les tas de sciure ou les débris de vieux papiers. Il s'agit d'un fin comestible à la chair tendre et savoureuse, mais qui possède l'inconvévient majeur d'être rare.

Volvaire cultivée (*Volvaria volvacea* ou *esculenta*) ■ Saison : toute l'année ■ Non comestible crue.
Elle ressemble beaucoup à la précédente et se trouve vendue dans le commerce sous l'appellation de « petite volvaire », en conserve.
Ce champignon est cultivé en plein air sur divers substrats végétaux, en Chine, à Taïwan, en Thaïlande, en Inde, en Malaisie, etc.
Son aspect et son goût sont plaisants. Surtout, elle n'a pas l'aspect « conserve » du champignon de couche en boîte, dont elle connaît tous les apprêts.

Autres volvaires et plutées comestibles : PLUTÉE COULEUR-DE-CERF (*Pluteus cervinus*), un comestible moyen qu'il est bon de mélanger à d'autres espèces ; VOLVAIRE REMARQUABLE (*Volvariella speciosa*), de valeur voisine.

MENUS DE SAISONS AUX CHAMPIGNONS

Printemps
Salade de pézizes écarlates aux violettes
Meurette d'anguilles aux lentins de chêne
Ris de veau aux morilles
Taboulé sucré aux champignons noirs

Été
Bavaroise de champignons sur coulis de fenouil
Filets de turbot aux girolles et aux fanes de radis
Rôti d'agneau et gratin de russules aux épinards
Subrics de champignons
Oronges au Cointreau

Automne
Velouté mauve aux pieds-bleus
Noix de Saint-Jacques aux marasmes d'oréade
Canards sauvages rôtis aux pholiotes changeantes
Gratin de champignons confits au porto et aux figues fraîches

Hiver
Pleurotes en coquilles d'huîtres
Brandade de morue aux truffes
Dinde rôtie à la farce aux cèpes
Coupe de pézizes à la normande

RECETTES

Golmottes à la Crème et aux Tomates

Pour 4 personnes
300 g de golmottes (amanites rougissantes)
1 tomate de 150 g
15 cl de crème fleurette
30 g de beurre
1 petite échalote
1/2 gousse d'ail
1/2 cuillerée à café de moutarde blanche
4 à 6 feuilles d'estragon
jus de citron
sel, poivre

Cette recette convient pour la plupart des champignons, et particulièrement pour les girolles.
Nettoyer les amanites sans les laver. Couper les pieds. Hacher séparément l'échalote et l'ail. Ébouillanter la tomate, la peler, la couper en 2 et l'épépiner ; la concasser grossièrement.
Faire fondre le beurre dans une sauteuse. Ajouter les amanites, une pincée de sel et couvrir. Laisser cuire doucement pendant 15 mn. Retirer le couvercle et poursuivre la cuisson jusqu'à évaporation complète de l'eau de végétation. Incorporer alors l'échalote et l'ail et faire cuire encore 1 mn sans laisser colorer. Ajouter en dernier la tomate concassée.
Laisser mijoter pendant 10 mn en remuant de temps en temps, puis mouiller avec la crème et continuer à faire cuire jusqu'à ce que le tout soit bien lié. Saler et poivrer, ajouter quelques gouttes de jus de citron. Prélever 2 cuillerées à soupe de sauce et y mélanger à part la moutarde. Réincorporer ce mélange dans la sauteuse et bien remuer sans laisser bouillir. Verser dans un plat creux et ciseler les feuilles d'estragon sur le dessus.

Œufs Poêlés aux Amanites Fauves et à la Crème d'Oseille

Pour 4 personnes
200 g d'amanites fauves
140 g d'oseille fraîche
4 gros œufs extra-frais
15 cl de crème fleurette
50 g de beurre
1 pincée de sucre
sel, poivre

Nettoyer soigneusement les amanites à l'aide d'un pinceau, en faisant attention car elles sont très fragiles. Tailler les feuilles d'oseille en chiffonnade après les avoir lavées et bien épongées.
Faire fondre 20 g de beurre dans une casserole en acier inoxydable, ajouter la chiffonnade d'oseille et la faire cuire doucement avec une pincée de sucre. Lorsqu'elle est fondue, ajouter la crème et poursuivre la cuisson jusqu'à l'obtention d'une légère liaison. Saler et poivrer.

Par ailleurs, faire cuire les amanites dans une poêle pendant 10 mn avec 15 g de beurre.

En utilisant le beurre restant, faire cuire les œufs un par un « au plat », à l'aide d'une poêle à revêtement anti-adhésif. Placer un œuf au centre de chaque assiette de service, entourer d'un cordon d'oseille à la crème et répartir les amanites sur le blanc de chaque œuf.

Amanites des Césars en Carpaccio

Pour 4 personnes
300 g de chapeaux d'amanites des Césars
200 g de filet de bœuf paré
1 petite branche de céleri très tendre, prélevée dans le cœur
20 g de parmesan râpé
2,5 cl de jus de citron
5 cl d'huile d'olive
sel, poivre

Le carpaccio est un hors-d'œuvre italien composé de tranches de bœuf cru minces comme du papier à cigarettes, servies avec une vinaigrette à l'oignon. Sujet à de nombreuses variations, le carpaccio sert même parfois à désigner, par extension, un apprêt cru de poisson.

Mettre le filet de bœuf dans le compartiment à glace du réfrigérateur 30 à 45 mn à l'avance (il doit être bien raffermi, mais pas complètement durci). Mélanger au fouet dans un bol l'huile d'olive et le jus de citron, saler et poivrer. Tronçonner le céleri en petits cubes de 2 mm ; réserver au frais.

Nettoyer les chapeaux des amanites sans les laver ; les couper en tranches régulières de 3 à 4 mm d'épaisseur. Les assaisonner. Retirer le bœuf du réfrigérateur ; avec un couteau très tranchant, le détailler en tranches aussi fines que possible.

Badigeonner très légèrement le fond des assiettes de service froides avec un peu de sauce à l'huile et au citron. Répartir par-dessus les fines tranches de bœuf cru, de manière qu'elles recouvrent tout le fond des assiettes. Assaisonner légèrement de sauce, puis répartir les champignons déjà assaisonnés.

Parsemer les assiettes avant de servir avec le céleri tronçonné et le parmesan en poudre. Servir très frais.

Oronges au Cointreau

Pour 4 personnes
400 g d'oronges avec les chapeaux encore fermés
1 orange non traitée
8 cuillerées à soupe de Cointreau

Prélever le zeste de l'orange avec un couteau-économe. Le tailler en fine julienne, plonger celle-ci 5 mn dans une casserole d'eau en ébullition, puis l'égoutter. La mettre dans un petit récipient, ajouter 2 cuillerées à soupe de Cointreau et laisser de côté. Presser l'orange et récupérer le jus.
Couper les oronges en tranches de 0,5 cm d'épaisseur. Les mettre dans une casserole, arroser de jus d'orange, ajouter le jus de citron et le sucre. Couvrir et faire cuire pendant 5 mn. Laisser refroidir, puis égoutter les champignons, les mettre dans un plat creux, arroser avec le reste de Cointreau et laisser macérer pendant au moins 1 h. Répartir la crème anglaise dans le fond des assiettes de service, disposer les champignons macérés par-dessus et ajouter en garniture la julienne de zeste d'orange et les feuilles de menthe fraîche.

3 dl de crème anglaise
1 cuillerée à soupe de sucre semoule
1/2 citron
quelques feuilles de menthe fraîche

Oronges crues au Céleri

Pour 2 personnes
250 g d'oronges fraîchement cueillies
1 cœur de céleri-branche bien tendre, avec ses feuilles
50 g de parmesan pas trop sec

Dans ce mariage de saveurs très réussi, on peut remplacer les oronges par des petits cèpes. On peut également servir les oronges crues, seules avec la sauce, parsemées d'une petite truffe coupée en fines lamelles.
Laver le cœur de céleri et l'égoutter. L'émincer en fines rondelles, feuilles comprises. Retirer le pied des oronges. Essuyer soigneusement les chapeaux et les couper en lamelles. Répartir oronges et céleri dans deux assiettes creuses. Verser l'huile et le jus de citron dans un bol, saler et poivrer, émulsionner la sauce et en arroser le contenu des assiettes. Mélanger délicatement. Couper le parmesan en très fins copeaux à l'aide d'un couteau-économe au-dessus des assiettes. Déguster aussitôt.

1 cuillerée à soupe de jus de citron
2 cuillerées à soupe d'huile d'olive
sel, poivre

Oronges au Plat sur Feuilles de Vigne

Pour 5 personnes
15 têtes d'oronges de 6 à 7 cm de diamètre
10 feuilles de vigne
2 échalotes moyennes
1 petite gousse d'ail hachée

On peut réaliser cette recette en utilisant des têtes de cèpes, avec les pieds coupés en petits cubes, sautés et parsemés sur les feuilles de vigne.

Choisir de grosses oronges peu ouvertes. Séparer les têtes des queues et les essuyer avec un linge sans les laver. Huiler un plat allant au four. Laver les feuilles de vigne, les éponger et en tapisser le plat. Répartir par-dessus les échalotes hachées, l'ail et la marjolaine, saler et poivrer. Huiler les têtes d'oronges (partie extérieure bombée), les saler et les poivrer des deux côtés et les ranger côte à côte sur les feuilles de vignes. Mouiller avec 1 dl d'eau. Faire cuire pendant 20 mn au four à 180° C.

Retirer le plat du four, égoutter les oronges. Disposer les feuilles de vigne sur un plat de service et les oronges par-dessus. Tenir au chaud.

Verser le jus de cuisson dans une petite casserole, faire bouillir et incorporer le beurre en fouettant. Napper les oronges de cette sauce et servir aussitôt.

1 pincée de marjolaine
1 dl d'huile d'olive
1 dl d'eau
30 g de beurre
sel, poivre

Salade d'Oronges aux Truffes Blanches

Pour 4 personnes
400 g de têtes d'oronges
truffes blanches de 30 g chacune
2 cuillerées à soupe de jus de citron

Ce hors-d'œuvre d'un raffinement rare est un classique de la région des collines de Langhe, dans la province du Piémont, terroir privilégié de la truffe blanche.

Nettoyer les oronges très soigneusement. Mélanger dans un bol le jus de citron et les deux huiles. Saler. Couper les oronges en tranches de 3 à 4 mm d'épaisseur. Les assaisonner avec la sauce, délicatement, en évitant de les briser. Laver et brosser les truffes, les peler, les essuyer et les émincer finement en lamelles.

Disposer les oronges en monticule au centre des assiettes de service. Parsemer de lamelles de truffes et décorer de pluches de cerfeuil.

1 cuillerée à soupe d'huile d'olive
2 cuillerées à soupe d'huile d'arachide
cerfeuil frais
sel

Oronges Rôties à la Marjolaine

Pour 4 personnes
12 belles oronges bien fermes
1 cuillerée à soupe de feuilles de marjolaine fraîchement hachées

Nettoyer les chapeaux des oronges et couper le pied au ras du chapeau. Huiler légèrement le fond d'un plat allant au four, saler et poivrer légèrement. Ranger les têtes des champignons côte à côte dans le plat, côté bombé contre le fond. Saler et poivrer l'intérieur des chapeaux. Les arroser avec la moitié de l'huile et ajouter une petite pincée de marjolaine. Faire cuire au four à 200° C pendant 10 mn.
Pendant ce temps, mélanger intimement le beurre, le reste d'huile et de marjolaine, saler et poivrer, compléter avec quelques gouttes de jus de citron. Mettre ce mélange de côté au frais.
Si les oronges ont rendu trop d'eau au terme de leur cuisson, les laisser encore quelques instants au four pour que ce liquide réduise au maximum en devenant sirupeux. Juste au moment de servir, garnir la cavité de chaque chapeau d'orange avec une noix de beurre de marjolaine. Ajouter quelques grains de gros sel.

50 g de beurre
5 cl d'huile d'olive
jus de citron
gros sel
sel, poivre

Oronges au Vin Miellé

Pour 4 personnes
12 oronges fermées en boule
1 litre de vin rouge
2 cuillerées à soupe de miel
10 g de poivre noir
1/2 feuille de laurier
le quart d'un bâton de cannelle

La veille, mettre dans une casserole le vin rouge, le miel, le poivre, la cannelle, le clou de girofle, le laurier et la vanille. Faire bouillir, puis cuire doucement jusqu'à ce que le vin soit à demi-évaporé. Retirer du feu et laisser infuser toute la nuit.
Nettoyer soigneusement les têtes d'oronges et les mettre côte à côte dans une casserole avec quelques gouttes de jus de citron et le sucre. Couvrir et faire cuire jusqu'à ce que les champignons aient rendu toute leur eau. Les égoutter, jeter leur cuisson et les plonger dans le vin rouge avec les épices. Porter à ébullition, puis retirer les champignons et les mettre dans un compotier. Incorporer la gelée de groseilles au vin et le verser à travers une passoire sur les champignons. Laisser refroidir avant de servir.

1 clou de girofle
1 demi-gousse de vanille
1 cuillerée à soupe de gelée de groseilles
1/2 citron
30 g de sucre semoule
À préparer la veille

Bolets à Pied Rouge au Pistou

Pour 4 personnes
400 g de bolets à pied rouge
2 tomates bien mûres
3 gousses d'ail
4 cuillerées à soupe de crème fraîche

5 cuillerées à soupe d'huile d'olive
8 feuilles de basilic
1 cuillerée à soupe de kirsch
sel, poivre

Cette garniture pour viandes blanches peut aussi servir à garnir des feuilletés pour une entrée chaude, un pilaf de riz ou des pâtes.

Nettoyer soigneusement les champignons et les couper en quartiers réguliers. Peler les tomates après les avoir ébouillantées, les épépiner et tailler la pulpe en petits dés de 1 cm de côté.

Faire chauffer une cuillerée d'huile dans une sauteuse et ajouter les dés de tomates avec l'ail haché. Saler et poivrer. Faire cuire doucement pendant 10 mn en remuant avec une spatule en bois.

Faire chauffer le reste d'huile dans une assez grande poêle. Dès qu'elle commence à fumer, ajouter les champignons et les faire blondir en les retournant sur toutes les faces. Baisser le feu et couvrir, puis laisser cuire doucement pendant 15 mn, en remuant de temps en temps.

Égoutter les cèpes et les mettre dans la sauteuse avec les tomates à l'ail. Ajouter alors la crème, saler et poivrer. Faire cuire le tout ensemble jusqu'à bonne liaison de la sauce. Ajouter alors le kirsch et le basilic ciselé. Donner un bouillon et servir très chaud.

Cèpes à la Provençale

Pour 2 à 3 personnes
250 g de cèpes
1 cuillerée à soupe de persil plat haché
1 gousse d'ail

1 cuillerée à soupe de chapelure de pain
3 ou 4 cuillerées à soupe d'huile d'olive
sel, poivre

Nettoyer les cèpes et les escaloper (pieds et chapeaux). Saler et poivrer. Faire chauffer l'huile dans une poêle ou une sauteuse, mettre les champignons escalopés et les faire sauter jusqu'à ce qu'ils soient légèrement blonds. Débarrasser la gousse d'ail de son germe et la hacher. L'incorporer aux cèpes hors du feu, mélanger et remettre sur le feu en remuant quelques instants. Ajouter également la chapelure. Remuer encore, puis verser le tout dans un plat creux. Parsemer de persil et servir aussitôt. Les viandes sautées ou grillées s'accommodent parfaitement de cette garniture.

Cèpes à la Marmandaise

Pour 4 personnes
4 beaux cèpes de taille moyenne, bien fermes
2 grossses tomates bien mûres
1 échalote hachée
2 gousses d'ail

On peut utiliser pour cette recette d'autres champignons que le cèpe : oronges ou agarics, par exemple. Nettoyer soigneusement les cèpes sans les laver. Séparer les pieds des chapeaux. Couper les pieds en petits dés de 5 mm de côté. Ébouillanter les tomates, les peler et les couper en 2 ; les épépiner et tailler la pulpe en petits dés. Faire chauffer une cuillerée à soupe d'huile et le beurre dans une casserole, y jeter les petits dés de cèpes et les faire sauter pendant quelques minutes en remuant, pour les empêcher d'attacher. Ajouter l'échalote et une gousse d'ail hachée, puis les petits dés de tomate et le thym. Faire cuire en remuant de temps en temps pendant 10 mn. Saler et poivrer.
Ciseler en croisillons la partie bombée des cèpes avec la pointe d'un couteau. Saler, poivrer et badigeonner d'un peu d'huile d'olive. Les faire griller 2 mn sur chaque face. Piquer une gousse d'ail au bout d'une fourchette et en frotter les assiettes de service. Répartir au centre la concassée de tomates aromatisées. Poudrer de persil et poser par-dessus une tête de cèpe grillée. Servir aussitôt.

3 cuillerées à soupe d'huile d'olive
20 g de beurre
1 brin de persil haché
1 brindille de thym frais
sel, poivre

Gras-Double Persillé aux Bolets

Pour 4 personnes
250 g de bolets (poids net, une fois nettoyés)
400 g de gras-double déjà cuit et égoutté
50 g d'oignon

Détailler les bolets nettoyés en bâtonnets. Faire chauffer l'huile dans une poêle, y jeter les bolets émincés, bien les saisir, saler et poivrer. Quand ils sont bien blonds, les égoutter.
Rajouter le beurre dans la poêle et faire blondir l'oignon finement émincé. Ajouter le gras-double détaillé en minces lanières et faire cuire en remuant pendant 5 mn. Saler et poivrer. Remettre les bolets dans la poêle et poursuivre la cuisson pendant encore 5 mn sur feu modéré. Remuer délicatement, arroser avec le vinaigre et ajouter le persil. Bien mélanger et servir aussitôt dans un plat creux bien chaud.

2 cuillerées à soupe de persil plat haché
30 g de beurre
3 cl d'huile d'arachide
2 cl de vinaigre de vin
sel, poivre

Morue en Gratin aux Bolets

Pour 4 personnes
300 g de bolets (bleuissants, châtains, blafards, etc., poids net nettoyés)
500 g de morue salée
150 g d'oignons
5 cl d'huile d'olive
30 g de beurre
3 cuillerées à soupe de crème fraîche épaisse
1 cuillerée à soupe de mie de pain tamisée
persil plat
1 brin de thym
1 feuille de laurier
curry
poivre en grains

À préparer la veille

Faire dessaler la morue 24 h à l'avance à l'eau froide, peau dessus, en renouvelant l'eau trois ou quatre fois. Le lendemain, la faire cuire dans une casserole d'eau juste frémissante avec quelques grains de poivre, le thym et le laurier, pendant une dizaine de minutes. L'égoutter ; quand elle est presque refroidie, la dépouiller et l'effeuiller en retirant soigneusement les arêtes.

Détailler les bolets en tranches de 2 mm d'épaisseur. Les faire blondir dans un peu d'huile d'olive à la poêle, sans les saler, les égoutter. Peler et émincer les oignons.

Faire fondre 20 g de beurre dans une poêle assez grande, à revêtement anti-adhésif ; y mettre à blondir doucement les oignons. Poudrer de curry, bien mélanger, puis ajouter la morue effeuillée. Faire cuire en remuant légèrement pendant 5 mn, puis ajouter les cèpes. Bien mélanger le tout et ajouter une bonne cuillerée à soupe de persil. Beurrer un plat à gratin et verser dedans le contenu de la poêle. Arroser de crème et parsemer de mie de pain. Faire gratiner au four chaud et servir aussitôt.

On peut éviter de faire gratiner, supprimer le curry et arroser le contenu de la poêle avec quelques gouttes de vinaigre de vin, avant d'ajouter le persil. On obtient ainsi une variante de la morue à la lyonnaise (laquelle est simplement sautée à la poêle avec des oignons émincés), où les bolets remplacent les pommes de terre sautées en garniture. Dans ce cas, on remplace l'huile d'olive par moitié huile d'arachide et moitié beurre.

Cèpes à la Bordelaise Façon Escoffier

Pour 2 à 3 personnes
250 g de cèpes
30 g de pieds de cèpes hachés
1 cuillerée à café d'échalote hachée
1 cuillerée à soupe rase de persil haché

3 cuillerées à soupe d'huile
15 g de beurre
1/2 citron
sel, poivre

Les cèpes à la bordelaise sont une garniture classique des pièces de viande grillées ou poêlées. Illustre cuisinier du début du siècle, Auguste Escoffier reste une référence pour nombre de préparations traditionnelles.

Escaloper les cèpes, les assaisonner de sel et de poivre. Faire chauffer l'huile dans une poêle à hauts rebords. Quand elle est bien chaude, mettre les cèpes et les faire sauter jusqu'à ce qu'ils soient légèrement rissolés. Les égoutter. Vider l'huile et replacer la poêle sur le feu ; faire fondre le beurre et remettre les cèpes. Ajouter également les pieds de cèpes hachés ainsi que l'échalote. Faire sauter le tout ensemble pendant quelques minutes. Retirer du feu et arroser du jus de citron. Rectifier l'assaisonnement et ajouter le persil haché. Servir aussitôt.

Cèpes à la Bordelaise à la Chapelure

Pour 4 personnes
500 g de cèpes bien fermes
3 échalotes (50 g environ)
5 cuillerées à soupe d'huile
30 g de beurre

2 cuillerées à soupe de chapelure de pain
1/2 citron
1 cuillerée à café bien pleine de persil plat haché
sel, poivre

Nettoyer les cèpes après les avoir triés. Faire chauffer un peu d'huile dans une casserole, ajouter les cèpes, arroser avec une cuillerée à café de jus de citron et faire étuver quelques minutes, puis égoutter. Éponger les cèpes sur du papier absorbant ; couper les pieds et les mettre de côté. Escaloper les têtes.
Faire chauffer le reste d'huile et le beurre dans une grande poêle ; faire sauter les têtes de cèpes escalopées lorsque le mélange est bien chaud, pour qu'elles soient bien saisies. Saler et poivrer. Hacher les pieds de cèpes ; les ajouter dans la poêle et continuer à faire sauter le tout jusqu'à l'obtention d'un léger rissolage. Ajouter enfin les échalotes et la mie de pain. Après encore 2 mn de cuisson, terminer avec le persil et un filet de jus de citron.

Cèpes Grillés

Pour 4 personnes
8 têtes de cèpes de grosseur moyenne
1 cuillerée à café d'échalote hachée
4 cuillerées à soupe d'huile d'olive

Nettoyer soigneusement les têtes de cèpes avec un pinceau, sans les laver. Ciseler légèrement la partie bombée (quelques incisions croisées peu profondes, avec la lame d'un couteau). Malaxer le beurre avec le persil et l'échalote hachés ; saler et poivrer ; relever avec quelques gouttes de jus de citron. Mettre de côté ce beurre composé. Saler et poivrer les têtes de cèpes ; les badigeonner d'huile. Les faire cuire sur un gril très chaud, pendant 2 mn sur chaque face.
Retirer les têtes de cèpes du gril. Placer au centre de chaque tête une cuillerée de beurre aromatisé (15 g). Servir aussitôt en entrée chaude, à raison de 2 têtes de cèpes par personne.

120 g de beurre
1 cuillerée à café de persil haché
jus de citron
sel, poivre

Cèpes à la Limousine

Pour 4 personnes
400 g de cèpes « bouchons de champagne »
200 g de pommes de terre BF 15 (de la même taille que les cèpes)
100 g de chair de veau
100 g d'échine de porc désossée

Nettoyer les cèpes sans les laver. Séparer les chapeaux des pieds. Éplucher les pommes de terre, les laver et les essuyer. Hacher ensemble les deux viandes, l'ail, le persil et les pieds des cèpes (à grille moyenne) ; saler et poivrer.
Beurrer le fond d'une cocotte, y ranger en alternance les têtes des cèpes et les pommes de terre, détaillées en tranches de 1 cm d'épaisseur. Saler et poivrer légèrement. Parsemer le contenu de la cocotte avec quelques noisettes de beurre, puis étaler la farce par-dessus. Ajouter le laurier et le thym. Couvrir avec une feuille de papier d'aluminium. Faire cuire au four à 180° C pendant 45 mn.
Servir directement dans la cocotte de cuisson, en retirant le papier d'aluminium.

60 g de beurre
1 gousse d'ail
1/2 cuillerée à soupe de persil plat haché
1/2 feuille de laurier
1 brin de thym
sel, poivre

Petits Flans aux Cèpes et leur Sauce Crème

Pour 4 personnes
200 g de cèpes
4 à 5 cuillerées à soupe d'huile
20 g de beurre
2 dl de crème fraîche
(1 tasse à déjeuner)
2 œufs entiers
jus de citron
sel, poivre

Pour la sauce crème aux cèpes :
1 petit cèpe bien ferme de 100 g
2 dl de crème fleurette
1 cuillerée à café d'échalote hachée
pluches de cerfeuil
jus de citron
beurre
sel, poivre

En principe, on peut utiliser n'importe quelle variété de champignons pour confectionner ces petits flans, mais il est préférable de choisir ceux qui, comme le cèpe, sont très aromatiques. Sinon, les flans sont insipides et ont besoin d'une sauce très parfumée pour prendre un peu de caractère. A la place de la sauce crème aux cèpes, on peut très bien utiliser 2 dl de sauce Périgueux aux truffes (voir page 189).

Nettoyer les cèpes et les émincer. Faire chauffer l'huile dans une sauteuse ; quand elle est bien chaude, faire sauter les cèpes vivement, jusqu'à légère coloration. Les égoutter et les éponger sur du papier absorbant. Les verser ensuite dans une sauteuse, ajouter les trois quarts de la crème et mettre sur le feu ; faire cuire jusqu'à bonne liaison. Passer le tout au mixer, puis ajouter le reste de crème et les 2 œufs, légèrement battus. Saler, poivrer et relever d'un filet de citron. Beurrer 4 ramequins de 7 cm de diamètre et y répartir le flan de cèpes. Faire cuire au bain-marie au four, à 200° C (thermostat 4 ou 5), pendant 20 à 25 mn. Sortir les ramequins du four et les laisser reposer 5 mn. Les démouler directement sur les assiettes de service.

Préparer la sauce pendant la cuisson des petits flans. Couper le cèpe en petits bâtonnets ; faire chauffer un peu de beurre et le faire sauter avec l'échalote. Égoutter, vider le beurre fondu, remettre les bâtonnets de cèpe et ajouter la crème fleurette. Faire réduire jusqu'à consistance de sauce légère ; saler et poivrer, relever d'un peu de jus de citron. Napper les flans démoulés de cette sauce, parsemer de pluches de cerfeuil et servir très chaud.

Gratin de Cèpes aux Aromates

Pour 4 personnes
400 g de cèpes bien fermes
2 tranches très fines de jambon cru
4 échalotes
40 g d'oignons doux
1 gousse d'ail
10 brins de ciboulette

Nettoyer les cèpes et bien les essuyer. Émincer têtes et pieds pas trop finement (5 mm environ). Faire chauffer l'huile dans une poêle et faire vivement colorer les cèpes émincés. Saler et poivrer ; les égoutter.
Couper le jambon en tout petits carrés. Hacher très finement les échalotes ainsi que l'oignon. Écraser l'ail et ciseler les fines herbes. Faire fondre 10 g de beurre dans une sauteuse, ajouter le jambon et la garniture aromatique ; faire cuire tout doucement ce mélange en remuant, pendant quelques minutes. Beurrer légèrement un plat à gratin, verser les cèpes sautés, recouvrir avec la garniture aromatique au jambon. Parsemer de chapelure et ajouter 20 g de beurre en petites parcelles. Faire gratiner à four chaud pendant une dizaine de minutes. Servir aussitôt dans le plat de cuisson.

1 branche de persil plat
5 branches de cerfeuil
4 cuillerées à soupe d'huile d'olive
30 g de beurre
1 cuillerée à soupe de chapelure
sel, poivre

Farce aux Cèpes pour la Dinde de Noël

Pour 4 personnes
250 g de cèpes, frais ou en conserve
300 g de lard gras
le foie de la dinde (éventuellement ses rognons)
2 foies de poulet

Nettoyer les cèpes et les détailler en petits dés de 1 cm de côté. Faire chauffer l'huile d'olive dans une sauteuse, faire saisir les dés de cèpes, puis baisser le feu et poursuivre la cuisson en les remuant fréquemment, pour faire évaporer l'eau de végétation des champignons sans qu'ils se dessèchent. Les égoutter et laisser refroidir. Passer la mie de pain au tamis. Hacher le lard et les foies de volaille, en les passant à la grille moyenne. Par ailleurs, faire fondre le beurre dans une petite casserole, ajouter les échalotes et les faire cuire doucement sans coloration, puis les égoutter.
Verser le lard et les foies hachés dans une terrine ; ajouter l'échalote, le persil, la mie de pain et le cognac. Mélanger intimement, en incorporant les 2 œufs l'un après l'autre. Saler et poivrer au goût. Ajouter enfin les cèpes cuits et refroidis. Bien mélanger et mettre de côté jusqu'au moment de l'emploi.

2 échalotes grises hachées
1 brin de persil haché
3 cuillerées à soupe d'huile d'olive
20 g de beurre
2 œufs
50 g de mie de pain rassis
3 cuillerées à soupe de cognac

Potage de Cèpes aux Huîtres

Pour 4 personnes
300 g de cèpes bien fermes
15 huîtres creuses n° 2
1 branche de céleri
3 dl de crème fleurette
20 g de beurre
3 cuillerées à soupe d'huile

1/2 oignon moyen
1/2 gousse d'ail
quelques queues de persil
50 cl d'eau
sel, poivre

Nettoyer et émincer la moitié des cèpes. Les faire sauter à l'huile très chaude. Les égoutter et les éponger sur du papier absorbant. Mettre de côté.

Hacher l'oignon, le céleri et les queues de persil. Faire fondre le beurre dans une casserole, y faire suer doucement le hachis précédent sans coloration, puis ajouter l'ail haché et les cèpes sautés. Saler, puis mouiller avec l'eau. Faire cuire à couvert pendant 10 mn.

Ouvrir les huîtres, détacher délicatement les noix de chair et les mettre en attente dans une petite casserole. Filtrer l'eau des huîtres et l'ajouter au bouillon. Couper le reste des cèpes en bâtonnets de 5 mm de côté sur 3 cm de long. Ajouter les chutes au bouillon.

Faire sauter les bâtonnets de cèpes à l'huile très chaude. Saler et poivrer. Les égoutter et les éponger sur du papier absorbant. Réserver au chaud.

Incorporer la crème fleurette au bouillon de cèpes et faire cuire encore une dizaine de minutes. Le verser dans le bol mélangeur d'un mixer, en ajoutant 3 huîtres. Émulsionner le tout et verser à nouveau dans une casserole. Goûter et rectifier l'assaisonnement. Tenir au chaud.

Mettre les huîtres à pocher pendant 1 mn dans l'eau qu'elles ont rendue sans les faire bouillir. Les égoutter et les répartir (3 par personne) dans des assiettes creuses bien chaudes. Ajouter par-dessus, en les répartissant, les bâtonnets de cèpes sautés. Verser l'eau de pochage des huîtres dans le potage et remuer, le verser ensuite doucement dans les assiettes creuses, par-dessus la garniture. Servir aussitôt.

Raviolis de Cèpes dans leur Bouillon d'Ail Doux

Pour 4 personnes

200 g de cèpes (poids net une fois nettoyés)
500 g de pâte à nouilles (500 g de farine et 5 œufs)
50 g d'échalotes
6 gousses d'ail
60 g de beurre
2 cuillerées à soupe d'huile d'olive
2 jaunes d'œufs
3 dl de bouillon de volaille
persil haché
sel, poivre

Hacher les cèpes d'une part et les échalotes de l'autre. Faire fondre 30 g de beurre dans une poêle avec une cuillerée à soupe d'huile, mettre les échalotes et faire suer sans coloration. Ajouter ensuite les cèpes et faire cuire à découvert sur chaleur modérée, jusqu'à évaporation totale de l'eau de végétation qu'ils rendent peu à peu. Saler et poivrer. Retirer du feu et laisser refroidir. Peler les gousses d'ail, les couper en 2. Les blanchir quatre fois de suite à l'eau bouillante (ce qui adoucit leur goût). Faire chauffer le bouillon de volaille avec les gousses d'ail ; lorsqu'il parvient à ébullition, réduire le feu et laisser cuire 5 mn.

Abaisser la pâte à nouilles au rouleau sur le plan de travail, aussi finement que possible (elle doit être presque transparente). Il faut obtenir deux rectangles de même taille, de 50 cm de long sur 20 cm de large environ. Disposer la farce par petits tas espacés, de la grosseur d'un dé à coudre, sur l'une des deux abaisses, en 4 rangées de 12 petits tas chacune. À l'aide d'un pinceau, badigeonner d'eau froide le pourtour des petits tas de farce et les bords de l'abaisse. Poser par-dessus la seconde abaisse et souder les deux couches en pressant légèrement du bout des doigts, pour enfermer la farce. Découper ensuite les raviolis avec une roulette dentelée. On en obtient 48. Les faire cuire à l'eau bouillante salée pendant 4 mn.

Pendant ce temps, faire réchauffer le bouillon de volaille à l'ail. Le verser dans le bol d'un mixer en ajoutant 30 g de beurre, une cuillerée à soupe d'huile et les deux jaunes d'œufs. Bien émulsionner le tout, goûter et rectifier l'assaisonnement.

Égoutter les raviolis et les répartir dans des assiettes creuses bien chaudes. Verser le bouillon par-dessus et parsemer de persil haché. Servir aussitôt.

Sauté de Cèpes aux Pommes et au Genièvre

Pour 4 personnes
500 g de cèpes petits et bien fermes
1 pomme acide (Granny Smith ou reinette)
1 cuillerée à soupe de graisse d'oie

1 gousse d'ail
4 petites échalotes
2 baies de genièvre
1 cuillerée à soupe de vinaigre de vin
sel, poivre

*C*e sauté de cèpes aux pommes et au genièvre convient parfaitement comme garniture pour une pièce de gibier, un canard ou du boudin à la poêle.

Nettoyer les cèpes sans les laver. Les couper en tranches de 1 cm d'épaisseur. Faire fondre la moitié de la graisse d'oie dans une grande poêle. Quand elle est bien chaude, ajouter la moitié des cèpes. Faire blondir en les retournant, 1 mn sur chaque face. Égoutter. Ajouter dans la poêle le reste de graisse, faire fondre et faire sauter le reste des cèpes. Les égoutter également. Conserver quelques gouttes de graisse fondue dans la poêle.

Peler la pomme, la couper en 2 et retirer les pépins. La couper en quartiers, puis en lamelles de 5 mm d'épaisseur. Peler les échalotes et les émincer pas trop fin. Broyer les baies de genièvre en poudre.

Mettre les échalotes hachées dans la poêle de cuisson des cèpes et laisser cuire doucement, jusqu'à ce qu'elles deviennent transparentes. Rajouter alors les cèpes et la pomme en lamelles. Remuer délicatement (sans adjonction de corps gras, les cèpes étant suffisamment enrobés de graisse d'oie). Saler, poivrer, ajouter la gousse d'ail non pelée — on dit qu'elle est « en chemise » — ainsi que les baies de genièvre broyées. Laisser cuire doucement pendant une dizaine de minutes, sur feu très modéré, en faisant sauter de temps en temps. Arroser avec le trait de vinaigre et faire sauter une dernière fois. Servir très chaud.

Timbale d'Artichauts aux Cèpes

Pour 4 personnes

8 cèpes petits et bien fermes

4 gros artichauts bretons

8 cl de crème fleurette

5 cl de bouillon de volaille

1 citron

1 petite échalote

25 g de beurre

2 cl d'huile d'arachide

sel

Casser et arracher la tige des artichauts, couper les feuilles autour du fond, bien le nettoyer et le citronner. Couper les feuilles de l'artichaut le plus ras possible, rogner le pourtour, ôter soigneusement le foin et bien dégager les fonds. Couper ceux-ci en 10 à 12 quartiers, en éliminant bien toute trace de foin, puis les mettre dans une jatte, avec de l'eau citronnée.

Nettoyer les cèpes ; couper les chapeaux en quartiers ; séparément, hacher les pieds au couteau en petits morceaux. Hacher également l'échalote.

Faire fondre le beurre dans une casserole, ajouter les quartiers d'artichauts bien égouttés, saler légèrement et faire cuire à couvert sur feu doux. Au bout de 5 à 6 mn, y jeter les pieds de cèpes hachés, ainsi que l'échalote. Faire fondre en remuant, puis verser le bouillon de volaille. Poursuivre la cuisson à découvert sur feu modéré, jusqu'à évaporation du liquide.

Pendant ce temps, faire sauter vivement à la poêle les quartiers de cèpes dans l'huile très chaude. Les égoutter et les ajouter dans la casserole avec les artichauts. Arroser avec la crème et faire cuire pendant encore 4 à 5 mn. Servir très chaud, en garniture de rôti de veau, de volaille ou de tournedos.

Risotto Crémeux aux Cèpes

Pour 4 personnes
200 g de cèpes
180 g de riz non traité (type riz du Piémont)
2 cuillerées à soupe d'oignon haché
5 cl de vin blanc
2,5 cl de bouillon de volaille

Faire fondre 30 g de beurre dans une casserole, ajouter l'oignon haché et faire cuire sans coloration. Au bout de quelques minutes, verser le riz ; le faire bien rouler dans le beurre fondu et l'oignon, jusqu'à ce que les grains soient brillants. Verser le vin blanc et laisser le riz l'absorber complètement. Ajouter alors un tiers du bouillon de volaille et poursuivre la cuisson doucement. Quand il est absorbé lui aussi, ajouter le reste de bouillon en deux fois, en attendant qu'il soit absorbé à chaque fois. Saler et poivrer. Cette cuisson du riz demande environ 20 mn. Pendant ce temps, nettoyer les cèpes sans les laver et les couper en petits cubes de 1 cm de côté. Dans une sauteuse, faire fondre le reste de beurre et mettre les cubes de cèpes. Faire sauter en remuant, jusqu'à coloration blond pâle. Verser les cèpes dans une passoire, vider le beurre fondu et remettre les cèpes dans la sauteuse. Ajouter la crème. Faire mijoter jusqu'à liaison complète (environ 8 mn). Saler et poivrer, puis ajouter le persil haché très fin. Incorporer la moitié de cette préparation au risotto cuit, ainsi que le comté râpé. Verser ce mélange dans un plat creux bien chaud et napper avec le reste de cèpes à la crème.

60 g de beurre
50 g de comté râpé
1,5 dl de crème
1 cuillerée à soupe de persil plat haché
sel, poivre

Minute de Carpe aux Cèpes

Pour 4 personnes
160 g de cèpes
440 g (poids net) de filets de carpe désarêtés
huile d'arachide
5 cl de vinaigrette à l'huile de noix
1 cuillerée à café de ciboulette ciselée

Nettoyer les cèpes, les couper en tranches s'il s'agit de très petits cèpes ou en bâtonnets réguliers s'ils sont plus gros. Les faire sauter dans une grande poêle en les obtenant bien blonds. Saler et poivrer légèrement et les tenir au chaud sur un papier absorbant.
À l'aide d'un pinceau, enduire très légèrement le fond de 4 assiettes avec un peu de vinaigrette à l'huile de noix. Couper la chair de carpe en très fines tranches et les ranger à plat sur les assiettes. Cuire en passant sous la voûte du four quelques instants. Parsemer de cèpes. Arroser de vinaigrette et saupoudrer avec les herbes et les dés de tomate.

8 feuilles d'estragon grossièrement concassées
1/2 tomate épluchée et coupée en dés
sel, poivre

Taboulé Sucré aux Champignons Noirs

Pour 4 personnes
12 g de champignons noirs séchés (oreilles-de-chat)
200 g de couscous à grains moyens
quelques pézizes écarlates ou orangées (facultatif)
1 poire mûre pas trop grosse
2 abricots
2 ou 3 fraises
2 dl de lait
1 gousse de vanille
2 cuillerées à soupe de miel
10 g de gingembre confit
quelques feuilles de menthe
1/2 citron

En fonction de la saison et du goût personnel, on peut varier l'assortiment des fruits qui garnissent ce taboulé (sans oublier, éventuellement, les fruits au sirop): ananas, orange et pomme, par exemple, ou bien mangue, litchi et kiwi. Quant aux pézizes, dont l'emploi est facultatif, il suffit de les ajouter en décor: attention à choisir exclusivement des pézizes écarlates ou orangées, les seules qui se consomment crues.

Faire tremper les champignons noirs pendant 25 mn dans de l'eau tiède. Bien les égoutter et les éponger, puis ôter la partie dure qui leur tient lieu de pied. Laver le couscous à l'eau froide, l'égoutter et le mettre dans un saladier.

Faire bouillir ensemble le lait, le miel et la gousse de vanille fendue en 2 dans le sens de la longueur. Ajouter les champignons noirs, remuer, puis retirer du feu. Laisser tiédir, puis égoutter les champignons, les réserver au frais. Récupérer tout le liquide et le verser petit à petit sur la semoule en remuant, au fur et à mesure qu'elle l'absorbe. Détailler les fruits pelés, équeutés, épépinés et dénoyautés (selon le cas), en petits dés de 0,5 cm de côté. Les citronner et les incorporer à la semoule. Couper le gingembre en cubes de 2 mm de côté et l'incorporer au mélange. Mettre au frais pendant 1 h.

Présenter le taboulé en dôme sur un plat de service rond, parsemé de champignons noirs et décoré de feuilles de menthe.

Salade de Bulots aux Champignons Noirs

Pour 4 personnes
8 g de champignons noirs séchés
1,2 kg de bulots de taille moyenne
1 branche de céleri tendre prise dans le cœur
1 tomate
2 cuillerées à soupe d'huile d'olive
1 cuillerée à soupe de sauce soja
1 citron
1 gousse d'ail
1 échalote
1/2 cuillerée à café de moutarde
6 feuilles de basilic cerfeuil ou coriandre fraîche
court-bouillon
1 pointe de piment frais haché ou en purée (ou sel, poivre)

Mettre les champignons séchés à tremper dans de l'eau tiède pendant 15 mn. Les égoutter, puis changer l'eau et les remettre à tremper pendant encore 15 mn.

Laver les bulots à grande eau. Les faire cuire 5 mn dans un court-bouillon frémissant. Retirer du feu et laisser tiédir les bulots dans leur cuisson. Les égoutter et les décoquiller en ôtant l'opercule et le cloaque (partie de l'intestin, au bout du tortillon de chair).

Les couper chacun en 3 ou 4 morceaux.

Blanchir une gousse d'ail après l'avoir pelée. En hacher la moitié. Peler une échalote et la hacher. Peler la tomate, l'épépiner et tailler la chair en petits dés de 0,5 cm de côté. Emincer la branche de céleri.

Mélanger au fouet dans un bol le jus de citron, la sauce soja, la moutarde et l'huile d'olive. Bien mélanger, goûter et rectifier l'assaisonnement avec sel et poivre (ou mieux, une pointe de piment frais haché ou en purée). Ajouter l'échalote et l'ail hachés.

Réunir dans un saladier les bulots, les champignons parfaitement essorés, le céleri, le basilic ciselé et la sauce. Bien mélanger et servir frais, en ajoutant les pluches de cerfeuil (ou de coriandre) et les dés de tomates.

On peut agrémenter cette salade composée avec d'autres ingrédients, en fonction du goût de chacun: tranches ou petits dés d'avocat citronnés, haricots verts extra-fins cuits juste croquants, fonds d'artichauts escalopés en fines tranches, par exemple.

Soupe de Chanterelles à la Cervelle de Veau

Pour 6 personnes
450 g de chanterelles
1 cervelle de veau
1 petit blanc de poireau
1 oignon moyen
1 petite gousse d'ail
50 g de beurre
20 cl de crème fraîche
1 l de bouillon de volaille pas trop corsé
pluches de cerfeuil
vinaigre
sel, poivre

À préparer plusieurs heures à l'avance

Plonger la cervelle de veau dans une bassine d'eau froide et la laisser dégorger plusieurs heures. L'égoutter et la dépouiller de la pellicule qui la recouvre, en la tenant sous le robinet. La mettre ensuite dans une casserole, couvrir d'eau froide salée et vinaigrée, porter à ébullition ; dès que l'eau bout, régler le feu au minimum et laisser pocher 5 mn dans la cuisson juste frémissante. Retirer du feu et laisser refroidir dans l'eau de cuisson. Fendre le poireau sur toute la longueur, bien le laver, l'éponger et l'émincer. Hacher finement l'oignon et l'ail. Nettoyer soigneusement les chanterelles. En mettre de côté 150 g (si possible de petite taille) pour la garniture finale ; les couper en 2 ou en 4 si elles sont trop grosses. Couper les 300 g restants en tranches.

Faire fondre 30 g de beurre dans une casserole à haut rebord. Ajouter le poireau, l'oignon et l'ail. Faire cuire 5 mn sur feu doux sans laisser colorer. Ajouter les chanterelles coupées en morceaux et laisser cuire quelques instants à couvert ; quand elles ont rendu leur eau de végétation, ajouter le bouillon de volaille. Faire cuire pendant 20 mn.

Égoutter la cervelle et l'éponger soigneusement. Séparer les deux lobes ; passer l'un d'eux au mixer avec le bulbe rachidien et mettre la purée obtenue dans un bol. Détailler l'autre lobe en petits cubes de 1 cm de côté et les mettre en attente au frais.

Faire cuire rapidement les 150 g de girolles réservées dans 20 g de beurre à la poêle. Tenir au chaud.

Passer au mixer le contenu de la casserole ; incorporer ensuite au potage obtenu la crème fraîche ; porter à ébullition, saler et poivrer ; incorporer enfin la purée de cervelle en fouettant régulièrement.

Répartir dans 6 assiettes creuses bien chaudes les petits cubes de cervelle et les petites chanterelles sautées au beurre. Verser doucement le potage par-dessus, parsemer de quelques pluches de cerfeuil et déguster aussitôt. On peut également servir ce potage dans une soupière.

Tomates Confites aux Girolles de « Pierre Gagnaire »

Pour 4 personnes
8 belles tomates bien mûres
250 g de girolles
5 cl d'huile d'olive
1 pointe d'ail haché

Laver les tomates. Les couper en 2, ôter les pépins sans briser les côtes centrales. Huiler légèrement le fond d'un plat allant au four. Ranger les demi-tomates dans le plat, saler légèrement, parsemer d'échalote hachée et enfourner à 120 °C pendant 1 h 30. Nettoyer les girolles, les faire sauter vivement, les égoutter et récupérer leur eau. Sortir les tomates du four. En penchant le plat avec précaution, faire couler le jus de tomate qui se trouve dedans, dans une petite casserole. Garder les tomates en attente au chaud. Ajouter le jus des girolles, faire réduire de moitié puis incorporer la crème. Réduire jusqu'à consistance légèrement nappante. Assaisonner, puis incorporer la ciboulette et l'estragon.
Faire sauter les girolles très rapidement avec 15 g d'échalote hachée et un peu d'huile d'olive.
Mettre une demi-tomate sur chaque assiette. Garnir avec les girolles, retourner une demi-tomate sur chaque demi-tomate garnie.
Arroser avec la sauce et servir aussitôt.

1 cuillerée à soupe de ciboulette hachée
8 cl de crème fraîche
4 feuilles d'estragon
30 g d'échalote hachée
sel

Chanterelles en Marinière aux Moules

Pour 4 personnes
400 g de petites chanterelles
100 g de criste-marine au naturel (ou de haricots verts extra-fins, cuits juste croquants)
1 l de moules de bouchot

Nettoyer les chanterelles. Faire fondre 30 g de beurre dans une poêle, mettre les champignons et laisser cuire très doucement, jusqu'à ce qu'ils rendent leur eau. Les égoutter et récupérer la cuisson. La verser dans un faitout, ajouter les moules nettoyées et brossées, ainsi que l'échalote pelée et hachée. Faire cuire sur feu vif à couvert jusqu'à ce que les moules soient ouvertes (environ 3 à 4 mn). Les égoutter et filtrer soigneusement toute la cuisson. Décortiquer les moules et les mettre de côté.
Pendant la cuisson des moules, ébouillanter les cristes-marines dans 1 l d'eau, pendant 2 mn ; les rafraîchir aussitôt à l'eau très froide, puis les égoutter soigneusement.

1 petite tomate
100 g de beurre
5 cl de crème fraîche
12 feuilles d'estragon
1 échalote
jus de citron
sel, poivre

Peler la tomate et détailler la pulpe en petits dés. Mettre de côté.

Verser la cuisson des moules filtrée dans une casserole, porter à ébullition et laisser réduire jusqu'à un volume de 2 dl (une bonne tasse) ; ajouter alors la crème et porter à nouveau à ébullition. Incorporer 40 g de beurre en fouettant légèrement, saler et poivrer, puis ajouter quelques gouttes de jus de citron. Tenir au chaud.

Faire chauffer le reste de beurre dans une poêle et y mettre à sauter vivement les chanterelles déjà précuites ; ajouter la criste-marine et l'estragon ciselé.

Répartir les moules dans 4 assiettes creuses, arroser avec le bouillon à la crème, ajouter par-dessus les chanterelles aux cristes-marines et terminer en décor avec les petits dés de tomate. Servir aussitôt en entrée chaude.

Chanterelles en Compote à la Mirabelle

Pour 4 personnes
300 g de chanterelles jaunes
30 mirabelles en boîte, au naturel

Nettoyer les champignons sans les laver. Les mettre dans une casserole avec 10 g de beurre, poser sur le feu et mettre un couvercle ; leur faire rendre leur eau, puis les égoutter.

Égoutter les mirabelles, les rincer à l'eau froide et les éponger. Les couper en petits morceaux. Les mettre dans une casserole sur feu doux avec 20 g de beurre et les laisser se réduire en compote.

Faire fondre 30 g de beurre dans une petite poêle, mettre la mie de brioche et faire cuire doucement en remuant sans cesse, jusqu'à ce que la mie ait pris une belle couleur dorée. Égoutter et réserver.

Réunir les chanterelles et les mirabelles dans le même récipient ; faire cuire le tout ensemble pendant 5 mn, en remuant délicatement. Hors du feu, ajouter l'eau-de-vie. Remuer, couvrir et laisser infuser pendant 1 mn.

Verser cette préparation dans un plat de service chaud, ajouter la mie de brioche dorée au beurre, en la parsemant régulièrement, et servir aussitôt.

1/2 cuillerée à soupe d'eau-de-vie de mirabelle
4 cuillerées à soupe de mie de brioche tamisée
60 g de beurre

Fricot de Girolles à la Paysanne

Pour 4 personnes
300 g de girolles pas trop grosses, bien fermes
2 tranches de poitrine de lard salée
400 g de petites pommes de terre nouvelles
12 petites carottes nouvelles

1 petite gousse d'ail
20 g de beurre
1/2 feuille de laurier
1 brindille de thym
1 cuillerée à soupe de persil plat, haché
poivre

Cette cocotte de girolles aux légumes nouveaux constitue une agréable garniture, à servir en accompagnement d'un quasi de veau ou d'une volaille.

Nettoyer les girolles sans les laver. Les laisser entières. Peler les pommes de terre et les carottes. Laisser les premières entières et tailler les secondes en tranches obliques de 0,5 cm de long.

Faire fondre le beurre dans une cocotte en fonte, placer les tranches de lard retaillées en 2 et les faire blondir doucement. Ajouter les pommes de terre, les carottes, le thym, le laurier et la gousse d'ail non pelée. Faire cuire doucement, en remuant de temps en temps, pour que les légumes se colorent légèrement et d'une manière uniforme.

Ajouter les girolles et couvrir. (Les pommes de terre finiront de cuire en absorbant l'eau rendue par les girolles.) Poivrer, mais ne pas saler, à cause du lard. Parsemer le fricot avec le persil et servir directement dans la cocotte.

Cocotte de Girolles aux Olives Vertes

Pour 4 personnes
600 g de chanterelles (girolles) bien fermes, pas trop grosses
3 carottes moyennes
12 petits oignons blancs
12 olives vertes dénoyautées
2 gousses d'ail

1 brindille de thym frais
2 feuilles de basilic haché
3 cuillerées à soupe d'huile d'olive
1 dl de bouillon de volaille
1 dl de vin blanc sec

Nettoyer les girolles sans les laver. Les garder entières. Mettre les olives dans une petite casserole, couvrir d'eau et porter à ébullition. Retirer du feu et égoutter. Faire chauffer 2 cuillerées à soupe d'huile dans une cocotte. Ajouter les petits oignons pelés, entiers, les 2 gousses d'ail non pelées, les carottes pelées et taillées en rondelles, ainsi que le thym. Remuer ce mélange sans arrêter avec une spatule, jusqu'à ce qu'il se colore. Ajouter le vin blanc et poursuivre la cuisson. Lorsqu'il est évaporé, mettre les girolles et les olives, remuer, puis mouiller avec le bouillon de volaille. Couvrir et faire cuire doucement pendant 15 mn.

Ôter le couvercle, récupérer les gousses d'ail, prélever la pulpe et l'écraser avec le reste d'huile et le basilic. Remettre ce condiment dans la cocotte, remuer et servir aussitôt, comme garniture de veau ou de canard par exemple.

Omelette Plate au Girolles et aux Olives Noires

Pour 1 personne
100 g de petites girolles bien fermes
5 petites olives noires de Nice
3 œufs
2 cuillerées à soupe d'huile d'olive
1 cuillerée à café de basilic frais ciselé
1/2 cuillerée à soupe de persil plat haché
sel, poivre

Pratiquement tous les champignons peuvent convenir pour cette recette. On peut lui ajouter une pointe d'ail, si on en aime le goût.

Nettoyer soigneusement les girolles sans les laver. Couper les plus grosses en 2 ou en 4. Dénoyauter les olives et les hacher grossièrement.

Casser les œufs, dans une jatte, les battre en omelette ; saler et poivrer, incorporer le persil et le basilic.

Faire chauffer l'huile dans une poêle de 18 à 20 cm de diamètre. Verser les girolles et faire sauter quelques minutes ; ajouter les olives et cuire encore 1 mn en remuant. Verser alors les œufs battus par-dessus et mélanger avec une fourchette en effectuant un mouvement circulaire. Lorsqu'elle est prise, faire glisser l'omelette sur une assiette et la remettre dans la poêle en la retournant pour faire cuire l'autre face. Servir l'omelette toute chaude, ou bien tiède, voire refroidie, avec éventuellement une salade verte.

Compote Aigre-Douce de Girolles aux Abricots Secs

Pour 4 personnes
400 g de girolles
8 abricots secs
1 dl de bouillon de volaille
3 cuillerées à soupe d'oignon haché
25 g de beurre
4 cuillerées à soupe de Suze
jus de citron
sel, poivre

*C*ette compote de girolles aux abricots, dont le goût fruité est relevé d'une petite amertume, accompagne très bien le gibier à plumes ou à poil (colvert, chevreuil, lièvre), un ris de veau, un canard rôti ou des pigeons, par exemple.

Nettoyer les girolles sans les laver, les plonger dans une casserole portée à ébullition, puis égoutter immédiatement bien à fond.

Hacher les abricots secs au couteau en petits morceaux. Faire chauffer le beurre dans une sauteuse, ajouter l'oignon haché et remuer en laissant blondir légèrement, pendant quelques minutes. Mettre ensuite les abricots, puis mouiller avec la Suze et faire cuire à découvert, jusqu'à évaporation complète du liquide. Ajouter alors les girolles bien égouttées et verser le bouillon de volaille par-dessus. Couvrir et laisser cuire doucement pendant 15 mn. Saler et poivrer. Verser quelques gouttes de jus de citron. Servir bien chaud.

Filets de Turbot aux Girolles et aux Fanes de Radis

Pour 4 personnes
300 g de girolles
4 filets de turbot épais, de 180 g chacun
40 fanes de radis bien vertes
5 cl de Noilly-Prat
5 cl de fumet de poisson (ou d'eau)
1/2 citron
150 g de beurre
2 cuillerées à soupe d'échalotes hachées
1 cuillerée à soupe de persil, estragon, ciboulette mélangés
sel, poivre

À l'aide d'un couteau à lame souple (couteau « filet de sole »), faire une incision dans l'épaisseur de chaque filet, de manière à pouvoir le garnir intérieurement.

Nettoyer les girolles. En mettre de côté 120 g, les plus belles et les plus régulières ; émincer le reste. Faire chauffer 10 g de beurre dans une poêle et mettre les girolles émincées à cuire, en ajoutant une cuillerée à soupe d'échalotes hachées et la même quantité de fines herbes mélangées. Retirer du feu et laisser refroidir. Répartir cette farce en 4 parts et en garnir les filets de turbot ; les maintenir ensuite refermés avec une pique en bois.

Ranger les filets de turbot dans un plat beurré allant au four, après avoir parsemé le fond avec le reste de l'échalote hachée. Mouiller avec le Noilly-Prat et ajouter 5 cl d'eau (ou, mieux, du fumet de poisson). Couvrir le plat d'un papier de cuisson beurré et faire cuire à four doux. Lorsque les filets de turbot farcis sont cuits, les égoutter avec précaution et les tenir au chaud. Verser la cuisson dans une petite casserole à travers une passoire et incorporer en fouettant 100 g de beurre en parcelles. Saler, poivrer et citronner.

Faire cuire les girolles entières pendant 3 à 4 mn avec 25 g de beurre dans une sauteuse, et par ailleurs les fanes de radis, bien lavées et essorées, avec 15 g de beurre dans un autre récipient.

Disposer au centre de chaque assiette de service chaude un filet de turbot farci, napper de sauce et entourer de girolles et de fanes de radis.

Trompettes et Poivrons Sautés à l'Ail

Pour 6 personnes
300 g de trompettes-des-morts
100 g de poivron rouge (poids net épluché)
2 gousses d'ail rose nouveau
1 orange
1/2 cuillerée à soupe de vinaigre de vin
1/2 cuillerée à café de miel
1 échalote hachée
4 feuilles de basilic
3 cuillerées à soupe d'huile d'olive
1 pincée de curry
sel, poivre

Cette garniture convient tout particulièrement pour le porc.

Tailler le poivron en lanières fines de 5 mm de large. Nettoyer les champignons, les blanchir rapidement à l'eau salée, puis les égoutter. Les laisser refroidir, puis les essorer en les pressant fortement entre les mains, par petites quantités. Peler les gousses d'ail, les couper en 2, puis les tailler en fines lamelles.

Faire chauffer l'huile dans une sauteuse, ajouter l'ail et le faire blondir, puis le retirer et le réserver. Mettre les lanières de poivron à cuire dans cette même huile, pendant 10 mn, sur feu doux. Les égoutter et mettre à leur place les champignons et l'échalote hachée. Ajouter le curry, le vinaigre et le miel, puis le jus de l'orange pressée. Faire cuire le tout jusqu'à évaporation du liquide. Remettre alors l'ail et les poivrons. Bien mélanger. Saler, poivrer et ajouter en dernier le basilic frais finement ciselé.

Trompettes-des-Morts aux Endives

Pour 4 à 5 personnes
500 g de trompettes-des-morts
500 g d'endives
2 échalotes
1 cuillerée à soupe de jus de citron

Cette poêlée d'endives aux trompettes-des-morts peut servir de garniture pour un poisson ou une viande blanche.

Nettoyer les endives en retirant les premières feuilles du pourtour si elles sont sales ; les couper en 4 dans le sens de la longueur et retirer le petit cône à la base, qui est amer. Tailler chaque quartier d'endive en filaments de 3 à 5 mm de large.

Couper le pied dur des trompettes-des-morts ; les laver rapidement dans plusieurs bains d'eau froide, puis les égoutter et les éponger. Faire bouillir une casserole d'eau et y plonger les champignons. Les égoutter dès la reprise de l'ébullition.

Peler et hacher finement les échalotes. Poser sur le feu deux poêles à revêtement anti-adhésif de 26 à 28 cm de diamètre ; y répartir l'huile et régler sur chaleur vive. Dans l'une, mettre les échalotes, remuer et ajouter les trompettes 30 secondes plus tard. Dans l'autre, faire cuire les endives jusqu'à ce qu'elles ne rendent plus d'eau. La cuisson, pour les deux préparations, ne dépasse pas 5 à 6 mn. Saler à mi-cuisson, puis réunir endives et trompettes dans une seule poêle. Arroser de jus de citron et poudrer de noix de muscade râpée. Mélanger, puis incorporer la crème et poursuivre la cuisson pendant 1 mn en remuant, pour que la préparation soit bien liée. Poivrer et servir dans un plat creux. On peut ajouter une noix de beurre au tout dernier moment.

1 cuillerée à soupe de crème fraîche épaisse
noix de muscade
1 cuillerée à soupe d'huile
sel, poivre

Darioles de Trompettes-des-Bois

Pour 4 personnes

150 g de trompettes-des-morts
2 œufs de 70 g chacun
12,5 cl de lait
12,5 cl de crème fleurette
35 g de beurre
1 petite échalote
noix de muscade
sel, poivre

Toutes les variétés de champignons peuvent servir pour préparer ces darioles : elles se présentent en accompagnement d'une viande ou en entrée chaude, avec par exemple un beurre blanc aux fines herbes.

Ne pas oublier de tapisser le plat du bain-marie avec la feuille de papier : elle empêche qu'une chaleur trop vive ne fasse bouillir l'eau, ce qui risquerait de provoquer des bulles dans la texture des darioles.

Nettoyer et laver les trompettes-des-morts. Couper le pied dur. Les plonger pendant 1 mn dans une casserole d'eau portée à ébullition. Les égoutter à fond.

Casser les œufs dans un saladier, ajouter la crème et le lait. Saler, poivrer et muscader. Bien fouetter le tout pour obtenir une préparation homogène.

Faire fondre 20 g de beurre dans une poêle. Dès qu'il commence à mousser, mettre les champignons et faire cuire 5 à 6 mn, en remuant avec une fourchette ; saler et poivrer légèrement. Ajouter l'échalote finement émincée et poursuivre la cuisson pendant encore quelques instants. Verser ensuite le contenu de la poêle dans le saladier et bien mélanger. Beurrer soigneusement 4 ramequins, le fond et les parois. À l'aide d'une petite louche, répartir la préparation aux champignons dans les 4 moules.

Tapisser un plat carré à bords hauts servant de bain-marie avec une feuille de papier de la taille du plat. Ranger les ramequins dans ce plat et le remplir d'eau aux trois quarts de la hauteur des moules. Faire cuire au four à 200 °C pendant 25 à 30 mn. Sortir le plat du four et retirer les ramequins du plat, les laisser reposer 5 mn, puis les démouler en les retournant sur les assiettes ou le plat de service.

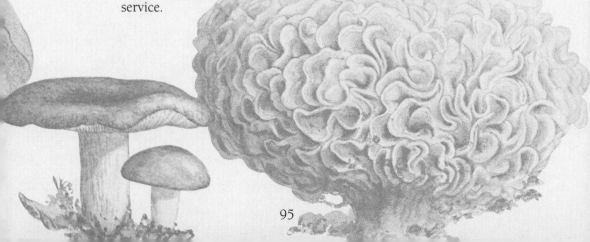

Purée de Trompettes-des-Morts

Pour 4 personnes
200 g de trompettes-des-morts
4 dl de crème fraîche
30 g de beurre

1 échalote moyenne
4 grosses gousses d'ail
noix de muscade
sel, poivre

Tous les champignons peuvent servir à préparer cette purée, mais les trompettes-des-morts, surtout si elles sont bien noires, donneront à la purée une couleur originale, en particulier pour accompagner une volaille, des ris de veau ou des cervelles.

Nettoyer les champignons en coupant le pied dur. Faire bouillir une grande casserole pleine d'eau salée ; y jeter les champignons, puis les égoutter dès que l'ébullition a repris. Bien les presser avec les mains pour en extraire le maximum d'eau.

Peler les gousses d'ail, les couper en 2 et les faire cuire dans une petite casserole d'eau salée jusqu'à ce qu'elles s'écrasent facilement sous le doigt. Les égoutter. Peler et hacher l'échalote ; la mettre dans une sauteuse avec 10 g de beurre. Faire cuire doucement et, quand elle devient transparente, ajouter les champignons ainsi que la crème. Saler, poivrer et muscader. Cuire jusqu'à l'obtention d'une légère liaison.

Verser les champignons à la crème dans le bol d'un mixer, puis les gousses d'ail et le reste de beurre. Mixer jusqu'à ce que le mélange donne une purée bien lisse. Goûter et rectifier l'assaisonnement. Tenir au chaud jusqu'au moment de servir.

Si l'on dispose d'un peu de jus de veau ou de volaille, on peut l'incorporer à la purée après l'avoir fait réduire : le résultat n'en sera que meilleur.

Fricassée de Clavaires aux Épices

Pour 4 personnes
600 g de clavaires crépus, jeunes et bien frais
200 g de tomates
2,5 dl de crème fleurette
40 g de beurre
1 échalote
1 pincée de safran en pistils
1 cuillerée à café de curry
5 cl de vermouth
1 citron
sel

Cette fricassée peut servir de garniture pour une viande blanche, mais constitue aussi, à elle seule, une entrée chaude.

Peler les tomates et les tailler en petits dés ; les réserver. Peler et hacher l'échalote. Nettoyer les champignons très soigneusement, les séparer en bouquets en suivant leur configuration naturelle.

Mettre les clavaires dans une poêle avec 10 g de beurre. Faire chauffer sur feu modéré, à couvert, pour leur faire rendre leur eau. Les égoutter et récupérer l'eau rendue ; la décanter et la filtrer, puis la réserver dans un bol. Remettre les clavaires dans la poêle avec 20 g de beurre et une pincée de sel. Faire cuire doucement pendant 10 mn à découvert, en remuant de temps en temps.

Faire fondre 10 g de beurre dans une petite sauteuse, ajouter l'échalote et la faire cuire quelques instants sur feu doux. Mouiller avec le vermouth, ajouter l'eau filtrée des champignons, ainsi que le safran et le curry. Faire réduire en remuant jusqu'à l'obtention d'un liquide sirupeux. Ajouter alors la crème fleurette et faire cuire jusqu'à bonne liaison. Sur les champignons, verser cette sauce et les dés de tomates ; remuer délicatement. Faire chauffer jusqu'à la reprise de l'ébullition. Goûter et rectifier l'assaisonnement en sel et poivre. Ajouter quelques gouttes de citron. Déguster très chaud.

Curry de Clitocybes Nébuleux au Lait de Coco

Pour 4 personnes
400 g de clitocybes nébuleux pas trop gros et bien fermes
1 dl de crème fleurette
20 g de beurre
1 petite tomate
1/2 pomme
40 g d'oignon haché finement
1/2 gousse d'ail hachée
1 yaourt nature
5 g de gingembre frais haché
4 g de curry de Madras
2 douzaines de grains de raisin de Corinthe
coriandre fraîche
purée de piment
sel

À commencer la veille

La veille, verser la crème dans une casserole, ajouter la pulpe de noix de coco et porter à ébullition, puis retirer du feu et laisser infuser toute la nuit au réfrigérateur. Mettre également à tremper les raisins secs dans de l'eau tiède.

Le lendemain, 30 mn environ avant de servir, nettoyer soigneusement les champignons et les couper en quartiers réguliers. Les plonger dans une casserole d'eau bouillante et les faire blanchir 3 mn, puis les égoutter ; mettre de côté. Ébouillanter la tomate, la peler et la concasser.

Faire fondre le beurre dans une casserole, verser l'oignon et le gingembre et faire cuire très doucement sans coloration ; ajouter 30 g de tomate concassée (une bonne cuillerée à soupe), l'ail et le curry, puis les champignons. Poursuivre la cuisson doucement en remuant. Ajouter enfin le yaourt et porter à ébullition.

Par ailleurs, pendant ce temps, faire bouillir la crème infusée avec la pulpe de noix de coco et la passer au chinois. L'ajouter dans la casserole sur les champignons, saler légèrement et laisser cuire sur feu très doux pendant 20 mn.

Détailler la chair de la pomme en tout petits dés (il en faut 10 g seulement). Égoutter et éponger soigneusement les grains de raisin. Goûter la préparation dans la casserole, rectifier éventuellement l'assaisonnement, puis intégrer les raisins et la pomme. Poursuivre la cuisson pendant encore quelques minutes, en remuant délicatement. Si l'on désire un plat bien relevé, ajouter une pointe de purée de piment. Servir en entrée chaude, en répartissant la préparation dans des petites cassolettes, parsemée de pluches de coriandre.

On peut également proposer ce curry de clitocybes en garniture de riz pilaf ou de pâtes fraîches, comme plat principal.

Pudding de Clitocybes Géotropes

Pour 6 personnes
500 g de clitocybes
80 g de mie de pain fraîche (pain de mie écroûté)
25 g de beurre
1/2 cuillerée à soupe de persil haché
2 œufs
sel, poivre

Nettoyer les champignons. Les couper en gros quartiers. Faire fondre 15 g de beurre dans une casserole, ajouter les champignons et laisser cuire doucement à couvert avec un peu de sel, pendant 7 à 8 mn. Égoutter ensuite les champignons et récupérer toute la cuisson. Arroser la mie de pain avec 2 cuillerées à soupe de ce liquide et l'écraser à la fourchette pour la réduire en pâte. Par ailleurs, hacher les champignons assez finement, mais sans les réduire complètement en purée.

Battre dans une terrine un œuf entier et un jaune. Ajouter les champignons hachés, la mie de pain réduite en pâte et le persil haché. Saler et poivrer, bien mélanger.

Beurrer un moule à charlotte ou à soufflé avec le reste de beurre. Y verser le contenu de la terrine. Faire cuire au four au bain-marie pendant 40 à 45 mn à four moyen (180 °C). Retirer le moule du four et le laisser reposer 5 mn. Passer une lame tout autour du pudding, entre celui-ci et la paroi du moule. Placer le plat de service à l'envers sur le moule, puis retourner le tout ensemble et retirer délicatement le moule.

Entourer ce pudding d'un cordon de sauce, préparée pendant sa cuisson: au choix, coulis d'écrevisses, sauce forestière, sauce chasseur ou Périgueux, sauce à la crème aux champignons, sauce aux herbes, etc. (voir pages 000). On peut également compléter la garniture de ce plat avec un petit ragoût de ris de veau, de coquillages, etc.

Lasagnes de Palourdes aux Laqués Améthystes

Pour 4 personnes
200 g de laqués améthystes
1 kg de palourdes (60 à 80 g pièce, selon la grosseur)
12 carrés de feuilles à cannellonis de 8 × 8 cm environ

70 g de beurre
5 cl de vin blanc sec
2 cuillerées à soupe de persil haché
1 cuillerée à soupe d'échalote hachée
1 feuille de basilic
pluches de cerfeuil

Il est inutile de saler les différentes préparations de ce plat, car le sel contenu dans l'eau des palourdes suffit pour l'ensemble.

Laver soigneusement les palourdes, les verser dans une grande casserole avec le vin blanc. Ne pas saler, couvrir et faire chauffer. Lorsque tous les coquillages sont ouverts, les égoutter en récupérant toute la cuisson dans un récipient à fond étroit. La laisser reposer pendant au moins 1 h pour que le sable se dépose. Filtrer soigneusement le liquide sans entraîner le dépôt. Décortiquer les palourdes et réserver les noix de chair.

Nettoyer les laqués. Séparer les pieds et les hacher. Les faire cuire doucement dans 10 g de beurre jusqu'à ce que toute l'eau de végétation soit évaporée ; réserver. Mettre les têtes des laqués dans une petite casserole avec 10 g de beurre, ne pas saler, couvrir et faire rendre leur eau aux champignons. Les égoutter et récupérer la cuisson. Remettre les champignons dans la casserole avec 10 g de beurre et l'échalote hachée. Faire cuire doucement pendant 3 mn.

Verser dans une petite casserole la cuisson des palourdes et la cuisson des laqués, ajouter les pieds des champignons hachés et 40 g de beurre. Porter à ébullition en remuant, puis verser le tout dans le bol d'un mixer avec le persil et le basilic. Bien émulsionner cette sauce. Réunir dans une sauteuse les palourdes, les laqués à l'échalote et la sauce. Tenir au chaud sans faire bouillir.

Si l'on dispose de pâte à nouilles fraîche, il en faut environ 150 g pour obtenir les 12 carrés nécessaires : l'abaisser sur une épaisseur de 2 mm.

Faire pocher les carrés de pâte 4 mn à l'eau bouillante. Les égoutter. Procéder au montage directement dans les assiettes de service : d'abord un carré dans le fond de chaque assiette bien chaude, un peu de ragoût de laqués aux palourdes, un autre carré de pâte, encore du ragoût, puis le dernier carré ; entourer d'un cordon de sauce et ajouter en décor des pluches de cerfeuil. Servir aussitôt.

Feuilletés d'Armillaires au Potiron

Pour 4 personnes
350 g de jeunes armillaires
350 g de potiron (sans l'écorce)
300 g de pâte feuilletée
1 petit verre à madère de vermouth sec
50 g de beurre

Abaisser la pâte feuilletée sur une épaisseur de 6 mm. Découper 4 rectangles de 13 × 8 cm environ. Les enfourner dans le four chauffé à 230 °C et faire cuire 20 mn environ.
Pendant ce temps, préparer la garniture. Couper les pieds des armillaires et ne conserver que les chapeaux. Les épousseter avec un pinceau. Presser le citron dans une casserole d'eau et porter à ébullition ; y plonger les têtes des champignons et faire blanchir 3 mn. Égoutter.
Couper la pulpe de potiron en cubes de 0,5 cm de côté. Faire fondre 40 g de beurre dans une sauteuse et faire sauter les cubes de potiron en les tenant croquants ; éviter qu'ils ne s'écrasent. Les égoutter et garder en attente.
Faire fondre le reste de beurre dans une casserole et ajouter l'échalote hachée ; faire suer quelques minutes, puis ajouter les têtes d'armillaires, ainsi que le vermouth et le safran. Laisser cuire jusqu'à évaporation presque totale du liquide. Ajouter alors la crème et faire mijoter à nouveau jusqu'à ce que la cuisson soit bien liée. Saler et poivrer ; ajouter quelques gouttes de citron. Incoporer alors les dés de potiron et porter à ébullition. Ajouter en dernier l'estragon.
Sortir les feuilletés du four. Ils doivent être bien gonflés. Les fendre en 2 dans l'épaisseur. Les garnir du mélange bien chaud d'armillaires et de potiron à la crème. Replacer en couvercle le dessus du feuilleté. Servir aussitôt en entrée chaude.

2 dl de crème fraîche
1 pointe de safran
1 cuillerée à soupe d'échalote hachée
1 cuillerée à café d'estragon haché
1 citron
sel, poivre

Coprins Poêlés au Beurre

Pour 4 personnes
400 g de coprins chevelus

Nettoyer les coprins et les garder entiers. Couper les pieds à 2 cm en-dessous du chapeau.
Faire fondre le beurre dans deux poêles pas trop grandes. Déposer les coprins en les répartissant entre les deux récipients, rangés côte à côte. Faire chauffer doucement sans couvrir, les retourner délicatement un par un et poursuivre la cuisson pendant encore quelques instants, jusqu'à ce qu'ils soient blond pâle. Saler légèrement et servir aussitôt.
Dégustés ainsi, simplement cuits au beurre, les coprins conservent toute leur délicatesse.

40 g de beurre
sel

Coprins en Salade

Pour 4 personnes
400 g de coprins jeunes et très frais
4 cl d'huile d'olive

Émulsionner l'huile dans un bol avec le jus du citron ; saler et poivrer. Ajouter les feuilles d'estragon ciselées. Mettre cette sauce de côté.
Nettoyer soigneusement les coprins sans les laver. Les couper en 4 dans le sens de la longueur. Jeter le pied. Les réunir dans un plat creux, fouetter la sauce et en arroser les champignons ; remuer très délicatement. Les répartir au centre de 4 assiettes de service. Parsemer de pluches de cerfeuil en forte proportion.

1 citron
12 feuilles d'estragon
1 petite botte de cerfeuil
sel, poivre

Coprins Sauce Poulette

Pour 4 personnes
400 g de petits coprins bien fermes
40 g de beurre

Nettoyer les coprins et les garder entiers. Couper le pied à 2 cm en-dessous du bord du chapeau. Mélanger le jaune d'œuf dans un bol avec 1 cuillerée à soupe de crème.

Faire fondre doucement 20 g de beurre dans une grande poêle, ranger les coprins avec précaution et saupoudrer d'un peu de sel fin. Couvrir et faire chauffer jusqu'à ce que les champignons aient rendu leur eau. Les égoutter et récupérer toute la cuisson, la filtrer. La verser dans une petite casserole et porter à ébullition, ajouter le reste de crème fraîche et faire cuire jusqu'à ce que la sauce soit légèrement liée. Tenir au chaud.

Faire fondre 20 g de beurre dans la poêle après l'avoir nettoyée et y ranger à nouveau les coprins sur une seule couche. Faire chauffer jusqu'à ce qu'ils soient légèrement dorés. Les retourner un par un délicatement et faire dorer de l'autre côté. Les prélever avec précaution et les disposer sur un plat de service chaud.

Porter à nouveau la sauce à ébullition et verser le mélange crème-jaune d'œuf. Fouetter vivement dès que l'ébullition s'amorce et retirer du feu. Ajouter quelques gouttes de citron, saler et poivrer, puis napper les champignons de cette sauce. Parsemer de cerfeuil ou de persil.

3 cuillerées à soupe de crème fraîche
1 jaune d'œuf
1/2 citron
persil plat ou cerfeuil frais

Cortinaires en Daube Froide

Pour 4 personnes
500 g de cortinaires (poids net)
2 cuillerées à soupe de carottes taillées en très petits dés
1/2 cuillerée à soupe de céleri finement coupé
1 tomate
2 cuillerées à soupe d'oignons hachés

Ainsi préparés, les cortinaires (ou tout autre champignon) se servent en hors-d'œuvre froid ou bien ils accompagnent, froids également, une terrine de gibier ou de canard, un bœuf en gelée, etc.

Ébouillanter la tomate, la peler et l'épépiner ; couper la pulpe en petits cubes. Débarrasser les champignons de la cuticule qui recouvre le chapeau. Les couper en quartiers s'ils sont assez gros, sinon les laisser entiers. Faire chauffer l'huile dans une cocotte et mettre les champignons à rissoler pendant quelques instants en remuant à la spatule ; puis l'oignon, la carotte et le céleri, et poursuivre la cuisson pendant 2 mn en remuant. Ajouter ensuite les gousses d'ail pelées et hachées, ainsi que la tomate ; mouiller avec le vin rouge et ajouter enfin le thym et le laurier ; saler et compléter l'assaisonnement avec quelques grains de poivre noir. Baisser le feu et laisser cuire doucement à couvert pendant 15 mn. Retirer tous les champignons à l'aide d'une écumoire et les réserver dans une terrine. Faire réduire de moitié la cuisson, à découvert sur feu vif ; goûter et rectifier l'assaisonnement, puis remettre les champignons dans la cocotte avec la cuisson réduite. Bien mélanger, puis verser le tout dans un récipient en verre, en terre ou en acier inoxydable (en retirant la brindille de thym et le laurier). Mettre au réfrigérateur lorsque la préparation est refroidie. Consommer le lendemain ou le surlendemain.

2 cl d'huile d'olive
50 cl de vin rouge
1 brindille de thym
1/4 de feuille de laurier
2 gousses d'ail
sel
poivre en grains
À préparer un ou deux jours à l'avance

Chutney de Cortinaires

Pour 2 bocaux de 250 g environ
500 g de cortinaires (poids net)
150 g d'oignons
125 g de cassonade
25 cl de vinaigre de vin blanc

Ce condiment se servira par exemple avec une terrine de gibier ou un gigot froid. Pour le préparer, on peut employer soit une seule espèce, soit un mélange : pratiquement tous les champignons conviennent pour cette recette.

Débarrasser les champignons de la cuticule qui recouvre le chapeau. Les nettoyer, puis les couper en dés de 0,5 cm de côté. Peler et hacher finement les oignons. Réunir ces deux ingrédients dans une casserole, ajouter le sucre, les graines de moutarde, le gingembre, l'ail haché et le petit piment coupé en 2 ou 3. Mouiller avec le vinaigre et le jus du citron en mélangeant bien. Mettre sur le feu et faire cuire doucement à couvert pendant une vingtaine de minutes. Laisser refroidir, puis répartir la préparation dans deux bocaux.

Ce chutney de champignons se conserve au frais pendant plusieurs jours.

1 citron
10 g de graines de moutarde
20 g de gingembre frais haché
1 gousse d'ail
1 petit piment

Langue-de-Bœuf en Salade à la Pomme et aux Noix

Pour 4 personnes
500 g de langue-de-bœuf (fistuline hépatique)
2 petites branches de céleri bien blanches (prises dans le cœur)
1 pomme à chair acide
1/2 citron
1 jaune d'œuf
1/2 cuillerée à café de moutarde
1 cuillerée à soupe de vinaigre de vin

Débarrasser le (ou les) champignon(s) des tubes et de la cuticule qui le(s) recouvre. Le(s) tailler en bâtonnets de 1 cm de côté sur 6 à 7 cm de long. Poudrer de sel et laisser dégorger pendant 2 h au frais. Égoutter ensuite et jeter le liquide rendu.
Peler la pomme, la tailler en fines lamelles, puis en bâtonnets, les citronner et les remuer sans les briser.
Tailler le céleri en très fins bâtonnets de 5 cm de long.
Préparer l'assaisonnement : mettre dans un bol la moutarde et le jaune d'œuf, saler et poivrer, puis incorporer l'huile goutte à goutte, en fouettant comme pour une mayonnaise ; ajouter ensuite la crème et le vinaigre, puis les noix hachées. Goûter et rectifier l'assaisonnement.
Réunir dans un saladier les champignons, le céleri et la moitié des bâtonnets de pommes. Arroser de sauce et mélanger délicatement.
Répartir cette salade sur les assiettes de service, puis parsemer de bâtonnets de pomme et de feuilles d'estragon. Ajouter en garniture quelques feuilles de salade rouge.

20 cerneaux de noix hachés
quelques feuilles d'estragon
1 dl d'huile de noix
5 cl de crème fraîche épaisse
quelques feuilles de salade de Trévise, feuille-de-chêne ou batavia rouge
sel, poivre.

Langue-de-Bœuf en Sashimi

Pour 4 personnes
400 g de langue-de-bœuf (fistuline hépatique)
1/4 de concombre de taille moyenne
1 carotte bien tendre de 100 g environ

Ce plat inspiré de la cuisine japonaise (sashimi désigne le poisson cru, en fines tranches) se déguste avec des baguettes en buvant du saké. Mais on peut également en faire une salade en mélangeant tous les ingrédients. Le wasabi désigne une variété de raifort vert que l'on ne trouve pas à l'état frais en France : il est vendu en pâte ou en poudre, à délayer dans de l'eau, dans les magasins de produits exotiques. On peut éventuellement le remplacer par du raifort frais ou en conserve.
Peler le radis et le râper finement. Faire de même avec la carotte. Laver le concombre et le tailler en très fines rondelles sans le peler. Couper le vert des oignons en

100 g de radis blanc environ ou de daïkon,
2 oignons nouveaux ou
1 botte de ciboulette
1 dl de sauce soja
1 petite boîte de wasabi en pâte ou en poudre

bâtonnets de 6 cm de long, puis les fendre en 4 dans la longueur. S'il s'agit de ciboulette, la tailler en tronçons de 5 cm de long.

Retirer la peau qui recouvre le (ou les) champignon(s), ainsi que les tubes (partie spongieuse) qui tapissent la face inférieure ; à l'aide d'un couteau très tranchant, détailler le champignon en très fines lamelles ; s'il s'agit d'un gros exemplaire, le couper en 2 ou 3 avant de le détailler en tranches fines.

Disposer les lamelles de champignons et les légumes préparés sur un plateau ou des assiettes de service, en trouvant un dressage élégant et harmonieux.

Délayer la pâte ou la poudre de *wasabi* avec un peu d'eau jusqu'à consistance de pâte d'amande. En incorporer un peu à la sauce soja et servir ce condiment dans une coupelle en accompagnement.

Langue-de-Bœuf en Estouffade aux Anchois

Pour 4 personnes
600 g de langue-de-bœuf (poids net)
250 g de poitrine demi-sel en lardons
150 g de couenne de porc
150 g d'oignon
2 gousses d'ail
2 tomates de 100 g chacune

1 cube de bouillon de bœuf
100 g d'anchois à l'huile
3 cuillerées à soupe d'huile d'olive
1 petit bouquet garni
1 bouteille de vin blanc sec
1 cuillerée à café de poivre en grains concassé

Peler et hacher l'oignon, ainsi que les gousses d'ail. Peler les tomates, les épépiner et concasser la pulpe. Égoutter les anchois soigneusement et les hacher. Couper la couenne en petits dés.

Verser le vin blanc dans une casserole, faire bouillir jusqu'à ce qu'il ait réduit de moitié et laisser refroidir. Débarrasser la langue-de-bœuf des tubes et de la peau qui recouvre la partie supérieure ; la couper en cubes de 2 cm de côté.

Mettre les lardons et les dés de couenne dans une casserole, couvrir largement d'eau froide, porter à ébullition, puis retirer du feu et égoutter.

Réunir tous les ingrédients dans une cocotte allant au four : champignons, lardons et couennes, tomates, ail et oignon, anchois, etc. Bien mélanger et ne pas saler. Mouiller avec le vin blanc réduit et compléter avec de l'eau, jusqu'à ce que le liquide dépasse le contenu de la cocotte de 2 cm environ. Couvrir la cocotte et mettre à cuire au four à 120° C pendant 1 h 30. Goûter et rectifier l'assaisonnement avant de servir.

Polenta aux Gomphides et aux Chipolatas

Pour 4 personnes

300 g de têtes de gomphides

8 petites saucisses chipolatas

50 g de jambon cru haché

85 g de semoule de maïs fine

1 dl de bouillon de volaille

25 cl de lait

1 dl de vin blanc

1 jaune d'œuf

60 g de beurre

huile

1 cuillerée à soupe d'échalote hachée

3 feuilles de sauge fraîche

À préparer la veille

Porter le lait à ébullition dans une casserole. Au premier bouillon, verser la semoule de maïs en pluie et faire cuire sur feu très doux en remuant sans arrêt, pendant 10 mn. Retirer du feu et incorporer le jambon cru haché et le jaune d'œuf, en remuant le mélange énergiquement. Rectifier l'assaisonnement et verser cette préparation sur une plaque creuse légèrement huilée, sur une épaisseur de 2 cm. Bien égaliser et lisser la surface. Couvrir d'un papier huilé, laisser refroidir et mettre au réfrigérateur. Le lendemain, nettoyer les champignons sans oublier surtout de retirer la peau qui recouvre le chapeau. Les couper en tranches et les faire cuire à la poêle avec 20 g de beurre. Les faire légèrement blondir sur les deux faces et laisser en attente.

Sortir la polenta du réfrigérateur et la découper en carrés de 3 cm de côté. Les faire dorer doucement dans une poêle à revêtement anti-adhésif avec 30 g de beurre, en plusieurs « fournées ». Dans une petite sauteuse, mettre une goutte d'huile, faire chauffer et mettre à cuire les chipolatas en les faisant dorer uniformément. Les égoutter et les tenir au chaud.

Jeter la graisse de la sauteuse, mettre l'échalote et faire cuire doucement en évitant qu'elle ne colore. Mouiller avec le vin blanc et faire réduire aux trois quarts. Ajouter le bouillon de volaille et les feuilles de sauge ciselées. Faire réduire légèrement puis incorporer 10 g de beurre frais en fouettant.

Répartir les morceaux de polenta sautés sur des assiettes chaudes, placer 2 saucisses par assiette et ajouter en garniture les champignons. Arroser avec la sauce et servir très chaud.

Guépinies crues en Marinade à la Menthe

Pour 4 personnes
300 g de guépinies (poids net après nettoyage)
12 feuilles de menthe fraîche
1 pomme verte à chair acide
6 cuillerées à soupe de jus de citron
2 échalotes

Peler la pomme, retirer le cœur et les pépins, tailler la pulpe en fins bâtonnets. Les mettre dans une jatte et verser le jus de citron par-dessus. Ajouter les échalotes pelées et émincées, la gousse d'ail pelée et hachée, la ciboulette et 8 feuilles de menthe découpées en fines lanières, le nuoc-mâm (ou la sauce soja) et le piment haché.

Si les guépinies sont assez grosses, les recouper en 2. Ajouter les champignons aux autres ingrédients dans la jatte, bien mélanger et laisser macérer pendant 1 h au frais. Disposer 2 feuilles de laitue bien propres et épongées dans chaque assiette de service. Répartir le mélange de guépinies aux pommes et sa macération par-dessus. Parsemer de coriandre fraîche (ou de pluches de cerfeuil) et terminer en ajoutant une feuille de menthe au sommet.

1 cuillerée à soupe de sauce soja ou de nuoc-mâm
1 petite gousse d'ail
1 cuillerée à soupe de ciboulette ciselée
1 petit piment rouge, frais ou séché
8 feuilles de laitue
coriandre fraîche ou cerfeuil

Salade de Pieds-de-Mouton au Curry et au Lard

Pour 4 personnes
600 g de pieds-de-mouton
2 tranches de lard de poitrine fumé
25 g de racine de gingembre frais
1 petite gousse d'ail
1 cuillerée à soupe d'oignon haché
4 cl d'huile de tournesol
2 cl de vinaigre de vin blanc
20 g de beurre
curry en poudre
4 branches de coriandre fraîche
1 dl de jus de viande
chicorée frisée, mâche et salade de Trévise en assortiment

Nettoyer soigneusement les champignons en les débarrassant de leurs tubes ; les couper en morceaux pas trop petits. Faire fondre le beurre dans une poêle, ajouter les champignons et couvrir ; faire cuire pendant 5 mn, puis retirer le couvercle et poursuivre la cuisson jusqu'à évaporation complète de l'eau de végétation. Ajouter alors l'oignon haché, l'ail écrasé et le gingembre pelé et finement émincé. Faire mijoter pendant 3 mn, puis poudrer légèrement de curry et mouiller avec le jus de viande.

Continuer à faire cuire doucement jusqu'à évaporation complète du liquide, en remuant constamment pour bien enrober les morceaux de champignons du jus réduit à consistance sirupeuse. Réserver au chaud.

Pendant ce temps, laver et essorer les salades. Préparer la vinaigrette. Couper les tranches de lard en 2 et les faire griller à la poêle à sec (ou sous le gril du four).

Incorporer la coriandre ciselée à la vinaigrette et en assaisonner la salade. Répartir celle-ci au centre des assiettes de service. Entourer avec les champignons et ajouter le lard bien croustillant. Servir aussitôt.

Pieds-de-Mouton au Cidre

Pour 4 personnes
400 g de pieds-de-mouton (hydnes)
100 g d'oignon finement haché
50 cl de cidre brut
50 g de beurre
25 cl de crème fleurette
sel, poivre

Nettoyer les champignons en retirant les tubes. Les couper en quartiers pas trop gros et les mettre dans une casserole avec 30 g de beurre. Ajouter une pincée de sel. Mettre sur feu doux et couvrir. Lorsqu'ils ont rendu leur eau, poursuivre la cuisson à découvert jusqu'à ce que tout le liquide se soit évaporé.

Pendant ce temps, mettre l'oignon haché dans une autre casserole en acier inoxydable avec le reste de beurre. Faire cuire doucement sans laisser colorer. Quand il est devenu transparent, mouiller avec le cidre et faire réduire le liquide presque entièrement en montant légèrement le feu. Ajouter alors les pieds-de-mouton déjà cuits, ainsi que la crème. Poursuivre la cuisson pour bien lier le tout, saler et poivrer.

Si le cidre donne une sauce trop douce, on peut la relever avec quelques gouttes de jus de citron. Ainsi accommodés, ces champignons donnent une bonne garniture pour des escalopes de veau.

Pieds-de-Mouton en Daube à la Sauge

Pour 4 personnes
600 g de pieds-de-mouton
1 petit pied de porc cuit
4 feuilles de sauge fraîche
1 petite carotte
1 échalote
1 petite gousse d'ail
1 dl de vin blanc sec
2 dl de bouillon de volaille
60 g de beurre
1/2 cuillerée à café de moutarde forte

Nettoyer les pieds-de-mouton, en les lavant rapidement si nécessaire. Les couper en quartiers et les mettre dans une casserole avec 30 g de beurre. Faire cuire doucement jusqu'à évaporation totale de l'eau de végétation. Pendant ce temps, peler la carotte et l'émincer finement. La mettre dans une casserole avec le reste de beurre et faire cuire doucement en ajoutant l'échalote hachée et l'ail écrasé. Au bout de quelques instants, mouiller avec le vin blanc et poursuivre la cuisson jusqu'à l'évaporation presque totale du liquide. Ajouter alors le pied de porc désossé, coupé en petits dés. Laisser mijoter quelques minutes.

Ajouter enfin les champignons déjà cuits et le bouillon. Le tout doit continuer à mijoter jusqu'à ce que la préparation soit bien liée. Goûter, rectifier l'aissaisonnement, puis, hors du feu, ajouter la pointe de moutarde et les feuilles de sauge.

Cette daube savoureuse peut être préparée à l'avance et réchauffée au dernier moment. Dans ce cas, on n'ajoute la moutarde et la sauge qu'au moment de servir.

Il s'agit là d'un plat original à servir tel quel, mais qui peut aussi garnir des bouchées en entrée chaude.

Feuilletés de Grenouilles aux Hygrophores

Pour 4 personnes
300 g d'hygrophores rouge ponceau
4 croûtes feuilletées rondes ou rectangulaires
12 cuisses de grenouilles
50 g de beurre
1 cuillerée à soupe d'huile d'olive
4 dl de crème fraîche
1 dl de vin blanc sec
1 échalote hachée
1 cuillerée à soupe de ciboulette hachée
2 cuillerées à soupe de pluches de cerfeuil
jus de citron
sel, poivre

Nettoyer soigneusement les champignons et les couper en quartiers. Saler et poivrer les cuisses de grenouilles. Faire chauffer 25 g de beurre dans une sauteuse, ajouter les cuisses de grenouilles et les faire raidir sans coloration. Ajouter l'échalote hachée et le vin blanc. Couvrir et faire réduire de moitié. Retirer les cuisses de grenouilles de la sauteuse, ajouter à la place la crème fraîche et continuer la cuisson à feu doux.

Désosser les cuisses de grenouilles sans abîmer les chairs. Remettre les os dans la cuisson à la crème. Par ailleurs, faire cuire les champignons pendant 5 à 6 mn dans un poêlon avec 25 g de beurre. Leur ajouter la chair des cuisses de grenouilles et les fines herbes. Passer la sauce par-dessus, faire cuire doucement pendant 2 mn. Saler et poivrer, citronner si nécessaire. Pendant ce temps, faire chauffer les feuilletés. Les garnir du ragoût de grenouilles aux hygrophores et servir aussitôt.

Pissaladière aux Lactaires

Pour 4 personnes
500 g de têtes de lactaires
150 g de pâte à pain
200 g d'oignon
2 petites gousses d'ail

30 g de petites olives noires de Nice
8 filets d'anchois
5 cl d'huile d'olive
1 petit bouquet garni
sel, poivre

La véritable pissaladière niçoise à l'oignon peut se conserver au frais quelques jours, mais celle-ci devra être consommée dans la journée : il n'est jamais bon de réchauffer une préparation aux champignons sauvages. On peut bien entendu utiliser pour cette pissaladière d'autres espèces de champignons, en particulier les champignons de couche.

Nettoyer les champignons en évitant si possible de les laver. Couper les têtes en 2 et les émincer. Peler les oignons et les émincer finement. Peler les gousses d'ail et les hacher. Faire chauffer l'huile dans une poêle et faire sauter vivement les champignons émincés. Les égoutter. Mettre à la place les oignons (en rajoutant éventuellement un peu d'huile) et les faire cuire doucement sans coloration, avec l'ail et le bouquet garni. Saler légèrement. Au bout d'une vingtaine de minutes, remettre les champignons dans la poêle avec les oignons, bien mélanger et poursuivre la cuisson pendant encore 20 mn sur feu doux, en remuant de temps à autre.

Pendant ce temps, étendre la pâte à pain sur la plaque du four (son épaisseur doit être de 1,5 cm) et la laisser lever dans un endroit tiède. Quand elle a doublé de volume, la mettre à sécher 10 mn dans le four chauffé à 200° C.

Retirer la tôle du four et étaler sur la couche de pâte le mélange de champignons et d'oignons (après avoir retiré le bouquet garni).

Fendre les anchois dans le sens de la longueur et les disposer ensuite en croisillons par-dessus, pour obtenir un quadrillage décoratif. Compléter ce décor avec les olives noires. Remettre au four à 200° C pendant environ 15 mn. Poivrer à la sortie du four. Servir chaud ou tiède.

Lactaires Poivrés sur la Braise

Pour 4 personnes
12 beaux chapeaux de lactaires poivrés

Le lactaire poivré, ou lactaire parcheminé (Lactarius pergamus), possède effectivement une saveur poivrée que ce mode de cuisson atténue sensiblement. Plutôt délaissé en France, où il ne pousse qu'au mois de juillet, ce champignon doué de vertus euphorisantes (mais non hallucinogènes!) est au contraire très apprécié en Europe de l'Est: on le consomme frais, séché, ou encore préparé sur le mode de la choucroute, dans des tonnelets où il se conserve tout l'hiver.

Nettoyer les chapeaux des champignons et les citronner légèrement. Préparer un lit de braises rougeoyantes. Badigeonner les chapeaux de lactaires avec un pinceau trempé dans l'huile. Les faire cuire doucement dans la braise, sans papillotes, jusqu'à ce qu'ils soient tendres à cœur.
Les déguster tout chauds avec un peu de sel fin et du beurre très frais, comme des pommes de terre en robe des champs.

1 citron
3 cuillerées à soupe d'huile de table

Soupe de Lactaires à la Rouille

Pour 4 personnes
600 g de lactaires, sanguins de préférence
8 dl de bouillon de volaille
2 dl de crème fraîche
15 g de beurre
1 échalote
1 pincée de safran

Commencer par préparer la rouille: faire cuire la pomme de terre à l'eau dans sa peau; pendant ce temps, faire griller le morceau de poivron et le peler, hacher la gousse d'ail pelée sur une planche à découper; hacher également le poivron. Verser le tout dans un bol, ajouter la pomme de terre pelée et écraser à la fourchette. Incorporer les jaunes d'œufs et une pincée de sel. Bien amalgamer cette pâte en incorporant peu à peu l'huile versée en filet, comme pour une mayonnaise.
Bien nettoyer les lactaires en évitant de les laver. Séparer les queues des chapeaux; découper le tour des chapeaux jusqu'à 2 cm du bord. Couper les chapeaux en quartiers et les mettre de côté. Émincer l'échalote. Faire fondre le beurre dans un poêlon et mettre l'échalote à cuire doucement sans coloration. Ajouter les pieds et les parures des

1 gousse d'ail
20 g de pulpe de poivron rouge
1 petite pomme de terre de 70 g environ
2 jaunes d'œufs
1 dl d'huile d'olive
1/2 baguette
sel

lactaires, puis verser la crème par-dessus. Laisser bouillonner doucement pendant une dizaine de minutes. Par ailleurs, porter à ébullition le bouillon de volaille avec le safran. Verser les champignons à la crème dans un grand bol mélangeur, ajouter la moitié de la rouille et le bouillon de volaille au safran. Passer au mixer pour bien homogénéiser le tout et reverser le potage obtenu dans la casserole. Porter à ébullition et goûter, rectifier l'assaisonnement. Tenir au chaud sans bouillir. Tailler la baguette en fines tranches et les faire sécher au four.

Verser l'huile dans une poêle et faire chauffer, ajouter les chapeaux des lactaires coupés en quartiers et les faire sauter à découvert sur feu vif. Lorsqu'ils sont blonds, les répartir dans 4 assiettes creuses et verser aussitôt la soupe bouillante par-dessus. Servir avec le reste de rouille à part et les fines tranches de baguette séchées.

Lactaires au Rhum Brun

Pour 4 personnes
400 g de lactaires
2 cuillerées à soupe de rhum brun

Nettoyer les lactaires. Les couper en morceaux. Porter à ébullition une casserole d'eau salée, y jeter les morceaux de lactaires et laisser cuire 1 mn. Les égoutter dans une passoire à pieds.

Faire chauffer le beurre dans une casserole, ajouter les morceaux de lactaires égouttés et faire cuire quelques minutes sur feu moyen, jusqu'à ce qu'ils commencent à rissoler. Mouiller alors avec le rhum, puis ajouter la crème fraîche. Mélanger et poursuivre la cuisson jusqu'à bonne liaison. Saler et poivrer. Servir chaud.

Ainsi préparés, les lactaires peuvent constituer une garniture de filet de porc ou de poulet.

20 g de beurre
1 dl de crème fraîche épaisse
sel, poivre blanc

Lactaires en Barigoule

Pour 4 personnes
12 lactaires, sanguins ou délicieux, de 6 à 8 cm de diamètre si possible
2 gousses d'ail
1 oignon moyen
1 carotte
1/2 feuille de laurier
1 branche de thym frais
1 cuillerée à soupe de persil haché
5 cl d'huile d'olive
1 dl de vin blanc sec
3 larges feuilles de basilic
sel, poivre

Cette préparation méridionale convient particulièrement aux lactaires, sanguins ou délicieux, que l'on apprécie beaucoup dans le Midi. Mais elle peut convenir pour n'importe quelle variété de champignon dont la chair est un peu épaisse et de texture ferme.

Peler l'oignon et la carotte ; les émincer finement. Peler et hacher les gousses d'ail. Couper le pied des lactaires et les nettoyer avec soin en évitant de les laver.

Faire chauffer l'huile dans une cocotte, mettre les fines rondelles d'oignon et de carotte. Faire blondir légèrement, puis disposer les champignons bien rangés par-dessus. Ajouter le thym et le laurier. Mouiller délicatement avec le vin, saler et poivrer. Couvrir et laisser cuire 8 à 10 mn sur feu modéré. Ôter ensuite le couvercle et poursuivre la cuisson, en montant un peu le feu pour que le liquide réduise et gagne une consistance sirupeuse. Ajouter alors l'ail, le persil et le basilic ciselé au dernier moment. Servir aussitôt, dans un légumier bien chaud.

Meurette d'Anguilles aux Lentins de Chêne

Pour 4 personnes
250 g de lentins de chêne
4 petites anguilles de 200 g chacune
2 jeunes poireaux (gros chacun comme un doigt)
1 échalote
1 gousse d'ail
1 petit bouquet garni

50 cl de vin rouge
1 cuillerée à café de gingembre frais haché
140 g de beurre
huile
2 cuillerées à soupe de crème fraîche
1 pincée de sucre
jus de citron
farine
sel, poivre

Demander au poissonnier de dépouiller et de parer les anguilles. Les couper en tronçons de 6 cm de long. Peler l'échalote et la gousse d'ail, émincer la première et hacher la seconde. Laver soigneusement les poireaux et les tronçonner en segments de 1 cm de long.
Essuyer les champignons, couper les pieds et tailler les chapeaux en 2 ou en 4 selon la longueur.
Faire fondre 15 g de beurre dans une petite casserole, mettre l'échalote, le gingembre, les pieds des lentins, l'ail et le bouquet garni. Remuer, puis mouiller avec le vin et ajouter une pincée de sucre. Faire réduire doucement jusqu'à ce qu'il ne reste que 25 cl de vin. Laisser refroidir.
Saler et poivrer les tronçons d'anguilles, les fariner très légèrement. Faire fondre 15 g de beurre avec un peu d'huile dans une sauteuse, ajouter les tronçons d'anguilles et faire chauffer jusqu'à ce qu'ils aient blondi. Éliminer la graisse fondue et verser dans la sauteuse la réduction de vin aux aromates. Laisser cuire sur feu doux pendant 5 mn.
Par ailleurs, faire fondre 30 g de beurre dans une poêle et faire cuire les champignons. Les faire sauter sur feu doux pendant 5 mn. Tenir au chaud.
Lorsque les tronçons d'anguilles sont cuits, les retirer de la cuisson au vin et les garder au chaud. Verser la cuisson dans une petite casserole et la faire réduire. Faire cuire les tronçons de poireaux 3 à 4 mn dans 30 g de beurre, au dernier moment, pour les garder bien verts ; arroser de quelques gouttes de jus de citron.
Lorsque la cuisson au vin a pris une consistance sirupeuse, lui incorporer la crème fraîche en fouettant et poursuivre la cuisson jusqu'à liaison homogène. Retirer le bouquet garni. Passer cette sauce et lui incorporer en fouettant 50 g de beurre en parcelles. Goûter et rectifier l'assaisonnement.
Pour le service, disposer par assiette 5 tronçons d'anguilles en formant un pentagone. Garnir le centre de lentins de chêne, napper légèrement chaque tronçon d'anguille avec un peu de sauce et compléter la garniture avec les petits tronçons de poireaux, placés aux points de jonction entre les morceaux d'anguille. Servir aussitôt.

Sauté de Légumes aux Lentins de Chêne

Pour 4 personnes
400 g de lentins de chêne (shiitake)
100 g de carottes moyennes
3 branches de céleri tendres
1 courgette moyenne
3 oignons blancs de 4 cm de diamètre environ
1 gousse d'ail
1 cuillerée à café de gingembre haché
1/2 poivron vert
2 cuillerées à soupe d'huile d'arachide
2 cuillerées à soupe de sauce soja
coriandre fraîche
sel, poivre

Ce sauté de légumes inspiré de la cuisine chinoise peut servir de garniture pour de l'agneau de lait ou du lapin rôti.

Peler carottes et oignons ; détailler les carottes en fins bâtonnets et les oignons en rondelles pas trop fines. Laver la courgette. La couper en tronçons de 5 à 6 cm de longueur ; les détailler en bâtonnets, en éliminant la partie centrale de la courgette que l'on utilisera pour une soupe. Tronçonner le céleri et détailler le poivron en fines lanières.

Ôter le pied des champignons (à réserver pour un autre usage, farce ou potage) et couper les chapeaux en tranches de 0,5 cm de large.

Faire chauffer l'huile dans une poêle et mettre tous les légumes, sauf l'ail et le gingembre. Faire cuire sur feu vif pendant 3 mn, en mélangeant bien avec une spatule. Ajouter alors l'ail haché, le gingembre et la sauce soja, poursuivre la cuisson pendant 2 mn, puis goûter pour rectifier l'assaisonnement. Parsemer de coriandre (à défaut de cerfeuil, ou de persil) et servir aussitôt.

Lépiotes Farcies aux Noisettes

Pour 4 personnes
8 belles lépiotes au chapeau fermé, de la grosseur d'un œuf
1 cuillerée à soupe bien pleine d'échalotes hachées

Essuyer délicatement les lépiotes et retirer le pied de chaque champignon d'un seul mouvement de torsion, sans abîmer le chapeau. Hacher les pieds.

Faire fondre 20 g de beurre dans une petite casserole, ajouter l'échalote hachée, remuer 1 mn, puis ajouter les pieds de lépiotes hachés. Faire cuire en remuant souvent pour bien faire dessécher le tout. Hors du feu, ajouter les noisettes et la mie de pain. Bien mélanger, assaisonner et laisser refroidir. Farcir les têtes de lépiotes avec cette préparation, sans trop les remplir.

Beurrer un plat allant au four, ranger côte à côte les têtes de lépiotes farcies. Arroser avec le jus de citron, saler et poivrer. Couvrir le tout d'un papier à cuisson beurré. Faire cuire au four pendant 20 mn, à 180 °C. Arroser les têtes de lépiotes toutes les 5 mn avec le jus qu'elles rendent. À la fin de la cuisson, il ne doit rester dans le plat que très peu de liquide.

Ranger les lépiotes sur un plat de service bien chaud et les arroser du reste de leur jus. Ajouter des pluches de cerfeuil et servir aussitôt.

2 cuillerées à soupe de noisettes hachées
2 cuillerées à soupe de mie de pain
50 g de beurre
1/2 citron
cerfeuil,
sel, poivre

Coulemelles étuvées au Cerfeuil

Pour 4 personnes
8 à 12 chapeaux de coulemelles (encore fermés si possible)
15 cl de crème fraîche

Nettoyer les chapeaux des coulemelles en évitant de les laver. Les tailler en quartiers réguliers. Verser la crème dans une sauteuse et poser sur le feu. Lorsqu'elle se met à bouillir, ajouter les champignons, couvrir et laisser cuire 2 mn. Retirer le couvercle et poursuivre la cuisson quelques instants, jusqu'à ce que la crème commence à se lier. Saler et citronner légèrement.

Ajouter alors le cerfeuil pendant la cuisson des champignons. Bien mélanger et servir aussitôt.

Le cerfeuil frais doit être ciselé au tout dernier moment et incorporé à la préparation juste avant de servir, même si l'on prépare l'étuvée de champignons à la crème un peu à l'avance.

2 cuillerées à soupe de cerfeuil frais haché grossièrement
jus de citron
sel

Beignets de Coulemelles

Pour 4 personnes
8 coulemelles au chapeau encore fermé, de la taille d'un œuf
20 g de beurre
2 cuillerées à soupe de persil haché

150 g de farine
2 œufs
25 cl de lait froid
1 cuillerée à café d'huile d'olive
huile de friture
sel, poivre

Nettoyer les chapeaux des coulemelles sans les laver. Les couper en 4 dans le sens de la longueur. Faire fondre le beurre dans une sauteuse ; mettre les champignons et faire cuire doucement en laissant légèrement blondir. Égoutter les champignons et les éponger sur du papier absorbant.

Verser la farine dans un saladier. Faire une fontaine et mettre les 2 jaunes d'œufs. Mélanger au fouet, en ajoutant peu à peu le lait et l'huile d'olive. Battre les blancs en neige ferme et les incorporer rapidement à cette pâte, ainsi que le persil haché. Saler et poivrer.

Faire chauffer un bain de friture. Tremper les morceaux de coulemelles l'un après l'autre dans la pâte à beignets, puis les plonger dans la friture chaude. Les retourner avec l'écumoire délicatement, pour qu'ils prennent une coloration uniforme.

Égoutter les beignets et les servir sur un plat tapissé de serviettes en papier. Proposer en même temps la sauce Jean Rougié (page 185) ou la sauce La Varenne (page 215).

Brouillade de Marasmes en Coquilles d'Œufs

Pour 4 personnes
120 g de petites têtes de marasmes d'oréade
8 œufs extra-frais
30 g de beurre
1 cuillerée à soupe de crème fraîche épaisse
1 cuillerée à café de persil plat haché
10 brins de ciboulette
sel, poivre

Si vous redoutez de décapiter les œufs frais, vous pouvez également préparer les œufs brouillés aux marasmes comme l'indique la recette et les servir dans des cassolettes. Dans ce cas, inutile de casser 8 œufs : les 5 de la recette suffisent.

Décapiter délicatement chaque œuf à l'aide d'un couteau-scie très fin, en sciant la coquille à 1 cm au-dessus de la partie la plus renflée de l'œuf. Vider 5 œufs dans un saladier et les 3 autres dans une jatte ; réservez ceux-ci pour un autre usage, omelette ou pâtisserie. Laver soigneusement les coquilles et leurs chapeaux à l'eau chaude, sans les casser ; les mettre à sécher, retournés, sur un linge replié.

Battre les œufs puis les passer au chinois (passoire conique en métal) pour éliminer les germes et les débris éventuels de coquilles. Réserver.

Faire chauffer 20 g de beurre dans une sauteuse et mettre les têtes de marasmes à cuire doucement ; saler et poivrer, laisser mijoter puis ajouter le persil et la ciboulette hachée. Enduire au pinceau le fond d'une casserole avec le beurre restant ; verser les œufs battus et mettre sur feu doux. Fouetter vivement et régulièrement avec un petit fouet en augmentant légèrement et progressivement la chaleur ; celle-ci ne doit pas dépasser 65 °C. retirez du feu lorsque les œufs ont acquis une consistance crémeuse. Saler et poivrer. Incorporer la crème en continuant à fouetter, puis les trois quarts des marasmes aux fines herbes. Mélanger délicatement avec une spatule en bois. Disposer les coquilles vides dans des coquetiers. Les remplir aux quatre cinquième avec une cuiller à café, puis compléter la brouillade aux champignons avec le reste de marasmes répartis en petits dômes. Couvrir chaque œuf de son chapeau. Servir aussitôt.

Marasmes Rissolés au Jambon Cru

Pour 4 personnes
600 g de marasmes d'oréade
100 g de jambon cru
1 cuillerée à soupe d'échalote hachée
1 petite gousse d'ail

Nettoyer les champignons sans les laver. Supprimer les pieds. Couper le jambon en tranches de 3 mm d'épaisseur, puis en cubes de 3 mm de côté.
Faire chauffer la graisse d'oie dans une cocotte, ajouter le jambon et faire rissoler, puis l'échalote, l'ail et les champignons. Mélanger et faire cuire le tout 5 mn à découvert. Ajouter la crème fraîche et la moitié du persil. Poursuivre la cuisson jusqu'à ce que l'ensemble soit lié. Servir dans un plat creux bien chaud, parsemé avec le reste de persil.

1 cuillerée à soupe de persil plat ciselé
2 cuillerées à soupe de crème fraîche épaisse
1 cuillerée à soupe de graisse d'oie

Saint-Jacques aux Marasmes

Pour 4 personnes
250 g de marasmes d'oréade
16 coquilles Saint-Jacques
60 g de beurre
1 dl de crème fraîche

Ouvrir les coquilles, extraire les noix, les ébarber et les parer avec soin. Recouper chaque noix de chair en 2 dans l'épaisseur. Réserver le tout au frais. Nettoyer les mousserons et les équeuter.
Laver soigneusement les parures des Saint-Jacques et les hacher grossièrement. Les mettre dans une casserole avec les queues des mousserons, l'échalote et le blanc de poireau émincé. Ajouter 10 g de beurre et poser sur le feu. Laisser cuire doucement 5 mn en remuant, puis mouiller avec le vin blanc et compléter avec 1 dl d'eau. Faire cuire doucement 25 mn. Le liquide doit alors être réduit aux trois quarts. Verser la crème fraîche et poursuivre la cuisson pendant 5 mn. Passer cette préparation dans une petite casserole, goûter et rectifier l'assaisonnement, ajouter quelques gouttes de jus de citron et incorporer en fouettant 30 g de beurre frais en parcelles.
Faire chauffer 20 g de beurre dans une poêle et mettre à sauter les mousserons 3 à 4 mn. Les tenir au chaud. Faire chauffer une poêle à revêtement anti-adhésif à peine beurrée, déposer les noix de coquilles Saint-Jacques recoupées en 2 et les faire cuire 30 secondes de chaque côté. Répartir les Saint-Jacques sur les assiettes de service, les napper légèrement de sauce, éparpiller les mousserons sautés par-dessus et ajouter quelques feuilles de persil plat.

1 dl de vin blanc sec
1 petit blanc de poireau
2 cuillerées à soupe d'échalotes hachées
1/2 citron
persil plat

Galettes de Riz aux Marasmes

Pour 4 personnes
150 g de marasmes d'oréade
120 g de riz à grains longs
1 l de bouillon de champignons ou de viande, très peu salé

Ces galettes de riz aux marasmes se servent bien chaudes, par exemple en garniture d'une viande blanche, d'une volaille ou d'un poisson. On peut également les proposer en hors-d'œuvre, entourées d'un *cordon de beurre de champignons aux fines herbes* (voir recette page 219).

La cuisson du riz aux champignons s'éxécute la veille du jour où l'on sert les galettes. Nettoyer les champignons sans les laver ; ôter les queues et couper les chapeaux les plus gros en 2 ou en 4. Faire chauffer 25 g de beurre dans une casserole assez haute mettre les champignons et laisser cuire doucement à couvert.

Quand ils ont rendu toute leur eau, ôter le couvercle et monter le feu ; laisser cuire jusqu'à évaporation complète de cette eau. Ajouter 10 g de beurre et l'échalote, cuire encore 30 s, puis verser le riz. Le faire dorer en remuant avec une spatule pendant 1 mn.

Pendant ce temps, porter le bouillon à ébullition dans une autre casserole. Lorsqu'il bout, en verser une partie sur le riz aux champignons, remuer et le laisser absorber. Poursuivre la cuisson en rajoutant progressivement du bouillon jusqu'à absorbtion complète. Au bout de 25 mn environ, le risotto est prêt ; il doit être un peu sec. Retirer du feu, goûter, rectifier l'assaisonnement, puis incorporer les jaunes d'œufs. Mélanger intimement. Étaler cette composition sur une plaque légèrement huilée, en formant une couche de 1,5 cm d'épaisseur. Lisser la surface et laisser refroidir. Mettre au réfrigérateur pendant la nuit. Le lendemain, découper dans le riz aux champignons des ronds de 6 à 7 cm de diamètre à l'aide d'un emporte-pièce (ou d'un verre). On peut également découper des carrés ou des losanges, à l'aide d'un couteau.

Faire chauffer un peu de beurre et d'huile dans une poêle à revêtement anti-adhésif, puis faire cuire les galettes en les laissant dorer sur chaque face.

1 cuillerée à café d'échalote hachée
50 g de beurre
2 jaunes d'œufs
huile d'arachide
À préparer la veille

Ris de Veau aux Morilles

Pour 4 personnes
160 g de morilles fraîches
2 belles noix
de ris de veau
100 g de beurre
2 dl de crème fleurette
2 échalotes hachées
5 cl de Noilly
10 cl de vin blanc sec
farine
jus de citron
pluches de cerfeuil
sel
À préparer la veille

La veille, faire dégorger les ris de veau pendant la nuit au réfrigérateur, dans un récipient d'eau légèrement salée. Le lendemain, les égoutter et les mettre dans une casserole ; couvrir d'eau froide. Mettre sur le feu et faire cuire à petits frémissements pendant 5 mn. Les égoutter et les rafraîchir en laissant couler de l'eau froide dessus pendant 15 mn. Les égoutter et les poser sur une assiette ; poser par-dessus une autre assiette et mettre sous presse, avec une grosse boîte de conserve pleine. Réserver ainsi au frais pendant au moins 1 h.

Laver soigneusement les morilles et couper les queues. Égoutter les champignons bien à fond et les mettre dans une casserole avec 30 g de beurre en parcelles et une pincée de sel. Couvrir et faire cuire doucement jusqu'à ce qu'ils aient rendu leur eau. Poursuivre la cuisson à découvert en remuant de temps en temps, jusqu'à évaporation totale du liquide. Retirer du feu et garder en attente. Découper les ris de veau en tranches obliques de 3 cm d'épaisseur. Les passer rapidement dans de la farine. Faire chauffer 50 g de beurre dans une poêle et faire cuire doucement les escalopes de ris de veau après les avoir saisies. La cuisson est de 10 mn environ. Les égoutter et les disposer sur un plat de service. Tenir au chaud.

Éliminer le beurre de cuisson et remettre dans la poêle 20 g de beurre frais ; ajouter les échalotes hachées et les cuire doucement jusqu'à ce qu'elles soient transparentes. Verser le Noilly et le vin blanc dans la poêle, remuer avec une spatule puis faire réduire de moitié. Ajouter ensuite la crème fraîche et laisser cuire jusqu'à l'obtention d'une sauce légèrement liée. Verser cette sauce sur les morilles en la passant au chinois (passoire métallique en forme conique). Remettre sur le feu et porter à ébullition, vérifier l'assaisonnement, ajouter quelques gouttes de jus de citron et en napper les ris de veau. Parsemer de pluches de cerfeuil et servir aussitôt.

Comme garniture pour ce plat, présenter des épinards en branches tout jeunes, juste étuvés au beurre, ou des pâtes fraîches, ou encore une purée de carottes.

Morilles en boules d'Or à la Manière du Docteur Ramain

Pour 4 personnes
20 belles morilles (400 g environ)
200 g de foie gras
2 œufs entiers
2 jaunes d'œufs
10 g de beurre
300 g de mie de pain fraîche tamisée
huile de friture
sel, poivre

À préparer plusieurs heures à l'avance

Cette recette est inspirée de l'ouvrage du fameux gastronome Paul Ramain, grand connaisseur en vins et en champignons, médecin de son état et auteur en 1953 d'une Mycogastronomie qui fait toujours autorité en la matière. Au lieu de paner les morilles comme ici, après les avoir farcies, le Dr Ramain les passait dans de la pâte à frire. Le fait de les paner permet néanmoins de les préparer entièrement la veille ou plusieurs heures à l'avance : il suffit ensuite de les plonger simplement dans la friture au dernier moment. Par ailleurs, elles sont plus croustillantes si elles sont panées et, si elles doivent attendre quelques instants, elles se tiennent également mieux panées qu'enrobées de pâte à frire. On peut les accompagner de sauce Périgneux (page 189).

Nettoyer soigneusement les chapeaux des morilles après les avoir équeutées. Faire chauffer le beurre dans une poêle, ajouter les morilles et une pincée de sel. Couvrir et laisser cuire doucement. Lorsqu'elles ont rendu leur eau, ôter le couvercle et laisser le liquide s'évaporer en chauffant un peu plus fort. Retirer du feu, laisser refroidir, puis égoutter les morilles sur du papier absorbant. Réduire le foie gras en purée et incorporer à celui-ci les 2 jaunes d'œufs, saler et poivrer. Remplir avec cette purée une petite poche à douille (munie d'une douille lisse) et en farcir les morilles une par une. Les mettre au réfrigérateur pendant 1 h pour que la purée se raffermisse.

Passer chacune des morilles farcies d'abord dans de l'œuf battu, puis dans de la mie de pain, en appuyant du bout des doigts pour faire adhérer cette panure. Les remettre au frais au fur et à mesure, puis recommencer cette opération une deuxième fois (œuf battu, puis mie de pain). Réserver au frais jusqu'au moment de la friture. (Cette préparation peut très bien se faire la veille.)

Faire chauffer un bain de friture à 180 °C quelques instants avant de servir ; plonger les morilles farcies et panées jusqu'à ce qu'elles soient bien blondes sur toutes les faces. Les égoutter avec précaution et les disposer sur un plat de service, garnir d'une serviette blanche. Décorer avec des bouquets de persil frit. Servir brûlant.

Morilles Farcies au Ris de Veau

Pour 4 personnes
16 grosses morilles fraîches
150 g de ris de veau
2,5 dl de bouillon de volaille
150 g de mirepoix (mélange à parts égales de carotte, de céleri et d'oignon en tout petits dés)
5 cl de crème fleurette
70 g de beurre
5 cl de porto blanc
3 cuillerées à soupe de mie de pain fraîche tamisée
1 cuillerée à soupe d'échalote hachée
1 cuillerée à soupe de cerfeuil ciselé
jus de citron
sel, poivre
À préparer la veille

Un jour à l'avance, faire dégorger le ris de veau. L'égoutter et le plonger ensuite dans une casserole d'eau froide. Porter à ébullition pendant 1 mn. L'égoutter et l'éponger. Faire fondre 20 g de beurre dans un petit poêlon, mettre à cuire doucement la mirepoix, puis ajouter le ris de veau, mouiller avec le porto et le bouillon de volaille. Faire braiser au four à couvert pendant 30 mn à 180 °C. Laisser refroidir dans la cuisson.

Laver très soigneusement les morilles et les éponger avec précaution. Couper les queues et les hacher finement. Les faire cuire doucement dans un plat à sauter avec 15 g de beurre. Les égoutter et les mettre de côté. Remettre un peu de beurre dans le plat de cuisson et ajouter les morilles ; laisser cuire sur feu doux pendant 5 à 6 mn ; quand elles ont rendu leur eau, les retirer et les laisser s'égoutter dans une passoire. Faire réduire sur feu vif la cuisson des morilles jusqu'à consistance sirupeuse ; la verser dans un bol et mettre de côté. Faire cuire l'échalote à feu doux avec un peu de beurre jusqu'à ce qu'elle devienne transparente. La laisser refroidir, puis l'ajouter à la mie de pain. Dans une assiette creuse, verser un peu de crème sur la mie de pain pour bien l'imbiber. Par ailleurs, égoutter le ris de veau et faire réduire sa cuisson jusqu'à consistance épaisse ; la mettre de côté.

Débarrasser le ris de veau de ses fibres et de ses nerfs, le séparer en petits morceaux et recouper ceux-ci en tout petits dés de 5 mm de côté. Leur ajouter la mie de pain imbibée de crème, les queues de morilles hachées et la cuisson du ris réduite. Saler et poivrer.

Farcir les morilles de cette préparation en se servant d'une cuiller à café. Les ranger dans un plat à four à haut bord, grassement beurré, debout les unes à côté des autres (le plat doit juste les contenir). Mouiller à mi-hauteur avec la cuisson des morilles préalablement réchauffée. Couvrir le plat d'un papier beurré et faire cuire au four à 180 °C pendant 12 mn.

Égoutter les morilles farcies et les ranger sur un plat de service. Tenir au chaud. Faire réduire la cuisson d'un tiers, puis incorporer la crème fraîche, mélanger et faire réduire à nouveau. Goûter, rectifier l'assaisonnement et ajouter quelques gouttes de jus de citron. Napper les morilles de la sauce, les parsemer de cerfeuil et servir aussitôt. On peut également servir les morilles dans des assiettes de service creuses (4 par personne).

Fricassée de Morilles aux Carottes

Pour 4 personnes
250 g de petites morilles fraîches
4 petites carottes tendres de 40 g chacune
2 tranches de lard de poitrine fumée
1 dl de bouillon de volaille
50 g de beurre
2 oignons blancs de petite taille
1 cuillerée à soupe de cerfeuil ciselé
1/2 cuillerée à café de moutarde
jus de citron
sel

Cette fricassée de morilles aux carottes se sert en entrée chaude ou en garniture de viande blanche.
Éplucher les carottes et les détailler en biais en rondelles de 0,5 cm d'épaisseur. Laver très soigneusement les morilles et les égoutter.
Réunir les morilles dans une petite casserole, ajouter une pincée de sel et couvrir. Tenir ainsi pendant environ 5 mn sur feu doux, pour faire rendre leur eau aux morilles.
Détailler les tranches de lard de poitrine en fins lardons ; les plonger dans une casserole d'eau portée à ébullition, les égoutter et les éponger soigneusement.
Faire fondre 10 g de beurre dans une sauteuse, mettre les lardons et les laisser blondir, puis les égoutter et jeter le beurre de cuisson. Remettre 10 g de beurre frais dans la sauteuse, puis les oignons pelés et coupés en quartiers ; faire blondir légèrement puis ajouter les carottes. Égoutter les morilles et verser dans la sauteuse leur eau de végétation. Réserver les morilles au chaud. Compléter le mouillement des carottes avec le bouillon et augmenter le feu. Faire cuire les carottes à gros bouillons en les gardant un peu croquantes. Les égoutter et les réserver au chaud avec les morilles.
Remettre le bouillon sur feu vif et incorporer le reste de beurre (30 g environ), en fouettant rapidement pour bien émulsionner. Retirer du feu, ajouter la moutarde, remuer et goûter. Rectifier l'assaisonnement, ajouter quelques gouttes de jus de citron. Remettre dans la casserole avec cette sauce les carottes et les morilles, ajouter le cerfeuil et bien remuer le tout avec une cuiller en bois pour lier les éléments. Verser dans une timbale de service chaude.

Potage aux Œufs Durs et aux Morilles Séchées

Pour 4 personnes
30 g de morilles séchées
4 œufs
100 g de blancs de poireaux
1 oignon moyen
1 carotte de 70 à 80 g
1 petite branche de céleri (25 g)
30 g de jambon cru

1 l de bouillon de champignons ou de volaille
20 g de beurre
15 cl de crème fraîche
1 cuillerée à café de cerfeuil haché
jus de citron
À préparer à l'avance

Mettre à tremper les morilles dans de l'eau tiède pendant deux fois 15 mn en renouvelant l'eau. Faire cuire les œufs durs, les rafraîchir et les écaler. Éplucher les légumes ; peler et hacher l'oignon. Tronçonner la branche de céleri en fines lamelles. Couper la carotte en 4 dans la longueur, puis en petites lamelles transversalement. Détailler aussi le poireau en fins tronçons ; couper le jambon en petits dés. Faire fondre le beurre dans une casserole, ajouter les légumes préparés et le jambon. Faire cuire doucement pendant 5 mn, sans laisser colorer. Mouiller alors avec le bouillon et poursuivre la cuisson pendant 15 mn sur feu modéré.

Passer les œufs durs au tamis ou au moulin à légumes ; les mélanger dans une casserole avec la crème et le jus de citron. Égoutter soigneusement les morilles et bien les presser pour éliminer toute l'eau ; les couper en 2 ou en 4, selon leur grosseur. Les ajouter au potage et faire cuire encore 5 mn. Verser le potage sur le mélange crème-œufs durs et mélanger. Faire chauffer et retirer du feu dès que l'ébullition est atteinte. Goûter, rectifier l'assaisonnement et rajouter éventuellement quelques gouttes de jus de citron. Servir très chaud, avec des pluches de cerfeuil.

On peut remplacer le bouillon de champignons ou de volaille simplement par de l'eau, mais la saveur du potage sera moins délicate.

Morilles au Jambon Braisées à l'Ancienne

Pour 4 personnes
200 g de morilles fraîches
150 g de jambon cru, en une tranche épaisse de 0,5 cm
1 dl de vin blanc sec
2 dl de bouillon
2 cl de madère
1 jaune d'œuf
20 g de beurre
1 cuillerée à soupe de crème fraîche
1 cuillerée à soupe de persil plat haché
2 cuillerées à soupe d'oignon haché

Couper le jambon en dés de 5 mm de côté. Mettre ceux-ci dans une casserole, couvrir d'eau froide et porter à ébullition. Égoutter. (Cette opération a pour but de débarrasser le jambon de son excès de sel.) Laver très soigneusement les morilles. Couper les queues et les hacher au couteau. Couper en 2 ou 3 les morilles trop grosses.

Faire fondre le beurre dans une casserole basse, mettre les petits dès de jambon et faire rissoler; ajouter ensuite l'oignon et laisser cuire quelques instants, jusqu'à ce qu'il commence à blondir. Ajouter les morilles (avec les queues hachées) et couvrir en maintenant le feu modéré. Lorsqu'elles ont rendu leur eau de végétation, ôter le couvercle et poursuivre la cuisson jusqu'à évaporation presque totale du liquide. Mouiller alors avec le vin et continuer à faire cuire à découvert, jusqu'à ce qu'il soit presque évaporé. Ajouter enfin le madère et le bouillon, couvrir et faire braiser tout doucement pendant 20 mn. Rajouter éventuellement un peu d'eau, si l'évaporation de la cuisson se fait trop rapidement.

Égoutter les morilles et le jambon, les disposer sur un plat de service chaud. Verser la cuisson dans une petite casserole et faire bouillir ce liquide. Pendant ce temps, mélanger dans un bol la crème et le jaune d'œuf. Verser cette liaison dans la casserole et fouetter vivement, en évitant dès lors toute ébullition. Goûter et rectifier l'assaisonnement. Napper les morilles au jambon de cette sauce. Parsemer de persil et servir aussitôt.

Morilles Farcies

Pour 4 personnes
40 morilles fraîches de taille moyenne
75 g de chair de volaille (blanc de poulet cru)
2,5 dl de bouillon de volaille
75 g de crème fleurette
50 g de beurre
1 cuillerée à soupe de cerfeuil haché
2 cuillerées à soupe d'échalote hachée
jus de citron
pluches de cerfeuil
sel, poivre

Laver très soigneusement les morilles. Les égoutter et les éponger sur un linge. Couper les queues et les hacher finement. Les faire cuire doucement avec 20 g de beurre et l'échalote dans une petite casserole, puis mettre de côté et laisser refroidir. Passer le blanc de volaille au hachoir grille fine, en lui incorporant peu à peu la crème ; saler et poivrer, puis intégrer à cette farce le hachis de queues de morilles et le cerfeuil. Mettre cette préparation dans une poche à douille et farcir les morilles bien séchées à l'aide d'une douille ronde et unie. Ranger les morilles côte à côte dans un sautoir ou un plat à gratin. Couvrir d'un papier sulfurisé beurré et faire cuire doucement au four à 180 °C. En rendant de l'eau, les morilles farcies vont se rétracter légèrement et laisser apparaître la farce comme une queue. Au bout de quelques minutes de cuisson douce, sortir le plat du four, retirer le papier, remettre au four et poursuivre la cuisson jusqu'à évaporation presque complète du liquide. Retirer à nouveau le plat du four, retourner les morilles avec précaution une par une, puis mouiller avec le bouillon de volaille. Couvrir à nouveau le plat avec le papier et remettre au four 5 mn encore. Égoutter les morilles farcies et les répartir dans des assiettes de service chaudes (une dizaine par personne). Faire réduire la cuisson de moitié, puis lui incorporer 20 g de beurre. Ajouter quelques gouttes de jus de citron. Arroser les morilles de cette sauce et ajouter en décor quelques pluches de cerfeuil. Servir aussitôt.

Tête de Veau en Fricassée aux Gyromitres

Pour 4 personnes

1 kg de tête de veau blanchie
250 g de gyromitres frais
1 dl de vin blanc
25 g d'échalote hachée
2,5 dl de bouillon de volaille corsé
25 g de beurre

1 bouquet garni
1/2 citron
1 carotte
1 petit oignon
1 clou de girofle
1 gousse d'ail
5 cl de vinaigre blanc
1 cuilerée à soupe de farine
sel

Couper la tête de veau en morceaux réguliers et les frotter avec le citron. Délayer la farine dans 2,5 litres d'eau froide, ajouter le vinaigre, porter à ébullition en remuant de temps en temps pour empêcher que la farine ne se dépose au fond et n'attache. Ajouter la tête de veau, la carotte, l'oignon piqué du clou de girofle, l'ail et le bouquet garni. Cuire tout doucement pendant 1 h 30. Égoutter ensuite et jeter la cuisson.

Faire réduire l'échalote et le vin blanc presque à sec. Faire bouillir le fond de volaille et y mettre les morceaux de tête de veau. Faire mijoter ainsi environ 30 mn.

Nettoyer les gyromitres, les mettre dans une poêle avec le beurre et une pincée de sel. Couvrir et cuire doucement 30 mn. Ensuite, retirer le couvercle et poursuivre la cuisson jusqu'à évaporation totale de l'humidité. Verser dans la casserole avec la tête de veau.

Laisser mijoter ensemble pendant 5 mn et incorporer la réduction d'échalote et de vin blanc.

À servir avec des petits légumes nouveaux ou une purée de pommes de terre, de haricots verts, de fèves, de navets, etc.

Helvelles aux Abattis, Sauce aux Herbes

Pour 4 personnes
250 g d'helvelles crépues
16 ailerons de volaille
4 foies de volaille
1,5 dl de bouillon de volaille
1 dl de vin blanc sec
60 g de beurre

Bien nettoyer les champignons. Peler et hacher l'oignon. Faire chauffer 25 g de beurre dans une sauteuse et ajouter les ailerons. Faire colorer en remuant, puis ajouter l'oignon haché, la gousse d'ail non pelée, le thym et les champignons. Couvrir et laisser cuire sur feu doux pendant 10 mn. Verser alors le vin blanc et le cognac ; poursuivre la cuisson à découvert pendant encore 10 mn. Ajouter le bouillon de volaille et finir la cuisson 10 mn.

Pendant ce temps, faire cuire les foies de volaille à la poêle avec 20 g de beurre en les tenant rosés. Retirer les ailerons et les helvelles en laissant leur cuisson dans la sauteuse. Les maintenir au chaud. Rajouter 15 g de beurre dans la sauteuse ainsi que les herbes mélangées. Porter rapidement à ébullition pour émulsionner la sauce en fouettant ; celle-ci doit rester très courte.

Répartir sur chaque assiette de service bien chaude 4 ailerons et un foie de volaille, des champignons éparpillés par-dessus et tout autour. Arroser avec la sauce aux herbes.

1 cuillerée à soupe de cognac
1 oignon
1 gousse d'ail
1 brindille de thym
1 cuillerée à soupe de persil, cerfeuil et ciboulette mélangés

Morilles en Robe des Champs

Pour 4 personnes
400 g de morilles fraîches ou séchées
8 petites pommes de terre de 80 à 100 g chacune, de forme régulière et un peu allongée
2,5 dl de crème fleurette

Ces « morilles en robe des champs » se servent soit en entrée chaude, avec une petite salade, soit en garniture de viandes rôties.

Laver soigneusement les pommes de terre à l'eau froide. Ne pas les peler, les essuyer, puis les poser à plat sur le plan de travail ; aux trois quarts de la hauteur, à l'aide d'un couteau pointu, pratiquer une incision de 2 mm de profondeur sur chaque pomme de terre.

Étaler une couche de gros sel sur une plaque de four. Loger les pommes de terre dedans pour les caler et faire cuire pendant 30 à 40 mn au four à 180 °C.

70 g de beurre
1 jaune d'œuf
20 g d'échalote hachée
1 cuillerée à soupe de ciboulette hachée
1/2 cuillerée à soupe de cerfeuil ciselé
gros sel et sel fin

Nettoyer et laver soigneusement les morilles. Les égoutter à fond. Faire fondre 20 g de beurre dans une casserole, ajouter l'échalote et laisser cuire doucement quelques minutes, puis ajouter les morilles et une pincée de sel. Couvrir et laisser étuver pendant 4 à 5 mn, puis retirer le couvercle et laisser évaporer l'eau rendue par les morilles. Ajouter ensuite la crème et poursuivre la cuisson jusqu'à ce que le tout soit bien lié. Goûter et rectifier l'assaisonnement.

Retirer les pommes de terre du four et les décalotter. Avec une petite cuiller, les évider de leur pulpe, sans les abîmer ni crever la peau. Réduire cette pulpe en purée, puis lui incorporer 50 g de beurre, la ciboulette, le cerfeuil et le jaune d'œuf. Quand elle est bien homogène, l'introduire dans une poche à douille cannelée.

Répartir les morilles à la crème dans les pommes de terre évidées, puis recouvrir avec la purée de pomme de terre. Passer quelques minutes au four à 220 °C. Finir de gratiner sous la voûte du four si nécessaire.

On peut également finir de remplir les pommes de terre de purée avec une petite cuiller. Monter la farce en dôme, bien proprement.

Crépinettes de Lapin aux Pieds-Violets

Pour 4 personnes
300 g de pieds-violets (rhodopaxilles sinistres)
1 foie de lapin
150 g de chair de lapin (poids net)
150 g de crépine de porc très fraîche, dégorgée à l'eau froide
5 cl de jus de viande ou de bouillon
100 g de feuilles d'épinard
15 cl de crème fraîche
60 g de beurre
1/2 cuillerée à soupe d'échalote hachée
2 gousses d'ail
1 cuillerée à soupe de persil haché
1 brindille de thym
jus de citron
sel, poivre

Passer au hachoir grille fine la chair et le foie du lapin. Nettoyer les champignons ; réserver les chapeaux et hacher les pieds. Laver les feuilles d'épinard, les ciseler et les faire cuire dans 5 g de beurre dans une sauteuse, pendant 1 ou 2 mn ; les égoutter, puis les presser pour en extraire l'eau de végétation. Laisser refroidir. Laver la sauteuse, l'essuyer et la remettre sur le feu avec 10 g de beurre ; ajouter l'échalote et faire cuire quelques instants sans laisser colorer. Ajouter les pieds de champignons hachés, saler légèrement et faire cuire ce hachis jusqu'à évaporation complète de l'eau. Retirer du feu et laisser refroidir.

Mélanger dans une terrine la chair de lapin hachée avec le foie, le hachis de champignons à l'échalote, le persil et les épinards. Bien mélanger, incorporer 5 cl de crème et bien assaisonner.

Découper dans la crépine de porc 8 carrés de 20 cm de côté, en veillant à ne pas la percer. Répartir la farce au centre de chaque carré et l'enfermer en rabattant les bords soigneusement. Aplatir légèrement ces crépinettes en forme de palets et les mettre de côté.

Détailler en tranches pas trop fines les têtes des pieds-violets et les mettre dans une sauteuse, avec 15 g de beurre. Chauffer pour leur faire rendre leur eau à couvert, puis ôter le couvercle et poursuivre la cuisson jusqu'à évaporation complète du liquide. Mouiller alors avec 10 cl de crème fraîche et cuire jusqu'à légère liaison de la sauce. Saler et poivrer. Ajouter quelques gouttes de jus de citron et garder au chaud.

Faire fondre 10 g de beurre avec quelques gouttes d'huile dans une poêle, déposer délicatement les crépinettes (côté « fermeture » sur le dessus pour commencer), ajouter le thym et les gousses d'ail non pelées, écrasées. Laisser cuire doucement 5 à 6 mn, puis les retourner délicatement et continuer la cuisson pendant encore 5 mn. Égoutter les crépinettes et les tenir au chaud. Jeter la graisse rendue par les crépinettes et verser à la place le bouillon de viande. Porter à ébullition en remuant, incorporer 20 g de beurre et rectifier l'assaisonnement après avoir goûté.

Répartir les champignons à la crème au centre de chaque assiette. Ajouter par-dessus côte à côte deux crépinettes et napper de sauce. Servir aussitôt.

Au lieu de préparer les pieds-violets à la crème, on peut se contenter de les cuire au beurre et de leur ajouter un peu d'échalote hachée et quelques fines herbes.

Mousserons de Printemps aux Écrevisses

Pour 4 personnes
300 g de mousserons (tricholomes de la Saint-Georges)
24 écrevisses vivantes, de taille moyenne
50 g de beurre

Nettoyer les champignons, couper les plus gros en 2 ou en 4 dans le sens de la hauteur. Les réserver. Peler la tomate, l'épépiner et la concasser.
Faire chauffer un peu d'huile dans un poêlon ; y jeter les écrevisses et remuer avec une cuiller en bois jusqu'à ce que les carapaces soient toutes rouges. Ajouter alors l'échalote et la tomate, puis mouiller avec le vin blanc. Couvrir le poêlon et laisser cuire 5 à 6 mn. Retirer les écrevisses, séparer les queues et les pinces du coffre. Écraser grossièrement les coffres et les remettres dans le poêlon. Ajouter la crème et remettre sur feu doux, puis laisser mijoter 10 mn. Mettre les mousserons dans une poêle sur le feu avec 25 g de beurre. Couvrir pour leur faire rendre leur eau. Les égoutter ensuite au-desssus de la sauce aux écrevisses, puis les remettre à cuire quelques instants sur feu doux.
Décortiquer les queues des écrevisses, ainsi que les pinces si elles sont suffisamment grosses pour en extraire la chair. Réunir dans une petite casserole les queues d'écrevisses et les mousserons. Incorporer 25 g de beurre frais en parcelles dans la sauce aux écrevisses, puis la passer au-dessus de la casserole. Lier en remuant sur feu modéré sans faire bouillir, goûter et rectifier l'assaisonnement. Servir ce ragoût très chaud dans des petites cassolettes, en ajoutant en décor quelques pluches de cerfeuil.

On peut également utiliser ce ragoût comme garniture de feuilletés à servir en entrée chaude et même l'agrémenter de pointes d'asperges vertes, incorporées une fois cuites en même temps que les queues d'écrevisses et les champignons.

2,5 dl de crème fraîche
1 cuillerée à soupe d'échalote hachée
1 dl de vin blanc sec
1 petite tomate
cerfeuil frais
huile d'arachide
sel, poivre

Canaris au Vinaigre de Cidre Safrané

Pour 4 personnes
300 g de tricholomes équestres (canaris) pas trop gros
1 cuillerée à soupe de miel
2 cl de vinaigre de cidre

Tous les champignons à chair ferme peuvent être préparés selon cette recette, en particulier les variétés naturellement un peu fades comme les russules charbonnières, les pieds-de-mouton ou les tricholomes. Si la saveur aigre-douce vous plaît, n'hésitez pas à préparer à l'avance une plus grande quantité de mélange miel-vinaigre-safran, à conserver au réfrigérateur dans une petite bouteille.

Nettoyer soigneusement les tricholomes. Ôter la peau qui recouvre le chapeau. Les couper en grosses tranches.
Remplir une casserole d'eau, porter à ébullition et y plonger les champignons pendant 10 secondes. Les égoutter aussitôt.
Par ailleurs, réunir dans une petite casserole le vinaigre, le miel et le safran. Faire bouillir, puis retirer du feu et mettre de côté.
Faire fondre le beurre et l'huile dans une cocotte, ajouter les tranches de champignons blanchies et les faire cuire sur feu moyen jusqu'à ce qu'elles deviennent légèrement blondes. Saler et poivrer. Verser par-dessus le mélange vinaigre-miel-safran, bien mélanger et servir.

1 pointe de couteau de safran en poudre
10 g de beurre
1 cuillerée à soupe d'huile d'arachide
sel, poivre

Poêlée de Mousserons aux Asperges et aux Fines Herbes

Pour 4 personnes
300 g de tricholomes de la Saint-Georges
20 asperges vertes de taille moyenne
50 g de beurre

Nettoyer les champignons en évitant de les laver. Les couper en 2 ou en 4 selon leur grosseur ; laisser les plus petits entiers.
Sectionner les asperges à l'endroit où le blanc devient vert. Réserver les tiges blanches pour un potage ou une salade. Faire cuire les pointes vertes à l'eau salée pendant 6 à 8 mn selon leur grosseur. Les garder légèrement croquantes. Les égoutter sans les briser, ne pas les rafraîchir et les ranger sur un torchon pour les éponger à fond. Poser 15 g de beurre dans une poêle anti-adhésive. Faire chauffer et

jus de citron
ciboulette, cerfeuil et persil (1 cuillerée à soupe de chaque)
sel, poivre

ajouter les champignons. Arroser de jus de citron. Les égoutter dès qu'ils rendent leur eau. Conserver celle-ci. Répartir les asperges sur des assiettes chaudes et éparpiller les champignons sautés par-dessus.

Verser la cuisson des champignons dans une petite casserole. Faire bouillir et incorporer 35 g de beurre en fouettant sans arrêt, pour bien émulsionner. Saler et poivrer. Ajouter les herbes ciselées, fouetter une dernière fois et en arroser le contenu des assiettes. Servir aussitôt en entrée chaude.

Tricholomes Équestres en Bouillabaisse

Pour 2 ou 3 personnes
350 g de tricholomes équestres
100 g de blanc de poireau
60 g de fenouil frais
300 g de tomates bien mûres
100 g d'oignons
1 gousse d'ail
1 morceau d'écorce d'orange séchée (5 cm de long sur 2 cm de large)

3 cuillerées à soupe de sauce rouille
5 cl d'huile d'olive
4 dl de bouillon de volaille
1 bouquet garni
1 mesure de safran vrai en filaments
sel, poivre

*C*ette bouillabaisse se réalise avec toutes sortes de champignons, à condition qu'ils possèdent une chair ferme : pieds-de-mouton, girolles, psalliotes.

Peler et hacher les oignons. Fendre le blanc de poireau en 4, le laver et l'essuyer, l'émincer finement. Hacher l'ail ainsi que le fenouil. Ébouillanter les tomates, les peler et les couper en 2 ; vider les graines et concasser la pulpe en petits dés.

Nettoyer les champignons. Les laver rapidement à l'eau froide s'ils sont sableux ; les éponger. Les laisser entiers s'ils sont petits, sinon les couper en 2.

Faire chauffer l'huile dans une casserole, ajouter les oignons, le poireau et le fenouil ; remuer et laisser cuire très doucement en remuant pendant quelques minutes ; ajouter l'ail et les tomates, l'écorce d'orange, le safran et le bouquet garni. Mélanger, puis incorporer les champignons et le bouillon de volaille, saler et poivrer. Faire cuire à petits bouillonnements pendant une dizaine de minutes, puis retirer l'écorce d'orange et le bouquet garni.

Prélever la moitié du bouillon dans la casserole et le verser dans un bol sur la rouille. Fouetter le mélange pour l'émulsionner, puis verser à nouveau cette liaison dans la casserole. Mélanger délicatement avec une spatule et faire chauffer sans faire bouillir. Servir très chaud dans des assiettes creuses ou des petites soupières individuelles.

Tricholomes au Cumin et aux Raisins secs

Pour 4 personnes
500 g de tricholomes équestres
100 g de très petits oignons blancs ou d'oignon haché
2 gousses d'ail
1 citron non traité
15 cl de vin blanc sec
1 dl d'huile d'olive
3 cuillerées à soupe de concentré de tomate

1 cuillerée à café bien pleine de cumin
1 cuillerée à soupe de sucre roux
100 g de raisins de Corinthe
1 cuillerée à café de harissa
coriandre fraîche ou cerfeuil
sel

Prélever le zeste du citron, le hacher et le plonger quelques secondes dans l'eau à ébullition. L'égoutter et le réserver. Faire chauffer un peu d'huile d'olive dans une casserole, ajouter les oignons et laisser cuire doucement quelques instants. Ajouter le jus de citron, le vin blanc, le concentré de tomate, la harissa, l'ail pelé et haché, le zeste du citron, le sucre ainsi que le cumin (celui-ci dans un petit morceau de mousseline noué ou dans une boule à thé). Porter à ébullition et laisser cuire pendant 10 mn. Nettoyer les champignons et les couper en quartiers. Les plonger dans la marinade en ébullition, ajouter les raisins secs, saler et poursuivre la cuisson à découvert sur feu modéré, pendant 15 mn. La sauce doit être onctueuse. Retirer du feu, mettre au frais et servir froid, parsemé de coriandre fraîche ou de pluches de cerfeuil.

Cette recette peut se réaliser aussi avec des pieds-bleus, des clitocybes nébuleux, des lactaires ou des girolles.

Gratin de Poireaux aux Mousserons

Pour 4 personnes
300 g de tricholomes de la Saint-Georges
200 g de jeunes poireaux bien tendres
40 g de beurre

2,4 dl de crème fleurette
4 cuillerées à soupe de crème fouettée
jus de citron
lait
sel, poivre

Pratiquement tous les champignons conviennent pour cette recette. Les plus gros doivent néanmoins être recoupés en petits morceaux.

Nettoyer les poireaux, les laver, les éponger et émincer finement les blancs. Nettoyer les champignons et les émincer également.

Faire fondre 20 g de beurre dans une casserole, ajouter les poireaux émincés et laisser cuire doucement à couvert pendant 5 à 6 mn, en ajoutant un peu d'eau pour le mouillement. Saler et poivrer.

Faire fondre 20 g de beurre dans une autre casserole et faire sauter les mousserons ; saler et poivrer. Laisser s'évaporer toute l'eau de végétation rendue par les champignons, puis mouiller avec la crème fleurette et laisser mijoter jusqu'à bonne liaison. Ajouter quelques gouttes de jus de citron.

Hors du feu, incorporer la crème fouettée aux mousserons. Répartir les poireaux dans des petits plats à gratin individuels. Ajouter les champignons à la crème par-dessus et faire gratiner vivement sous le gril du four bien chaud.

Caillettes de Sardines fraîches aux Mousserons

Pour 4 personnes
16 belles sardines fraîches
300 g d'épinards frais
1 cuillerée à café d'échalote hachée
1 petite gousse d'ail
200 g de mousserons
1 cuillerée à soupe de persil
1 cuillerée à soupe de cerfeuil haché
1 cuillerée à soupe d'oignon haché
100 g de beurre
thym
6 feuilles d'estragon hachées
1 cuillerée à soupe de ciboulette
6 cl de bouillon de volaille ou de cuisson de champignons
1 cuillerée à soupe d'huile d'olive
1/2 citron
sel, poivre

Vider et nettoyer les sardines. Lever les filets, jeter les têtes et les arêtes. Hacher la chair au couteau. Réserver dans un bol au frais.

Nettoyer les épinards, les hacher grossièrement par petites quantités, puis les cuire dans 20 g de beurre sans eau, pendant 2 mn. Les égoutter en pressant pour éliminer l'eau restante. Laisser refroidir.

Cuire l'oignon haché avec 15 g de beurre pendant 5 mn, en veillant à ce qu'il ne colore pas. Ajouter une pointe d'ail haché et quelques feuilles de thym frais. Retirer et laisser refroidir.

Nettoyer les mousserons et les cuire avec 20 g de beurre jusqu'à ce qu'ils aient rendu toute leur eau et qu'elle se soit évaporée. Ajouter alors l'échalote. Cuire tout ensemble 15 s et garder en attente au chaud.

Mélanger intimement la chair des sardines, les épinards, l'oignon, le persil, le cerfeuil, la ciboulette, saler et poivrer. Donner la forme de palets ronds de 4 à 5 cm de diamètre et de 2 cm d'épaisseur. Cuire à la poêle avec 30 g de beurre et l'huile d'olive.

Faire bouillir le jus de volaille ou la cuisson des champignons, lui incorporer 25 g de beurre en fouettant, goûter l'assaisonnement et finir avec quelques gouttes de jus de citron et l'estragon.

Dresser les caillettes de sardines sur un plat, arroser avec le jus et parsemer avec les mousserons.

Velouté Mauve aux Pieds-Bleus

Pour 4 à 5 personnes
400 g de pieds-bleus
1 l de bouillon de volaille
50 g de beurre

Nettoyer les pieds-bleus, supprimer les queues et couper les chapeaux en quartiers. En prélever 300 g. Les mettre dans une casserole avec 30 g de beurre et saler légèrement. Couvrir et laisser cuire doucement. Lorsque les champignons ont rendu leur eau, ôter le couvercle et poursuivre la cuisson jusqu'à évaporation totale du liquide. Ajouter alors l'échalote, faire cuire quelques minutes sur feu doux, puis mouiller avec le bouillon de volaille. Laisser cuire doucement le tout pendant 20 mn. Verser dans une grande jatte, ajouter la betterave et passer au mixer. Remettre dans la casserole et porter à ébullition. Lier avec la crème en fouettant. Rectifier l'assaisonnement et tenir au chaud.

Recouper les morceaux de champignons restants (100 g) en tout petits dés. Les faire sauter vivement dans le reste de beurre, puis les répartir dans des assiettes creuses chaudes. Verser le velouté bouillant dessus. Parsemer de pluches de cerfeuil ou de ciboulette hachée.

La betterave cuite sert à donner au potage une teinte voisine de celle que possèdent les pieds-bleus à l'état naturel.

2,5 cl de crème fraîche
15 g de betterave rouge cuite, épluchée
30 g d'échalote
ciboulette ou cerfeuil

Poulet Sauté aux Clitopiles

Pour 4 personnes
600 g de clitopiles petites-prunes (meuniers)
1 poulet fermier de 1,7 kg environ
4 dl de crème fleurette

Flamber la volaille, la découper en morceaux (ailes et cuisses) et conserver la carcasse et les abattis pour faire un bouillon. Saler et poivrer les 4 morceaux, les mettre dans une sauteuse avec 30 g de beurre. Faire cuire tout doucement à couvert sans laisser colorer, pendant 10 mn de chaque côté.

Nettoyer les clitopiles. Faire chauffer 10 g de beurre dans une poêle et mettre les champignons. Couvrir ; lorsqu'ils ont rendu leur eau, les égoutter et récupérer soigneusement leur cuisson. La verser dans la sauteuse sur les morceaux de poulet, puis ajouter le vin blanc. Faire cuire jusqu'à évaporation presque complète et ajouter ensuite la

40 g de beurre
2 jaunes d'œufs
5 cl de vin blanc
1/2 citron
sel, poivre

crème fraîche (sur laquelle on aura prélevé 2 cuillerées à soupe pour la liaison finale). Poursuivre la cuisson doucement pendant 10 mn, puis retirer les deux suprêmes (ils sont cuits plus vite) et les tenir au chaud. Mettre les champignons à leur place et laisser mijoter encore 5 à 6 mn. Retirer alors les cuisses de poulet et les tenir au chaud avec les suprêmes, sur le plat de service.

Mélanger dans un bol la crème fraîche restante et les jaunes d'œufs. Verser cette liaison dans la sauce qui reste dans la sauteuse avec les champignons et faire chauffer, en évitant toute ébullition. Goûter, rectifier l'assaisonnement et ajouter le jus de citron. Bien mélanger les champignons dans la sauce et verser le tout sur les morceaux de poulet. Servir aussitôt.

Escalopes de Saumon aux Mousserons

Pour 4 personnes
500 g de tricholomes de la Saint-Georges
4 escalopes de saumon de 120 g chacune
60 g de beurre demi-sel

1 cuillerée à soupe de pluches de cerfeuil
jus de citron
sel, poivre

Le saumon de Loire, aujourd'hui fort rare, est d'une qualité inégalable. Il se marie parfaitement avec le tricholome de la Saint-Georges, ou « vrai mousseron », l'un des champignons les plus fins qui existent.

Nettoyer soigneusement les champignons sans les laver. Les mettre dans une casserole avec 20 g de beurre. Couvrir et mettre sur feu moyen. Lorsque les mousserons commencent à bouillonner dans l'eau qu'ils ont rendue, les égoutter et récupérer soigneusement toute la cuisson. La verser dans une petite casserole et la faire bouillir jusqu'à ce qu'elle ait réduit de moitié. Incorporer 30 g de beurre en fouettant, puis terminer avec quelques gouttes de jus de citron ; saler et poivrer. Tenir cette sauce au chaud.

Beurrer très légèrement au pinceau le fond d'une poêle à revêtement anti-adhésif avec le reste de beurre ; mettre à cuire les escalopes de saumon salées et poivrées, en les gardant saignantes comme un steak. Les disposer sur le plat de service ou des assiettes chaudes. Dans la même poêle, verser les mousserons et les faire blondir sur feu modéré.

Arroser chaque escalope de saumon de sauce, répartir les mousserons par-dessus et parsemer de pluches de cerfeuil.

Cervelles de Veau aux Argouanes

Pour 4 personnes
300 g d'argouanes
2 cervelles de veau
1 tomate
8 cl d'huile d'olive
2 cl de vinaigre de vin blanc
2 jaunes d'œufs durs
1 échalote
1/2 cuillerée à soupe de ciboulette
1/2 cuillerée à soupe de persil plat
cresson
1/2 cuillerée à café de moutarde
1 cuillerée à café de grains de coriandre
jus de citron
sel, poivre

À préparer la veille

Faire dégorger les cervelles quelques heures à l'eau froide. En les tenant sous le robinet, les dépouiller soigneusement de la pellicule qui les recouvre. Les mettre dans une casserole, couvrir d'eau froide salée et vinaigrée, puis porter à ébullition. Lorsque l'eau bout, baisser le feu au minimum et laisser pocher pendant 5 mn. Retirer la casserole du feu et laisser refroidir les cervelles dans la cuisson. Les égoutter et les mettre dans une jatte au réfrigérateur, à couvert.

Nettoyer soigneusement les argouanes, les couper en 2, ou en 4 si elles sont un peu grosses. Les mettre dans une poêle à revêtement anti-adhésif avec une pincée de sel et une cuillerée à soupe d'eau. Couvrir et mettre sur le feu. Lorsque les champignons ont rendu toute leur eau, retirer le couvercle et laisser cuire jusqu'à évaporation totale. Les verser dans une jatte, arroser de quelques gouttes de jus de citron, ajouter un trait d'huile d'olive, saler et poivrer. Remuer délicatement et laisser mariner pendant la nuit.

1 h avant de servir, ébouillanter la tomate, la peler, l'épépiner et la couper en petits dés réguliers d'1/2 cm environ de côté. Il en faut 2 cuillerées à soupe environ. Réunir dans un bol les jaunes d'œufs, le vinaigre et la moutarde ; bien mélanger avec une fourchette ; incorporer l'huile d'olive, saler, poivrer et terminer avec l'échalote et la ciboulette hachées et le persil.

Détailler les cervelles de veau en tranches de 1 cm d'épaisseur. Verser un peu de sauce dans le fond des assiettes de service (ou un seul grand plat) ; répartir par-dessus les tranches de cervelles. Ajouter par-dessus les champignons marinés. Napper de sauce et ajouter en décor les dés de tomate, ainsi que quelques feuilles de cresson. Terminer avec les grains de coriandre écrasés. Servir frais.

Cromesquis d'Argouanes

Pour 4 personnes
350 g de tricholomes argouanes
4 dl de crème fraîche
3 feuilles de gélatine (6 g)
8 crêpes fines non sucrées
2 œufs

200 g de mie de pain fraîche tamisée ou de chapelure
huile de friture
jus de citron
farine
sel, poivre
À préparer la veille

Tous les champignons peuvent être utilisés pour cette préparation. S'il s'agit d'une variété naturellement peu parfumée, on peut relever la mousse avec un peu de curry ou de paprika.

Nettoyer les champignons sans les laver. Les couper en tranches fines (chapeaux et pieds). Les mettre dans une sauteuse avec la crème. Poser sur le feu et faire cuire 5 mn. Pendant ce temps, faire ramollir la gélatine dans un peu d'eau froide et l'égoutter. Verser les champignons à la crème dans le bol d'un mixer et les réduire en purée fine. Incorporer la gélatine en la faisant dissoudre dans la purée encore chaude. Saler, poivrer et ajouter quelques gouttes de jus de citron.

Étendre une feuille de papier d'aluminium sur la plaque du four (face brillante sur le dessus) ; l'enduire légèrement d'huile au pinceau. Lorsque la purée de champignons est presque froide, la verser sur la feuille. L'étendre avec une spatule sur une épaisseur de 2 cm. Façonner cette couche en formant des côtés réguliers et en relevant les bords du papier d'aluminium. Mettre au réfrigérateur.

Le lendemain, environ 30 mn avant de servir, étaler les crêpes sur le plan de travail. Battre les œufs en omelette et en badigeonner les crêpes. Découper la couche de mousse aux champignons froide en 8 carrés réguliers. Poser un carré de mousse froide au centre de chaque crêpe, rabattre les bords les uns sur les autres pour bien enfermer la garniture.

Passer chaque crêpe garnie dans l'œuf battu, puis dans la chapelure (ou la mie de pain). Tapoter du plat de la spatule pour bien la faire adhérer, puis secouer délicatement pour faire tomber l'excédent. Recommencer l'opération une deuxième fois pour obtenir une panure qui tient bien.

Faire chauffer un bain de friture à 180° C. Plonger les crêpes farcies et panées dans la friture chaude, faire frire en retournant à mi-cuisson avec une écumoire jusqu'à obtention d'une belle couleur blonde uniforme. Égoutter et bien éponger sur du papier absorbant.

Servir aussitôt en entrée chaude. Accompagner de persil frit ou de feuilles de céleri-branche frites.

Blanquette de Clitopiles à la Moutarde

Pour 4 personnes
400 g de clitopiles petites-prunes (meuniers)
30 g d'échalotes hachées
1 petite gousse d'ail
4 cuillerées à soupe de crème fraîche épaisse
40 g de beurre
1 jaune d'œuf
1/2 cuillerée à soupe de moutarde blanche
1 cuillerée à soupe de fines herbes hachées

Bien nettoyer les champignons et couper les plus gros en quartiers. Faire fondre 20 g de beurre dans une casserole. Quand il commence à mousser, ajouter les champignons et couvrir pour leur faire rendre leur eau. Les égoutter aussitôt et récupérer soigneusement ce jus. Le décanter. Mélanger dans un bol le jaune d'œuf, la crème et la moutarde.

Remettre 20 g de beurre dans la casserole et ajouter le hachis d'échalote ; le faire cuire doucement sans coloration. Ajouter l'ail écrasé, puis les champignons. Mouiller avec la cuisson et porter à ébullition. Faire cuire sans hâte jusqu'à ce que le liquide ait réduit de moitié. Ajouter alors la liaison œuf-crème fraîche-moutarde, mélanger délicatement et poursuivre la cuisson doucement pendant quelques instants sans faire bouillir. Goûter et rectifier l'assaisonnement. Verser dans un plat creux très chaud et servir parsemé de fines herbes.

Ragoût de Pieds-Bleus aux Épices

Pour 4 personnes
500 g de pieds-bleus
1 citron confit (épicerie marocaine)
1 tomate,
2 échalotes hachées
1,5 dl de crème fraîche
30 g de beurre

1 dl de vin blanc sec
1 cuillerée à café de gingembre frais haché
cannelle
safran
coriandre fraîche
poivre

Ce ragoût de champignons peut servir de sauce avec des œufs pochés, ou de garniture à un poisson rôti ou grillé, ou encore accompagner un plat de pâtes fraîches ou de riz. Nettoyer les pieds-bleus, supprimer les queues et garder les chapeaux les plus petits entiers ; couper les autres en 2 ou en 4.

Porter à ébullition une casserole d'eau salée, plonger les pieds-bleus et les faire cuire 2 mn. Les égoutter et les plonger aussitôt dans un récipient d'eau froide avec quelques glaçons. Les égoutter à nouveau.

Prélever le zeste du citron et jeter la pulpe. Détailler le zeste en petits dés de 0,5 cm de côté.

Plonger la tomate pendant 10 secondes dans une casserole d'eau portée à ébullition, puis l'égoutter, la rafraîchir et la peler. La couper en 2, presser chaque moitié pour éliminer le jus et les pépins, puis tailler la pulpe en tout petits dés. Mettre le beurre à fondre dans une sauteuse, ajouter les pieds-bleus et faire cuire doucement à couvert pendant 15 mn. Retirer le couvercle, incorporer le gingembre et l'échalote, une pincée de safran, le zeste de citron et le vin blanc. Poursuivre la cuisson jusqu'à évaporation presque complète du liquide. Ajouter ensuite la crème et une pincée de cannelle, ainsi que la pulpe de tomate. Poivrer et ne pas saler (le sel provenant du citron confit suffit). Faire cuire jusqu'à bonne liaison de l'ensemble. Juste avant de servir, parsemer de pluches de coriandre (on peut remplacer éventuellement celle-ci par du cerfeuil).

Coupes de Pézizes à la Normande

Pour 4 personnes
400 g de pézizes orangées
1 petite pomme reinette

Mélanger le miel avec la crème fraîche et le calvados ; mettre de côté au frais. Peler la pomme, la couper en quartiers, retirer le cœur et les pépins. Tailler les quartiers en lamelles, puis celles-ci en fines languettes ; arroser de jus de citron. Nettoyer les pézizes et en mettre 4 belles de côté. Faire bouillir une casserole d'eau et plonger les autres pézizes, les laisser bouillonner 1 mn, puis les égoutter bien à fond. Les laisser refroidir, puis les verser dans une jatte et les mélanger avec le mélange crème fraîche-miel-calvados. Répartir cette préparation dans 4 coupes de service. Ajouter par-dessus la julienne de pomme et ajouter une pézize en décor, au sommet de chaque coupe.

jus de citron
2 cl de calvados
100 g de crème fraîche
50 g de miel liquide

Pézizes au Kirsch

Pour 4 à 6 personnes
500 g de pézizes orangées
150 g de sucre
50 cl d'eau

Préparer un sirop avec le sucre et l'eau. Pendant ce temps, nettoyer les champignons. Lorsque le sirop est prêt, plonger les pézizes dedans et laisser cuire 5 mn. Retirer les champignons du sirop avec une écumoire et les disposer dans un compotier. Faire réduire le sirop de moitié et le laisser refroidir, lui ajouter alors le kirsch. Verser ce liquide sur les champignons et mettre au réfrigérateur. Servir très frais, avec les feuilles de menthe ciselées en décor.

5 cl de kirsch
quelques feuilles de menthe
À préparer le matin pour le soir

Salade de Pézizes Écarlates aux Violettes

Pour 4 personnes
300 g de pézizes écarlates
100 g de champignons de couche bien blancs
100 g de mâche

Préparer l'assaisonnement en mélangeant vivement l'huile et le jus du citron ; saler et poivrer.
Nettoyer et laver les champignons de couche et les pézizes, les éponger sur un linge. Émincer les champignons de couche et les citronner légèrement. Mettre de côté séparément les deux sortes de champignons.
Laver soigneusement la mâche et l'essorer.
Assaisonner séparément ces trois éléments.
Disposer la mâche en bouquet au centre des assiettes, répartir autour et par-dessus les champignons de couche et les pézizes. Décorer avec les violettes et les pluches de cerfeuil. Servir aussitôt.

24 fleurs de violettes
4 cl d'huile d'olive
1 citron
cerfeuil
sel, poivre

Fromage de Chèvre Frais aux Pivoulades Marinées

Pour 4 personnes
200 g de pivoulades
300 g de fromage de chèvre frais
2 citrons
1,5 dl d'huile d'olive
1 cuillerée à soupe de ciboulette hachée
2 feuilles d'estragon ciselées
1 cuillerée à soupe de cerfeuil haché
12 grains de coriandre
pluches de cerfeuil
sel, poivre
À préparer la veille

Nettoyer les champignons si nécessaire, en évitant de les laver. Séparer les pieds des chapeaux. Hacher les pieds et les mettre dans une petite casserole avec quelques gouttes de jus de citron et une cuillerée à soupe d'huile. Saler et poivrer. Faire cuire pendant 5 mn, puis laisser refroidir.

Écraser le fromage de chèvre à la fourchette dans une jatte ; poivrer et saler ; incorporer le hachis précédent, ainsi que la ciboulette, l'estragon et le cerfeuil. Tasser cette préparation dans une terrine huilée et réserver au réfrigérateur. Couper les têtes des pivoulades en tranches de 0,5 cm d'épaisseur. Les faire cuire doucement pendant 3 à 4 mn avec le reste de jus de citron et un peu d'huile d'olive. Saler et poivrer. Laisser refroidir, puis ajouter le reste d'huile les grains de coriandre. Réserver au frais.

Le lendemain, pour servir, démouler le fromage au centre d'un plat creux et verser par-dessus la marinade de champignons à l'huile. Parsemer de pluches de cerfeuil et servir aussitôt.

Œufs Cocotte aux Pivoulades

Pour 4 personnes
200 g de pivoulades pas trop grosses
8 gros œufs bien frais

Nettoyer les champignons sans les laver. En prélever le tiers et le hacher au couteau sur une planche. Verser ce hachis dans une petite casserole, ajouter 5 cl de crème, saler et poivrer. Faire cuire doucement jusqu'à ce que l'ensemble soit bien lié. Tenir au chaud.
Couper les chapeaux du reste des pivoulades en quartiers réguliers. Les faire cuire doucement dans une petite sauteuse avec le beurre jusqu'à évaporation totale de l'eau de végétation. Laisser légèrement blondir, puis verser 1 dl de crème par-dessus ; faire cuire jusqu'à bonne liaison, saler et poivrer. Ciseler enfin les feuilles d'estragon par-dessus. Mélanger les deux préparations (hachis à la crème et pivoulades à l'estragon).
Répartir le reste de crème dans 8 petites cocottes. Casser un œuf dans chaque cocotte. Faire cuire au four au bain-marie pendant 3 mn environ.
Servir en même temps les œufs cocotte bien chauds et le ragoût de pivoulades.
Cette recette peut se réaliser avec n'importe quelle variété de champignons.

2 dl de crème fraîche
25 g de beurre
4 belles feuilles d'estragon
sel, poivre

Omelette aux Pholiotes

Pour 2 personnes
200 g de chapeaux de pholiotes
4 œufs

Nettoyer les chapeaux des champignons. Faire chauffer 15 g de beurre dans une petite poêle et faire cuire les pholiotes, jusqu'à évaporation totale de l'eau de végétation. Par ailleurs, battre les œufs et la crème dans une jatte. Saler et poivrer.
Ajouter les champignons cuits dans les œufs et mélanger. Faire chauffer 10 g de beurre dans une poêle à revêtement anti-adhésif, verser les œufs battus mêlés avec les pholiotes et faire cuire en omelette sur feu vif, en mélangeant délicatement avec une fourchette. Servir l'omelette plate, pas trop cuite, ou bien roulée (la faire alors glisser de la poêle sur le plat de service en la repliant en trois).

25 g de beurre
100 g de crème fraîche épaisse
sel, poivre

Canards Sauvages Rôtis aux Pholiotes

Pour 4 personnes
400 g de chapeaux de pholiotes changeantes bien propres
2 petits canards sauvages de 600 à 700 g chacun
100 g de gelée de groseilles
40 g de beurre
1 orange
2 cuillerées à soupe de vinaigre de vin
1 cuillerée à soupe de moutarde forte
sel, poivre

À défaut de pholiotes changeantes, on peut utiliser pour cette recette des souchettes (Collybia fusipes), des chanterelles jaunes ou des pleurotes.

Saler et poivrer l'intérieur et l'extérieur des canards prêts à rôtir. Les placer, couchés sur le côté, dans une cocotte ou un plat à rôtir. Répartir 25 g de beurre en parcelles sur les deux volailles. Faire rôtir au four pendant 12 mn à 210 °C. Retourner alors les canards de l'autre côté et laisser cuire encore 12 mn. Les placer enfin sur le dos et achever la cuisson pendant 10 mn. Tout au long de cette cuisson, arroser les canards avec leur graisse.

Nettoyer les chapeaux des pholiotes et les mettre dans une poêle avec 15 g de beurre. Couvrir et faire cuire doucement pendant 10 mn. Égoutter les champignons et récupérer toute la cuisson.

Retirer les canards une fois cuits de la cocotte (en évitant de les piquer avec une fourchette) et les tenir au chaud. Poser la cocotte sur feu vif pour que les sucs en suspension dans la graisse se déposent au fond et caramélisent. Jeter la graisse et verser dans la cocotte le vinaigre et le jus d'orange. Ajouter un peu d'eau et déglacer sur feu vif, en grattant les sucs avec une spatule. Ajouter alors la gelée de groseilles et bien mélanger, puis incorporer la moutarde et les champignons avec leur cuisson. Donner juste un tour de bouillon, goûter et rectifier l'assaisonnement.

Découper les canards : lever d'abord les cuisses entières, puis les couper en 2 à la jointure ; détacher les suprêmes de la carcasse et les escaloper en tranches fines ; donner un tour de moulin à poivre sur le tout.

Répartir les morceaux de cuisses sur le bord de chaque assiette, napper le fond de sauce, ajouter les pholiotes et ranger par-dessus les fines tranches de poitrine de canard.

Gnocchis de Pommes de Terre aux Pholiotes

Pour 4 à 6 personnes
250 g de pholiotes des peupliers
300 g de pommes de terre
100 g de farine
1 jaune d'œuf
3 dl de crème fraîche
30 g de beurre
1 cuillerée à soupe de mie de pain fraîche tamisée
1 feuille de basilic
1/2 cuillerée à soupe de persil plat haché
1/2 cuillerée à soupe de cerfeuil ciselé
noix de muscade
jus de citron
1 cuillerée à soupe d'huile d'olive
2 cuillerées à soupe d'huile d'arachide
sel, poivre

Laver les pommes de terre et les faire cuire à l'eau salée sans les peler. Nettoyer les champignons sans les laver ; séparer les pieds des têtes.

Hacher les pieds. Faire chauffer 10 g de beurre dans une petite casserole, ajouter le hachis précédent, saler et poivrer. Laisser cuire jusqu'à ce que toute l'eau de végétation soit évaporée. Réserver au chaud.

Peler les pommes de terre encore chaudes et les passer aussitôt au presse-purée, au-dessus d'une planche farinée. Disposer la purée obtenue en fontaine et laisser tiédir. Saler, poivrer et muscader, puis ajouter l'huile d'olive. Commencer à mélanger en ajoutant le jaune d'œuf, puis le hachis de pieds de champignons, le basilic ciselé, le persil et le cerfeuil. Lorsque cette pâte a été bien travaillée intimement du bout des doigts, laisser reposer 10 mn, après l'avoir ramassée en boule.

Fariner à nouveau la planche et séparer la pâte en 2 parties égales. Façonner chaque moitié en un boudin de 2 cm de diamètre environ. Débiter ensuite ces boudins en rondelles de 1 cm d'épaisseur. Pour obtenir des gnocchis cannelés, dans un but purement décoratif, il suffit de faire rouler chacun d'eux sur le côté bombé d'une fourchette.

Remplir une grande casserole d'eau salée et porter à ébullition, ajouter l'huile d'arachide ; plonger les gnocchis par petites fournées pour les pocher : ils sont cuits lorsqu'ils remontent à la surface. Les égoutter sur un linge. Couper les chapeaux des pholiotes en lamelles de 5 mm d'épaisseur. Les mettre dans une casserole avec 20 g de beurre. Faire cuire doucement jusqu'à ce qu'ils aient rendu toute leur eau. Verser alors la crème fraîche, saler et poivrer légèrement. Poursuivre la cuisson jusqu'à légère liaison et vérifier l'assaisonnement. Ajouter quelques gouttes de jus de citron. Verser la moitié des pholiotes à la crème dans un plat allant au four. Disposer les gnocchis par-dessus en une seule couche. Recouvrir avec le reste des champignons. Parsemer de mie de pain et mettre à gratiner sous le gril du four. Servir très chaud dans le plat de cuisson, en plat principal ou en entrée.

Boudins blancs aux Albarelles du Vexin

Pour 8 personnes
450 g d'albarelles (variété cultivée de la pholiote du peuplier)
200 g de blanc de volaille cru
50 g de mie de pain fraîchement tamisée
6 dl de crème fleurette
30 g de beurre
sel, poivre

À préparer 1 h à l'avance

Nettoyer soigneusement les champignons sans les laver. Les hacher grossièrement (têtes et queues). Faire fondre le beurre dans une casserole, ajouter le hachis et laisser cuire jusqu'à évaporation complète de l'eau de végétation. Ajouter 5 dl de crème fleurette, porter à ébullition et laisser mijoter 5 mn. Saler et poivrer légèrement. Verser le tout dans le bol d'un mixer, réduire en purée fine, puis verser cette purée dans une jatte et laisser refroidir. Passer également le blanc de volaille au mixer jusqu'à obtention d'une pommade. Par ailleurs, imbiber la mie de pain avec la crème restante.

Verser la chair de volaille dans un saladier et lui incorporer progressivement la préparation aux champignons, d'abord en se servant d'une spatule en bois, puis à l'aide d'un fouet. Ajouter également la mie de pain imbibée de crème. Lorsque la farce est bien homogène, goûter et rectifier l'assaisonnement.

Façonner cette farce en 8 portions égales et les rouler une par une dans du papier film transparent. Maintenir les extrémités avec de la ficelle à rôti en faisant un nœud. Remplir une grande casserole d'eau et la porter à ébullition, plonger délicatement les boudins et cuire à frémissements réguliers pendant environ 10 mn. Lorsqu'ils sont pochés, les égoutter et les mettre à refroidir.

Pour les servir, retirer leur enveloppe et les faire cuire doucement au beurre dans une poêle à revêtement anti-adhésif, pendant environ 3 à 4 mn.

Comme sauce d'accompagnement, prévoir un jus de viande, un beurre de champignons ou de la sauce Périgueux (voir page 189), et comme garniture quelques albarelles sautées.

Pleurotes Rafraîchis au Basilic

Pour 4 personnes
500 g de pleurotes
3 tomates moyennes
6 feuilles de basilic
2 gousses d'ail

Peler et hacher l'oignon. Peler et épépiner les tomates, les couper en dés de 1 cm de côté environ. Peler et hacher les gousses d'ail. Nettoyer les pleurotes, les couper en lanières de 1 cm de large dans le sens de la longueur. Rassembler tous ces éléments dans une casserole, ajouter l'huile et le jus des 2 citrons, ainsi que le thym. Porter à ébullition et laisser cuire doucement pendant 10 mn.
Laisser refroidir. Servir frais en parsemant la préparation, répartie dans des coupes basses, de feuilles de basilic ciselées.

1 oignon moyen
2 citrons
10 cl d'huile d'olive
1 brindille de thym
sel, poivre

Marinade de Pleurotes à la Menthe

Pour 4 à 5 personnes
250 g de pleurotes
100 g de tomate
12 feuilles de menthe
100 g d'oignons

Ébouillanter la tomate, la peler, la couper en 2 et la presser pour éliminer l'eau et les pépins ; tailler la pulpe en petits dés. Peler et hacher finement les oignons pour en obtenir 2 cuillerées à soupe.
Faire cuire très doucement l'oignon haché à l'huile dans une casserole ; ajouter les pleurotes bien nettoyés mais non lavés. Mouiller avec le jus de citron et celui de l'orange. Saler, poivrer et couvrir. Faire cuire 5 mn, puis ajouter les dés de tomate et retirer aussitôt du feu.
Laisser refroidir, puis ajouter la menthe ciselée et laisser mariner au moins 2 h au frais avant de servir, en entrée froide.

1 orange
1/2 citron
5 cl d'huile d'olive
sel, poivre
À préparer 2 h à l'avance

Sauté de Pleurotes à l'Orientale

Pour 4 personnes
400 g de pleurotes
1 gousse d'ail hachée
25 g de beurre
4 cuillerées à soupe de bouillon de volaille

Ce sauté de champignons accompagne très bien une viande sautée ou grillée. On peut remplacer le saké (alcool de riz fermenté) par de la vodka. Le saké et le glutamate s'achètent dans les magasins de produits exotiques.
Nettoyer les champignons. Retailler les gros en 2 ou en 4. Faire fondre le beurre dans une poêle, mettre l'ail et le faire dorer, puis le retirer de la poêle et remplacer par les champignons. Mouiller avec le saké, remuer puis verser le bouillon de volaille. Ajouter le glutamate. Mélanger et faire cuire sur feu doux jusqu'à ce qu'il ne reste presque plus de liquide dans la poêle. Servir aussitôt.

1 cuillerée à soupe de saké
1 pincée de glutamate de monosodium

Terrine de Raie aux Pleurotes

Pour 8 personnes
400 g de pleurotes
1/2 aile de raie parée (600 g poids net)
2 carottes
40 g de céleri-branche
1 blanc de poireau
60 g d'oignons
2 gousses d'ail
4 cuillerées à soupe d'huile d'olive

Éplucher et laver les oignons, les carottes, le céleri et le poireau ; les émincer ou les tronçonner. Les mettre dans une casserole, ajouter 1,25 l d'eau, le gros sel, le citron, l'ail, le bouquet garni avec le clou de girofle au milieu et quelques grains de poivre. Faire cuire pendant 30 mn sur feu doux. Ajouter alors le vin blanc et porter à ébullition pendant 1 mn. Retirer du feu et réserver jusqu'à l'emploi : ce liquide de cuisson, appelé « nage », peut se préparer largement à l'avance.
Laver soigneusement à l'eau fraîche courante les tronçons d'aile de raie pour éliminer la substance visqueuse qui couvre la peau. Les ranger dans un faitout et verser la nage par-dessus, avec tous les légumes et les aromates. Faire cuire doucement en comptant 15 mn à partir du premier bouillon. Pendant ce temps, faire sauter les pleurotes à l'huile d'olive, puis les égoutter et les réserver.
Égoutter soigneusement les tronçons de raie sur un torchon et les dépouiller de leur peau. Passer la cuisson de la raie et récupérer les légumes.
Tapisser une terrine (moule à cake) d'un papier-film. Ranger dans le fond une couche de morceaux de raie

25 cl de vin blanc
2 zestes de citron
1 petit bouquet garni
1 clou de girofle
cerfeuil, ciboulette, estragon et persil (1/2 cuillerée à soupe de chaque herbe ciselée)
30 g de gros sel
poivre en grains
À préparer la veille

effeuillés. Parsemer de fines herbes mélangées et ajouter un peu des légumes de la nage (sans le bouquet garni et les gousses d'ail). Ranger par-dessus une partie des pleurotes. Continuer à remplir la terrine en alternant les ingrédients jusqu'à leur épuisement. Rabattre le papier-film, placer sur le dessus de la terrine une planchette à sa dimension et poser un poids par-dessus. Mettre au frais.
Servir le lendemain en entrée froide, avec comme accompagnement un coulis de tomates crues ou la sauce La Varenne (page 215).

Pleurotes en Coquilles d'Huîtres

Pour 4 personnes
24 pleurotes de forme régulière et de taille identique
24 huîtres creuses n° 3
1/2 botte de cresson

Nettoyer les champignons en ôtant la partie dure du pied. Les faire cuire 5 mn dans une poêle avec l'huile d'olive. Les arroser de quelques gouttes de jus de citron et laisser refroidir. Ouvrir les huîtres et jeter l'eau dans laquelle elles baignent. Les laisser ouvertes en attente dans leur coquille pendant 5 mn : elles vont rendre encore de l'eau. Prélever soigneusement les chairs en évitant les éclats de coquilles et récupérer leur eau ; la filtrer. Mettre les huîtres dans une casserole. Trier le cresson, couper les tiges et blanchir les feuilles. Bien les égoutter en les pressant dans les mains pour éliminer toute l'eau.
Verser sur les noix d'huîtres, dans la casserole, leur eau filtrée et faire chauffer jusqu'à ce qu'elle commence tout juste à frémir. Égoutter les huîtres sur du papier absorbant. Récupérer la cuisson, la décanter et n'en conserver que la moitié. La faire bouillir en ajoutant la crème. Verser cette sauce dans le bol d'un mixer, ajouter le cresson et mixer. Goûter, rectifier l'assaisonnement et citronner légèrement. Disposer 6 pleurotes par assiette en les plaçant comme des coquilles d'huîtres. Poser une huître sur chaque pleurote et napper légèrement de sauce au cresson. Compléter la présentation avec des pluches de cerfeuil.

1 cuillerée à soupe d'huile d'olive
5 cuillerées à soupe de crème fraîche
jus de citron
pluches de cerfeuil

Velouté de Pleurotes au Curry

Pour 6 personnes
450 g de pleurotes
1 l de bouillon de volaille
2 cuillerées à soupe d'oignon haché
40 g de beurre
1 dl de crème fraîche
1 petite gousse d'ail hachée
2 cuillerées à café de curry
1 cuillerée à soupe de kirsch

Nettoyer les champignons. En mettre de côté 150 g. Hacher grossièrement le reste. Faire fondre 20 g de beurre dans une casserole. Ajouter l'oignon haché et faire cuire pendant 5 mn sans laisser colorer. Saupoudrer avec le curry, bien mélanger, puis ajouter l'ail et les pleurotes hachés. Laisser cuire doucement 5 mn, puis verser le bouillon de volaille. Au bout de 15 mn de cuisson à petits bouillonnements incorporer la crème fraîche et faire reprendre l'ébullition. Retirer du feu et passer au mixer. Goûter et rectifier l'assaisonnement. Tenir au chaud.

Émincer les 150 g de pleurotes mis de côté. Les faire sauter à la poêle avec 20 g de beurre. Lorsqu'ils sont bien blonds, mouiller avec le kirsch et poursuivre la cuisson pendant quelques instants, jusqu'à ce qu'il se soit évaporé. Répartir ces champignons dans le fond des assiettes de service et verser le velouté brûlant par-dessus.

On peut compléter la présentation de ce velouté en parsemant le dessus d'un peu de ciboule émincée ou de quelques feuilles de coriandre fraîche.

Salade de Polypores aux Fines Herbes

Pour 4 personnes
500 g de polypores jeunes
1 dl d'huile d'olive
1 citron
2 échalotes

Nettoyer les polypores et ôter les parties dures du pied. Peler et hacher finement les échalotes (il en faut 30 g). Porter à ébullition une casserole pleine d'eau salée, plonger les champignons et laisser cuire 5 mn à petits bouillons. Les égoutter ; lorsqu'ils sont tièdes, les presser entre les mains pour finir d'exprimer l'eau qu'ils contiennent.
Les mettre dans un saladier ; arroser avec le jus du citron et l'huile d'olive. Saler et poivrer, ajouter les fines herbes et les échalotes hachées. Bien mélanger et servir cette salade soit encore tiède, soit froide.

1 cuillerée à soupe de persil plat haché
1 cuillerée à soupe de cerfeuil ciselé
1 cuillerée à soupe de ciboulette ciselée
sel, poivre

Gratin de Macaronis aux Polypores

Pour 4 personnes
300 g de polypores en ombrelles (poids net)
200 g de macaronis
2 cuillerées à soupe d'huile d'olive

Séparer les branches des polypores, les mettre dans une casserole, couvrir et faire chauffer doucement. Dès qu'elles se mettent à rendre l'eau de végétation, ôter le couvercle et augmenter le feu.
Faire cuire jusqu'à évaporation du liquide, puis ajouter la crème fraîche et laisser cuire tout doucement 5 mn. Saler et poivrer. Faire cuire les macaronis pendant 10 mn à l'eau bouillante salée avec l'huile d'olive. Les égoutter et les rafraîchir. Les verser dans la casserole des champignons (après les avoir encore bien égouttés), bien mélanger en incorporant également le gruyère râpé. Goûter et rectifier l'assaisonnement.
Peler la gousse d'ail et en frotter l'intérieur d'un plat à gratin ; verser le mélange de macaronis et de polypores à la crème. Répartir le beurre en petites parcelles sur le dessus. Faire cuire 8 à 10 mn à four chaud. Servir dans le plat.

25 cl de crème fraîche
15 g de beurre
20 de gruyère râpé
1 gousse d'ail
sel, poivre

Quiche aux Polypores

Pour 6 personnes
700 g de polypores en ombrelle (poids net après nettoyage)
250 g de pâte brisée
25 cl de crème fraîche
4 œufs

50 g de beaufort râpé
125 g de lard salé
huile
35 g de beurre
noix de muscade
sel, poivre

Faire fondre 25 g de beurre dans une poêle, ajouter les polypores et couvrir. Les laisser rendre leur eau sur feu doux, puis retirer le couvercle et poursuivre la cuisson jusqu'à évaporation totale de l'humidité. Laisser refroidir. Couper le lard en petits lardons, les blanchir, les égoutter, puis les faire sauter avec un peu d'huile. Quand ils offrent une belle couleur blonde uniforme, les égoutter. Beurrer un moule à tarte de 27 cm de diamètre environ. Le tapisser avec la pâte brisée abaissée sur une épaisseur de 5 mm ; piquer le fond avec une fourchette et faire cuire à blanc pendant 10 mn.

Mélanger dans un bol la crème fraîche et les œufs, saler, poivrer et muscader légèrement. Étaler les champignons sur le fond de tarte précuit, ajouter les lardons en les parsemant régulièrement. Verser par-dessus le mélange de crème et d'œufs. Parsemer de fromage râpé et faire cuire à four chaud pendant 20 mn.

Démouler la tarte sitôt cuite sur une grille pour éviter que le fond ne se ramollisse par condensation.

Pieds-de-Chèvre en Civet

Pour 6 personnes
900 g de pieds-de-chèvre (polypores)
300 g de parures maigres de veau ou de volaille (os, ailerons, etc.)
2 cuillerées à soupe de sang de porc (chez le charcutier)
50 g de beurre
huile d'arachide
1 cuillerée à café de farine
100 g d'oignons
100 g de carottes
1 gousse d'ail
1 bouquet garni
1 bouteille de vin rouge assez corsé
persil plat
sel, poivre

Nettoyer les champignons, couper les pieds au ras des têtes. Réserver les uns et les autres séparément. Si les champignons sont petits, les laisser entiers ; s'ils sont assez gros, les couper en quartiers.
Verser une cuillerée à soupe d'huile dans une casserole à bord haut, ajouter 20 g de beurre et faire chauffer ; y jeter les parures et les os de veau ou de volaille et les faire colorer en remuant souvent. Ajouter les oignons et la carotte pelés et émincés, le bouquet garni et la gousse d'ail écrasée. Laisser blondir les légumes, puis poudrer avec la farine. Bien mélanger. Ajouter ensuite les queues de champignons puis mouiller avec le vin rouge, saler légèrement. Porter à ébullition tout en remuant, pour éviter que la farine n'attache au fond de la casserole. Lorsque l'ébullition est atteinte, baisser le feu, couvrir et laisser cuire tout doucement pendant 1 h. Ajouter alors 50 cl d'eau et poursuivre doucement la cuisson pendant encore 1 h.
Faire chauffer 20 g de beurre et quelques gouttes d'huile dans une sauteuse, verser les champignons et leur faire rendre leur eau. Laisser celle-ci s'évaporer puis poursuivre la cuisson des champignons jusqu'à ce qu'ils deviennent légèrement blonds.
Passer le bouillon au vin et le verser sur les champignons puis laisser cuire le tout pendant 5 mn. Goûter et rectifier l'assaisonnement. Hors du feu, incorporer le sang, bien mélanger et ajouter 10 g de beurre frais en fouettant. Servir très chaud dans un plat creux, avec du persil ciselé et éventuellement des petits croûtons dorés au beurre.
On peut remplacer les os et les parures de veau ou de volaille par du simple bouillon de volaille. Dans ce cas, on fait revenir les légumes seuls et on remplace l'eau par le bouillon. Servi accompagné de pâtes fraîches, ce civet constitue un plat original et savoureux.

Champignons Crus à la Tapenade

Pour 4 personnes
20 têtes de champignons bien blanches et propres
4 cuillerées à soupe de tapenade
branches de cerfeuil

pour la tapenade
250 g d'olives noires
1 petite gousse d'ail
50 g de filets d'anchois à l'huile
25 g de câpres au vinaigre
2,5 cl d'huile d'olive

pour la salade
ciboulette hachée
quelques tomates
feuilles de céleri
jus de citron
sel, poivre

Préparer la tapenade à l'avance. Elle se conserve facilement trois mois au réfrigérateur. Dénoyauter les olives et mettre la pulpe obtenue dans un mixer ; ajouter les anchois, la gousse d'ail pelée et les câpres bien égouttées, puis l'huile d'olive. Donner quelques tours de moulin à poivre. Actionner le mixer jusqu'à ce que le mélange soit réduit en purée fluide et homogène. La verser dans un petit récipient en terre ou en verre, couvrir d'un filet d'huile d'olive. Utiliser cette tapenade pour garnir en dôme les chapeaux bien nettoyés des champignons et servir ceux-ci à l'apéritif présentés sur un plat garni de branches de cerfeuil.

Les champignons crus à la tapenade peuvent également servir à préparer une salade. Émincer les champignons et les disposer en rosace sur des assiettes de service froide. Placer au milieu une cuillerée à soupe de tapenade. Arroser de jus de citron fouetté avec de l'huile d'olive, du sel et du poivre (1/2 citron pour 5 cl d'huile). Décorer avec des feuilles de céleri bien tendres, de la ciboulette hachée et des petits dés de chair de tomate. Servir frais.

Cette recette convient pour des champignons de couche, des psalliotes, des cèpes des oronges.

Têtes de Champignons Boulangères

Pour 5 personnes
15 têtes de champignons
de 5 à 7 cm de diamètre
300 g de confit de canard
ou d'oie
100 g de gésiers confits
graisse d'oie
450 g de pommes de
terre à chair ferme
1 petite échalote
1 petite gousse d'ail

2 oignons
1 cuillerée à café
de persil haché
10 cl de bouillon
de volaille
2 cuillerées à soupe
de mie de pain tamisée
1/4 de feuille de laurier
pulvérisée
1 pincée de fleurs
de thym frais
sel, poivre

Dégraisser le confit et les gésiers, puis les couper en petits dés. Peler l'ail et l'échalote, les hacher séparément. Nettoyer les têtes de champignons. Peler et hacher les oignons. Faire fondre un peu de graisse d'oie dans une sauteuse, mettre les petits morceaux de confit et de gésiers, l'ail, le persil et l'échalote. Faire chauffer doucement pendant quelques minutes, puis écraser le tout grossièrement avec le dos d'une fourchette.

Saler et poivrer intérieurement les têtes de champignons ; les farcir avec la préparation précédente et les poudrer de mie de pain. Laisser en attente.

Peler et laver les pommes de terre, les essuyer et les couper en petits dés de 1 cm de côté. Mettre une cuillerée à soupe de graisse d'oie dans une poêle et faire sauter les pommes de terre, sans les faire trop colorer. Quand elles sont à demi-cuites, ajouter 2 cuillerées à soupe d'oignon haché, le thym et le laurier pulvérisé. Bien remuer, puis les égoutter et les répartir au fond d'un plat à gratin (ou de 5 plats à œufs individuels) ; mouiller avec le bouillon, puis disposer les têtes de champignons farcies par-dessus, en les incrustant légèrement dans les pommes de terre. Faire cuire au four à 180 °C pendant 20 mn.

Servir très chaud dans le plat de cuisson avec une salade de chicorée frisée, assaisonnée à l'échalote.

Émincé d'Oignons Nouveaux aux Champignons

Pour 4 personnes
200 g de champignons de Paris bien fermes
200 g de petits oignons blancs
50 g de beurre
1 cuillerée à soupe de persil plat haché
jus de citron

Cet émincé d'oignons aux champignons constitue une bonne garniture de ris de veau ou de viande blanche, mais il peut aussi servir à garnir une quiche ou des tartelettes. Peler les oignons et les émincer finement. Nettoyer les champignons, les laver rapidement après avoir ôté le pied terreux et les éponger sur un torchon.

Faire fondre le beurre dans une sauteuse sans le laisser colorer, ajouter les oignons et faire cuire sur feu doux, en veillant à ce qu'ils ne blondissent pas. Émincer les champignons pas trop fin (les lamelles doivent avoir environ 3 mm d'épaisseur). Les citronner pour qu'elles restent bien blanches, puis les verser dans la sauteuse avec les oignons. Poursuivre la cuisson en faisant sauter le contenu du récipient pendant 2 à 3 mn. Ajouter le persil, remuer et servir aussitôt.

Salade de Champignons Crus aux Haricots Verts

Pour 4 personnes
150 g de champignons de Paris
150 g de haricots extra-fins
1 échalote
1 cuillerée à café de moutarde
2 cuillerées à soupe d'huile d'olive
1 cuillerée à soupe de jus de citron
2 filets d'anchois
1 œufs dur
sel, poivre.

Faire cuire les haricots verts à l'eau en les tenant croquants, les rafraîchir et les égoutter. Laisser refroidir. Passer l'œuf dur au tamis au-dessus d'un saladier bas. Ajouter les anchois hachés menu et mélanger délicatement. Verser le jus de citron et l'huile dans un bol, ajouter la moutarde, saler et poivrer ; fouetter pour bien émulsionner, puis verser cette sauce dans le saladier et mélanger le tout. Nettoyer les champignons, les laver si nécessaire et bien les éponger. Les émincer en lamelles de 3 mm d'épaisseur. Disposer les haricots verts et les champignons dans le saladier, mélanger délicatement, mais intimement. Ajouter par-dessus l'échalote finement ciselée.

Cette recette se prépare avec des champignons de Paris, mais aussi des agarics ou des petits cèpes.

Tartare de Loup aux Agarics Anisés

Pour 4 personnes
16 têtes d'agarics anisés encore fermées ou à peine ouvertes
300 g de chair de bar très fraîche (poids net)
3 cuillerées à soupe d'huile d'arachide
1 cuillerée à café de ciboulette hachée
huile d'olive très fruitée
pluches de fenouil ou d'aneth
1 tomate
1 citron
sel, poivre

Détailler le poisson en tout petits dés à l'aide d'un couteau bien tranchant et le réserver au frais. Couper la moitié des champignons en petits dés. Peler la tomate, l'épépiner et tailler la chair en petits dés. Mélanger le jus du citron et l'huile d'arachide, saler et poivrer. Réunir dans un saladier la chair de poisson, les champignons en dés et la ciboulette, ajouter les deux tiers de la sauce et mélanger. Goûter et rectifier l'assaisonnement. Répartir cette préparation en 4 portions, une sur chaque assiette de service. Couper le reste des champignons en tranches et les assaisonner avec le reste de la sauce, en lui ajoutant quelques gouttes d'huile d'olive. Répartir cette préparation sur chaque tartare et compléter avec les petits dés de tomate, ainsi que des pluches de fenouil ou d'aneth. *L'association du loup et de la saveur anisée (aneth, fenouil, pastis, etc.) est des plus classiques : l'emploi des agarics anisés est une autre variation sur ce thème.*

Champignons Farcis aux Escargots

Pour 4 personnes
24 belles têtes de champignons de 5 à 6 cm de diamètre
24 escargots cuits (en conserve au naturel)
180 g de beurre
1/2 cuillerée à soupe de persil plat haché
1 échalote
1 gousse d'ail
2 cuillerées à soupe de mie de pain
sel, poivre

Commencer par préparer un beurre d'escargot : hacher finement l'échalote ; peler la gousse d'ail et l'écraser en purée ; réduire le beurre en pommade en lui incorporant le persil, l'échalote et l'ail, saler et poivrer ; bien mélanger et réserver au frais.

Nettoyer les têtes de champignons et les assaisonner légèrement à l'intérieur. Placer un escargot bien égoutté dans chaque chapeau. Recouvrir avec une petite portion de beurre d'escargot et parsemer de mie de pain.

Faire cuire au four dans un grand plat très légèrement huilé pendant 10 à 15 mn à 180 °C. Servir aussitôt très chaud.

Tian de Champignons

Pour 4 à 6 personnes
12 champignons de 5 à 6 cm de diamètre (400 g environ)
400 g de petites tomates bien mûres
1 cuillerée à soupe de mie de pain fraîche
5 cl d'huile d'olive
1 cuillerée à soupe de persil plat haché
1 petite gousse d'ail
2 cuillerées à soupe d'oignon haché
sel, poivre

Le nom de cette préparation lui vient du plat de cuisson : large plat provençal, carré ou rectangulaire, allant au four, à bords un peu élevés et en terre cuite. On y prépare toutes sortes de gratins qui, par extension, portent également le nom de tians.

Ébouillanter les tomates pendant 10 s, les rafraîchir aussitôt et les peler. Les couper en 2, puis chaque moitié en tranches fines. Nettoyer les champignons sans les laver. Séparer les chapeaux des pieds.

Couper les chapeaux en tranches un peu plus épaisses que les tomates. Hacher les pieds des champignons au couteau et les mettre dans une petite casserole ; ajouter l'oignon et un peu d'huile d'olive. Faire cuire doucement jusqu'à évaporation totale de l'humidité. Saler et poivrer.

Étendre ce hachis dans le fond d'un plat à tian (ou à gratin) en terre cuite vernissée. Ranger par-dessus, en alternant les couleurs, les tranches de champignons et de tomates (en les plaçant presque à la verticale). Arroser avec quelques gouttes d'huile d'olive et mettre au four à 180 °C.

Hacher la gousse d'ail, la mélanger avec la mie de pain et le persil ; lier cette persillade avec quelques gouttes d'huile d'olive. Au bout de 10 à 12 mn de cuisson, retirer le plat du four, parsemer la persillade sur le plat et remettre au four. Poursuivre la cuisson pendant 15 mn. Servir chaud, tiède ou refroidi.

On peut aussi réaliser cette recette avec des petits cèpes très fermes.

Champignons Farcis aux Cervelles d'Agneau

Pour 5 personnes
15 têtes de champignons pas trop petites et bien régulières
3 cervelles d'agneau
1 œuf
10 g de petites câpres

1 cuillerée à soupe de persil plat haché
1 petite échalote
70 g de beurre
vinaigre
jus de citron
sel, poivre
À préparer au moins 12 h à l'avance

Faire dégorger les cervelles à l'eau froide pendant une demi-journée en changeant l'eau trois ou quatre fois. Les nettoyer à l'eau froide en les débarrassant des filaments et des vaisseaux sanguins. Les faire ensuite pocher pendant 8 mn à l'eau salée légèrement vinaigrée. Les laisser refroidir dans leur cuisson, puis les égoutter soigneusement et les détailler en petits dés de 0,5 cm de côté, sauf les trois bulbes rachidiens.

Passer ceux-ci au tamis en ajoutant les quelques parures obtenues en découpant les cervelles. Incorporer également l'œuf battu ; bien mélanger, saler et poivrer.

Faire fondre le beurre dans une petite poêle et mettre l'échalote pelée et hachée ; faire cuire doucement en remuant, sans coloration, puis ajouter les dés de cervelle. Saler et poivrer, faire légèrement blondir. Égoutter et laisser tiédir, puis ajouter la préparation précédente et mélanger intimement. Nettoyer soigneusement les têtes de champignons, les saler et les poivrer intérieurement, puis les garnir avec la farce aux cervelles. Les ranger dans un plat à four beurré. Faire cuire pendant 10 mn à 200 °C. Presser le quart du citron et verser le jus dans une petite casserole, ajouter 2 cuillerées à soupe d'eau et porter à ébullition. Incorporer alors 50 g de beurre très froid coupé en petits dés ; bien émulsionner, saler et poivrer. Retirer du feu et ajouter les câpres bien égouttées, ainsi que le persil ciselé. Disposer les têtes de champignons farcies sur des assiettes de service (3 par personne), napper légèrement de beurre aux câpres et servir aussitôt.

Soupe Glacée à la Tapenade

Pour 5 personnes
200 g de champignons
50 cl de bouillon de champignons (voir page 216)
50 g de beurre
12 cl de crème fraîche

Nettoyer les champignons et les couper en quartiers. Les mettre dans une casserole, ajouter le beurre et le jus de citron ; mouiller avec le bouillon (à défaut, on peut se contenter d'eau). Saler légèrement et faire cuire à couvert pendant 5 à 6 mn. Mixer le tout pour obtenir une purée très lisse et homogène, assez fluide. Fouetter la crème fraîche en chantilly bien ferme. La mélanger délicatement avec la tapenade.
Mélanger délicatement la purée fluide de champignons et la crème fouettée à la tapenade. Goûter et rectifier l'assaisonnement en relevant avec un peu de Cayenne. Répartir cette soupe bien froide dans des assiettes creuses ou des tasses à consommé. Parsemer le dessus de pluches de cerfeuil et pour terminer 2 feuilles de basilic ciselées. Servir en entrée, bien frais.
Choisir comme variétés pour cette recette des champignons de couche, des psalliotes, des petits cèpes, des russules ou des amanites. La tapenade se trouve en petit bocal, en épicerie. On peut remplacer le bouillon de champignons par du bouillon de volaille.

1 cuillerée à soupe de tapenade
poivre de Cayenne
cerfeuil
2 feuilles de basilic ciselées
1/2 citron
sel

Sauce Fleurette aux Champignons

Pour 2 à 3 personnes
90 g de champignons de Paris
1 cuillerée à café d'échalote hachée
100 g de beurre

Cette sauce convient notamment pour accommoder le poulet ou tout autre viande blanche, mais aussi le poisson et les œufs mollets ou pochés.
Nettoyer les champignons et les détailler en bâtonnets de 3 cm de long sur 2 à 3 mm de section. Faire fondre 15 g de beurre dans une casserole, ajouter l'échalote et les champignons en bâtonnets ; faire revenir doucement en remuant, en évitant toute coloration. Ajouter ensuite le porto, puis la crème fleurette. Bien remuer et faire réduire de moitié. Incorporer alors le reste de beurre en petites parcelles. Terminer avec l'estragon ; saler, poivrer et ajouter quelques gouttes de jus de citron.

10 cl de crème fleurette
3 cl de porto blanc
jus de citron
1 cuillerée à café d'estragon frais haché
sel, poivre

Champignons Farcis aux Crevettes en Feuilles de Laitue

Pour 5 personnes
15 têtes de champignons de 40 à 50 g chacune
15 feuilles de laitue de même taille

100 g de chair de merlan
220 g de crevettes grises
2 cuillerées à soupe d'échalotes hachées
5 cl de vin blanc sec
120 g de beurre
100 g de crème fleurette
1 citron
sel, poivre

Décortiquer les crevettes ; mettre de côté les queues et réserver par ailleurs les coffres et les carapaces. Nettoyer et évider soigneusement les têtes de champignons. Les citronner légèrement et les mettre dans une casserole. Ajouter 30 g de beurre en parcelles et 2 cuillerées à soupe d'eau. Couvrir et porter à ébullition ; faire bouillir 1 mn, puis égoutter soigneusement les têtes de champignons et les laisser ensuite refroidir.

Passer la chair de merlan au mixer avec le tiers des queues de crevettes. Incorporer peu à peu la crème et assaisonner. Verser cette mousse dans une terrine, lui incorporer un second tiers des queues de crevettes sans les broyer et mettre au frais.

Plonger les feuilles de laitue dans une casserole d'eau portée à ébullition. Les rafraîchir à l'eau glacée, les égoutter et les éponger très soigneusement. Les étaler sur un linge et retirer délicatement la côte médiane.

Garnir les têtes de champignons avec la mousse de crevettes ; les envelopper ensuite une par une dans les feuilles de laitue. Beurrer un plat allant au four avec 15 g de beurre, puis le parsemer avec les échalotes hachées ; y ranger les têtes de champignons farcies et enveloppées, mouiller avec le vin blanc. Couvrir le plat d'un papier de cuisson enduit avec 15 g de beurre et faire cuire à four doux (150 °C) 20 mn environ.

Pendant ce temps, mettre les coffres et les carapaces de crevettes dans une petite casserole avec 20 g de beurre. Ajouter 2 dl d'eau et faire cuire doucement pendant 15 mn. Passer dans une jatte, nettoyer la casserole et remettre le liquide obtenu dans celle-ci.

Les têtes de champignons étant cuites, les retirer du plat de cuisson et les disposer sur un plat de service. Verser leur cuisson dans la petite casserole avec le fumet de crevettes. Porter le tout à ébullition, puis incorporer en fouettant 40 g de beurre froid en petites parcelles. Saler et poivrer. Ajouter dans cette sauce le reste des queues de crevettes et faire réchauffer sans laisser bouillir. Napper les têtes de champignons farcies de cette sauce et servir aussitôt.

Bavaroise de Champignons sur Coulis de Fenouil

Pour 5 personnes
300 g de petits champignons de Paris, fermes et bien blancs
3 feuilles de gélatine (6 g)
3 dl de crème fleurette
2 dl de crème fraîche
2 gros bulbes de fenouil
5 feuilles d'estragon
1 feuille d'épinard (facultatif)
jus de citron
sel, poivre

À préparer au moins 10 h à l'avance

La feuille d'épinard sert uniquement à donner une jolie teinte verte au coulis. Pour cette recette, ce sont les petits champignons de Paris triés dits « boutons » qui conviennent le mieux.

Mettre à tremper la gélatine dans de l'eau froide. Nettoyer les champignons sans les laver. Les émincer et les citronner légèrement ; les réunir dans une casserole avec la crème fleurette, saler et poivrer. Faire cuire doucement pendant 4 à 5 mn. Lorsque la préparation est légèrement liée, la verser dans le bol mélangeur d'un mixer et la réduire en une crème homogène. Ajouter la gélatine ramollie et bien égouttée.

Laisser refroidir cette mousse en la fouettant de temps en temps, mais sans la laisser prendre en gelée. Fouetter vivement la crème épaisse en chantilly ; en incorporer le cinquième à la mousse de champignons et mélanger vivement en tournant à la spatule, puis ajouter le reste très délicatement, en soulevant la masse et en faisant pivoter le récipient. Vérifier l'assaisonnement et ajouter quelques gouttes de jus de citron. Mettre au frais recouvert d'un film de papier plastique, pendant une demi-journée environ. Nettoyer les bulbes de fenouil en retirant les feuilles extérieures ; découper les cœurs en quartiers et en peser 400 g net. Les faire cuire dans 4 dl d'eau légèrement citronnée jusqu'à ce qu'ils soient bien fondants (environ 15 mn). Les égoutter, les laisser refroidir, puis les passer au mixer en ajoutant la feuille d'épinard lavée et l'estragon. Vérifier l'assaisonnement.

Napper le fond des assiettes de service avec le coulis de fenouil. En se servant de cuillers à soupe, mouler des quenelles de mousse dans la préparation aux champignons. En disposer 3 par assiette en forme d'étoile. Servir en entrée froide.

Marinade de Rosés des Prés aux Aromates

Pour 4 personnes
500 g de rosés des prés
200 g de tomates à chair ferme
1/2 citron non traité (à peau pas trop épaisse)
1 dl de vinaigre de cidre
1,5 dl de Noilly
1 cuillerée à café de marjolaine
1 clou de girofle
1 gousse d'ail
1 petit piment de Cayenne
2 cuillerées à soupe de persil plat ciselé
2 cuillerées à café de grains de coriandre écrasés
3 cl d'huile d'olive
sel, poivre
À préparer à l'avance

Couper le citron en six quartiers, sans le peler, dans le sens vertical. Émincer transversalement chaque quartier obtenu. Nettoyer les champignons et les émincer. Ébouillanter les tomates, les peler et tailler la pulpe en petits dés.
Verser le vinaigre et le Noilly dans une casserole en acier inoxydable ; ajouter le piment entier, la marjolaine et l'ail haché, le persil, le clou de girofle, la coriandre et le citron ; saler et poivrer. Porter à ébullition, puis ajouter les champignons et faire cuire 5 mn à petits bouillons. Retirer du feu et ajouter l'huile, ainsi que les dés de tomates. Verser le tout dans une terrine et laisser refroidir. Laisser mariner quelque temps avant de servir.
Cette marinade de rosés de prés peut se conserver 2 ou 3 jours au réfrigérateur. Elle se propose en hors-d'œuvre froid ou peut constituer un accompagnement idéal pour du poisson froid.

Salade de Champignons Crus au Soja

Pour 5 personnes
500 g de têtes de champignons bien fermes
1 échalote
3 cl de vinaigre de vin
2 cl de sauce soja
6 cl d'huile d'arachide
1 pincée de gingembre en poudre
coriandre fraîche ou cerfeuil
12 brins de ciboulette
sel, poivre

Préparer la sauce en mélangeant dans un bol l'huile, la sauce soja, le vinaigre, le gingembre et un peu de poivre. Ne pas saler à cause de la sauce soja.
Nettoyer soigneusement les champignons sans les laver. Les émincer en lamelles de 0,5 cm d'épaisseur ; les saler légèrement et les garder en attente quelques instants. Les verser dans un saladier et ajouter la moitié de la sauce. Mélanger, puis répartir cette salade sur des assiettes de service. Arroser avec le reste de sauce, puis parsemer avec l'échalote finement ciselée, la ciboulette tronçonnée en segments de 3 cm de long et les pluches de coriandre.
Utiliser pour cette recette des champignons de couche, des cèpes, des coprins ou des agarics.

Taboulé aux Champignons de Paris

Pour 4 personnes
400 g de champignons de Paris bien blancs et très fermes
150 g de boulghour (blé concassé) ou de semoule à couscous
1 cuillerée à soupe d'huile d'olive

Ce taboulé se sert en entrée, bien frais, mais il peut aussi accompagner un poisson froid.

La veille, mettre à tremper le boulghour pendant 15 à 20 mn dans de l'eau froide. L'égoutter et le presser pour en extraire l'eau. Couper les pieds des champignons et les réserver pour un autre usage (fumet ou bouillon). Nettoyer les chapeaux et les couper en dés de 3 à 5 mm de côté, en les arrosant de jus de citron au fur et à mesure pour les empêcher de noircir. Réunir le boulghour et les dés de champignons dans un saladier. Mouiller avec l'huile d'olive, saler et poivrer. Bien mélanger. Recouvrir d'un film de protection et mettre au réfrigérateur pendant la nuit. Le lendemain, mélanger à nouveau le contenu du saladier et goûter pour rectifier l'assaisonnement ; ajouter la menthe coupée aux ciseaux, l'oignon haché, ainsi que les deux tiers du persil, également ciselé. Rajouter éventuellement quelques gouttes de jus de citron. Répartir cette préparation sur les assiettes de service. Parsemer de petits dés de tomate et du reste de persil ciselé.

1 petit oignon blanc
2 citrons
1 tomate de 100 g bien mûre
5 branches de persil plat
1 feuille de menthe
sel, poivre
À préparer 24 h à l'avance

Champignons farcis à la Persillade

Pour 4 personnes
12 gros champignons de Paris (500 g environ)
2 tranches de pain de mie
80 g de lard de poitrine salée

Ces champignons farcis se servent à l'apéritif, ou en hors-d'œuvre chaud (avec un assortiment de légumes diversement farcis), mais ils peuvent également constituer une garniture de poisson ou de volaille rôtie.

Laver soigneusement les champignons après avoir coupé la partie terreuse du pied. Séparer les chapeaux et les pieds. Hacher ces derniers au couteau. Couper le lard en minuscules lardons ; les faire sauter vivement dans une poêle à cru, en les faisant légèrement colorer ; éviter de les laisser se dessécher et les égoutter.
Écroûter les tranches de pain de mie et couper la mie en petits dés. Les faire blondir dans la poêle avec 2 cuillerées à soupe d'huile environ, en les remuant sans cesse avec une

2 gousses d'ail
2 oignons
2 cuillerées à soupe de persil haché
6 cuillerées à soupe d'huile d'olive

spatule ; les égoutter. Peler et hacher finement les oignons et l'ail. Verser 2 cuillerées à soupe d'huile d'olive dans une casserole. Ajouter 2 cuillerées à soupe d'oignon haché et le faire légèrement blondir en remuant ; ajouter les pieds des champignons hachés, ainsi que l'ail. Faire cuire en remuant à la spatule jusqu'à évaporation complète de l'humidité. Retirer du feu et ajouter les lardons, puis les petits croûtons et le persil.

Répartir cette farce dans les têtes de champignons, puis les ranger dans un plat à gratin. Arroser d'un peu d'huile et faire cuire pendant 25 mn à 200°C. Servir très chaud.

Rosés des Prés farcis aux Épinards et au Fromage de Chèvre

Pour 4 personnes
8 à 12 chapeaux de rosés des prés
80 g d'épinards en branches frais
120 g de fromage de chèvre frais

1 cuillerée à soupe de chapelure
20 g de beurre
1 cuillerée à soupe d'huile d'olive
sel, poivre

Nettoyer bien proprement les chapeaux des champignons (les pieds étant réservés pour un autre emploi : farce, hachis, etc.). Les évider soigneusement à l'aide d'une petite cuiller et les saler légèrement à l'intérieur. Les laisser ainsi en attente pour les faire dégorger. Pendant ce temps, laver les feuilles d'épinards, les éponger et retirer la nervure médiane (s'il s'agit de grosses feuilles) ; les tailler en lanières fines et régulières. Faire fondre le beurre dans une casserole, ajouter les épinards et faire cuire pendant 3 mn en tournant souvent avec une fourchette ; saler et poivrer. Les égoutter en les pressant bien avec le dos de la fourchette pour éliminer l'eau de végétation.

Verser le fromage frais dans un bol et l'écraser à la fourchette, poivrer et ajouter les épinards. Mélanger intimement cette farce avec la fourchette. En garnir les têtes de rosés des prés et les ranger côte à côte dans un plat à gratin légèrement huilé. Poudrer de chapelure. Faire cuire pendant 15 à 20 mn (selon la grosseur des champignons) au four à 180 °C.

On peut réaliser cette recette avec des psalliotes ou des champignons de couche. La farce prendra une note orientale si on lui ajoute une pincée de poudre de curry et quelques raisins secs.

Rosace de Champignons au Poivron

Pour 4 personnes
400 g de champignons de Paris, bien blancs, de 2,5 cm de diamètre environ
1/2 poivron rouge
1/2 fenouil
1 tomate moyenne
1 courgette de 200 g à peau bien lisse et nette
12 brins de ciboulette
4 belles pluches de cerfeuil
40 cl de crème fleurette
1 cuillerée à soupe d'huile d'olive
1 citron
sel, poivre

Malgré sa complication apparente, cette salade particulièrement décorative n'est pas difficile à réussir et constitue une entrée très raffinée, que l'on peut d'ailleurs préparer à l'avance.

Nettoyer soigneusement les champignons et séparer les têtes des queues. Laver et épépiner le poivron, tailler la pulpe en minuscules petits dés ; les plonger 30 s dans une casserole d'eau bouillante et les égoutter. Nettoyer le fenouil, le détailler également en tout petits dés réguliers ; les blanchir et les égoutter. Ébouillanter enfin la tomate, la peler et tailler la pulpe en petits cubes. Mettre les pieds de champignons dans une casserole avec un peu d'eau et le jus du citron ; faire cuire pendant 5 mn, puis ajouter la crème et poursuivre la cuisson encore 5 mn ; saler et poivrer. Passer au mixer et laisser refroidir. Mettre de côté 12 têtes de champignons. Émincer les autres et les mélanger avec la moitié de la crème aux champignons. Incorporer à cette préparation 40 g de poivron en petits dés et la même quantité de fenouil.

Laver la courgette et l'essuyer. Prélever sur sa peau à l'aide d'un couteau-économe 8 bandes de 1,5 cm de large. (Utiliser la courgette elle-même pour une ratatouille ou toute autre préparation.) Ébouillanter rapidement ces bandes de peau, les éponger et égaliser les bords.

Huiler légèrement l'intérieur de 4 cercles à tartelettes unis (sans fond) de 9 à 10 cm de diamètre ; les tapisser chacun avec 2 bandes de peau de courgette (côté brillant contre le cercle). Les placer ensuite chacun au centre d'une assiette de service. Remplir à hauteur avec les champignons à la crème. Émincer finement les 12 têtes de champignons mises de côté et les disposer par-dessus en rosace. Placer au centre de chacune d'elles un petit monticule de dés de tomate, assaisonnés avec un peu d'huile et de jus de citron. Piquer en décor une pluche de cerfeuil.

Retirer les cercles à tartelettes avec précaution pour ne pas déranger la disposition, puis verser tout autour un cordon de sauce large de 2 cm (le reste de crème de champignons bien mixé et fluidifié). Parsemer la sauce de ciboulette hachée et ajouter le reste de petits dés de poivron.

Consommé de Champignons

Pour 4 personnes
500 g de champignons de Paris bien ouverts
100 g de champignons

1 blanc d'œuf
2 cuillerées à soupe de cerfeuil ciselé

Les champignons de Paris doivent être choisis ouverts, avec l'intérieur du chapeau bien noir : c'est ainsi qu'ils ont le maximum de parfum. Si l'on craint qu'ils n'en aient pas assez, on peut corser le bouillon avec un peu de poudre de champignons séchés. On peut aussi employer pour ce consommé des espèces sauvages au parfum assez affirmé (les pholiotes changeantes notamment), ou de gros cèpes un peu trop mous pour être cuisinés, mais dont le parfum est très riche.

Laver les champignons, les émincer et les mettre dans une grande casserole. Verser 2 l d'eau légèrement salée. Laisser cuire à petits bouillons, à découvert, jusqu'à ce qu'il ne reste qu'1 l de liquide dans la casserole. Passer le tout dans un chinois, en appuyant bien avec une petite louche contre les champignons pour extraire le maximum de jus. Laisser refroidir.

Pendant ce temps, hacher au couteau les 100 g de champignons bien propres et les mélanger dans une terrine avec le blanc d'œuf cru légèrement battu et le cerfeuil. Verser le bouillon de champignons par-dessus, bien mélanger, puis transvaser le tout dans la casserole et mettre sur le feu. Lorsque le liquide atteint l'ébullition, baisser le feu de manière à entretenir de très légers bouillonnements. Après 15 mn de cuisson, le bouillon est clarifié. Le passer à travers une passoire tapissée d'une étamine et vérifier l'assaisonnement. Servir très chaud dans des tasses à consommé.

Ce consommé sans viande, et qui possède néanmoins une saveur prononcée, peut s'enrichir au dernier moment d'une cuillerée à soupe de cèpes taillés en fins filaments (ou de tout autre champignon à chair ferme, ainsi découpé). On peut également relever son parfum d'un peu de jus de truffe ou l'accompagner de diablotins aux champignons servis à part (voir recette page 199).

Gratin de Champignons Confits au Porto et aux Figues Fraîches

Pour 4 personnes
12 gros champignons de Paris de 6 cm de diamètre
4 belles figues fraîches
6 dl de porto rouge
1 cuillerée à café de gelée de groseilles

2 jaunes d'œufs
2 cuillerées à soupe bien pleines de crème fouettée
2 cuillerées à soupe de sucre semoule
jus de citron
À préparer la veille de préférence

Verser 3 dl de porto et la gelée de groseilles dans une casserole. Couper les figues en quartiers et les ajouter dans la casserole, avec quelques gouttes de jus de citron. Faire cuire en remuant de temps en temps pendant une vingtaine de minutes, jusqu'à l'obtention d'une marmelade épaisse. Réserver hors du feu.

Nettoyer les champignons sans les laver. Les tailler en tranches de 0,5 cm d'épaisseur et les faire cuire dans une casserole, avec un tout petit peu d'eau et le sucre. Par ailleurs, verser 2,5 dl de porto dans une sauteuse et le faire réduire sur feu vif jusqu'à consistance sirupeuse. Retirer du feu. Lorsque les champignons ont rendu leur eau, poursuivre leur cuisson jusqu'à ce qu'elle soit devenue, elle aussi, sirupeuse. Les verser alors dans la sauteuse avec le porto réduit et remettre sur le feu pour faire cuire le tout pendant encore 5 à 6 mn. Transvaser cette préparation dans une jatte et la laisser reposer, pour que les champignons se parfument bien avec le porto.

Répartir la marmelade de figues au porto sur des assiettes de service allant au four, en formant une couche de 0,5 cm d'épaisseur. Ranger les tranches de champignons confites en rosace par-dessus. Préparer le sabayon quelques minutes avant de servir. Verser 2 cuillerées à soupe de porto dans une petite sauteuse, ajouter les jaunes d'œuf et une cuillerée à soupe d'eau. Fouetter vivement sur feu doux pour obtenir un mélange mousseux. Stopper la cuisson en trempant le fond du récipient dans de l'eau froide. Fouetter ensuite jusqu'à ce que le sabayon soit presque refroidi et incorporer enfin la crème fouettée.

Napper les assiettes déjà garnies de ce sabayon et passer quelques instants sous le gril du four très chaud pour glacer. Servir aussitôt.

On peut enrichir ce dessert en ajoutant, juste au moment de servir, une boule de glace aux amandes (ou à la vanille) au centre de chaque gratin.

Velouté de Champignons à la Saveur d'Anis

Pour 4 personnes
250 g de champignons de Paris bien blancs
1 bulbe de fenouil moyen
50 g de beurre
2 dl de crème fraîche épaisse

1 jaune d'œuf
1 ou 2 cuillerées à café de pastis
petites feuilles vertes de fenouil ou pluches de cerfeuil
1/2 citron
sel

La psalliote des bois, également appelée boule-de-neige, pratelle, agaric des bois ou « anisé », se caractérise justement par son parfum d'anis, d'où l'idée de ce velouté. Ce champignon est l'un des meilleurs qui soient, mais les champignons de Paris, avec une touche de pastis, offrent une excellente alternative.

Nettoyer les champignons, en mettre 100 g de côté, arrosés de jus de citron. Émincer le reste. Faire chauffer 30 g de beurre dans une casserole, ajouter les champignons émincés et une pincée de sel ; faire cuire doucement pendant quelques minutes, puis mouiller avec 50 cl d'eau et poursuivre la cuisson pendant 10 mn. Passer ensuite au mixer. Nettoyer le fenouil en retirant les premières feuilles filandreuses et dures. Détailler le cœur en cubes de 0,5 cm de côté et les mettre dans une petite casserole. Couvrir avec la moitié de la crème et faire cuire tout doucement, en les tenant bien croquants.

Incorporer le reste de crème dans le potage de champignons et porter à ébullition. Retirer du feu et lier avec le jaune d'œuf battu en fouettant bien. Ne plus laisser bouillir. Ajouter les dés de fenouil à la crème et vérifier l'assaisonnement. Ajouter enfin le pastis et le reste de beurre en petites parcelles. Réserver au chaud.

Émincer finement les champignons mis de côté et les répartir dans des tasses à consommé ou des assiettes creuses. Verser le velouté par-dessus et parsemer de pluches de cerfeuil ou de petites feuilles vertes de fenouil.

Gratin de Russules aux Épinards

Pour 6 personnes
600 g de russules
600 g d'épinards en branches, très frais et triés
3,5 dl de crème fleurette
60 g de beurre
1/2 citron
sel, poivre

Nettoyer les russules et les couper en quartiers. Faire fondre 30 g de beurre dans une sauteuse, ajouter les champignons et laisser cuire doucement, en ajoutant le jus de citron, jusqu'à évaporation totale du liquide.
Verser alors 2,5 dl de crème dans la sauteuse et poursuivre la cuisson jusqu'à bonne liaison de la préparation. Goûter et rectifier l'assaisonnement.
Fouetter vivement 1 dl de crème et mettre au réfrigérateur. Laver et égoutter à fond les épinards. Les tailler en lanières. Faire fondre le reste de beurre dans une casserole, ajouter les épinards et laisser cuire très doucement jusqu'à ce qu'ils soient bien fondus. Saler et poivrer, remuer, puis les verser dans une passoire. Appuyer dessus avec le dos d'une cuiller pour en extraire le maximum d'humidité. Étaler ces épinards au fond d'un plat à gratin, puis répartir par-dessus les champignons après les avoir égouttés. Incorporer la crème fouettée à la sauce des champignons, en napper le plat et enfourner sous le gril du four. Faire gratiner à chaleur vive pendant quelques instants. Servir aussitôt.

Salade de Russules aux Épinards et au Saumon Fumé

Pour 4 personnes
300 g de russules verdoyantes, parfaitement saines
150 g de jeunes pousses d'épinard bien fraîches
1 tranche de saumon fumé de 120 g environ
2 œufs durs
5 cl de jus de citron
1 dl d'huile d'olive
1 cuillerée à café de moutarde
estragon
sel, poivre

Couper les tiges des pousses d'épinard, laver les feuilles puis les éponger soigneusement. Débarrasser les chapeaux des russules de la peau (cuticule) qui les recouvre, puis couper les champignons en 2, et ensuite chaque moitié en lamelles.
Mettre 2 jaunes d'œufs durs dans un bol, les écraser à la fourchette, ajouter la moutarde et le jus de citron ; saler et poivrer, puis incorporer l'huile à l'aide d'un petit fouet. Détailler le saumon en fines lanières. Réunir dans un grand saladier les feuilles d'épinard et les lamelles de russules,

ajouter la sauce et remuer avec précaution pour ne pas briser les champignons.

Répartir cette salade sur 4 assiettes de service et ajouter en garniture les lanières de saumon fumé. Parsemer enfin des feuilles d'estragon ciselées.

Paprikache de Russules au Poivron Vert

Pour 4 personnes
300 g de russules
1 poivron vert de taille moyenne
1 petite tomate
1 dl de vin blanc sec
30 g d'échalotes hachées
2 cuillerées à café de paprika doux
40 g de beurre
15 cl de crème fleurette
sel

Nettoyer les russules ; sans les laver, ôter toute la cuticule (petite peau fine) qui recouvre les chapeaux et tailler les champignons en gros quartiers. Laver le poivron, le couper en 2 et le passer à four chaud jusqu'à ce que la peau boursoufle, pour pouvoir la retirer facilement. Tailler le poivron en petits dés de 2 cm de côté. Peler, épépiner la tomate et la tailler également en petits dés. Faire fondre 25 g de beurre dans une sauteuse et mettre à cuire les russules jusqu'à ce qu'elles rendent leur eau. Les égoutter. Vider la sauteuse, la rincer et l'essuyer. La remettre sur le feu avec 15 g de beurre. Ajouter les échalotes et faire cuire quelques instants sans coloration. Poudrer de paprika, remuer puis mouiller avec le vin blanc. Faire réduire presque à sec. Ajouter ensuite les dés de tomate, les champignons et les dés de poivrons. Verser la crème par-dessus, remuer, saler et faire cuire jusqu'à ce que le tout soit lié. Goûter et rectifier l'assaisonnement. Servir chaud.

Ce plat se sert en entrée, mais aussi en garniture de viande blanche ou de poisson.

Têtes brunes au Poivre vert

Pour 4 personnes
600 g de têtes brunes
3 cuillerées à soupe d'huile d'olive
2 belles tomates bien mûres
1 petit bouquet garni
le jus d'1 citron

1 cuillerée à soupe de grains de poivre vert rincés
5 cl de vin blanc sec
1 cuillerée à soupe de rhum
1 cuillerée à soupe de ketchup
sel, sucre

Nettoyer les champignons sans les laver. Les couper en quartiers et leur faire rendre leur eau à couvert avec une pincée de sel, puis les égoutter soigneusement. Peler et épépiner les tomates, les hacher au couteau sur une planche.

Faire chauffer 2 cuillerées à soupe d'huile dans une casserole. Mettez-y les tomates, le bouquet garni, une pincée de sel et une pincée de sucre. Laisser cuire doucement 10 minutes environ. Dans une terrine, rassembler et mélanger les champignons, la tomate, le bouquet garni, le poivre vert, le vin blanc, le rhum et le jus de citron. Mettre au bain-marie à four à 180 °C pendant 45 minutes.

Laisser refroidir et mélanger en incorporant 1 cuillerée à soupe de ketchup et 1 cuillerée à soupe d'huile d'olive. Mettre au réfrigérateur et servir frais.

Truffes en Chaussons « sous la Cendre »

Pour 4 personnes
4 belles truffes fraîches de 30 g chacune
100 g de filet de porc
100 g de blanc de poulet
50 g de foie gras cru
4 fines tranches de foie gras cru
200 g de pâte brisée
2 jaunes d'œufs
15 g de beurre
sel, poivre et quatre-épices

Bien brosser les truffes et les laver, puis les éponger. Préparer une farce en passant à la grille fine du hachoir la viande de porc, la chair de volaille et le foie gras ; incorporer au mélange un jaune d'œuf et assaisonner de sel épicé.

Enrober chaque truffe d'abord avec une tranche de foie gras, puis avec un quart de la farce, en faisant bien adhérer le tout au champignon. (Cette opération se trouve facilitée si l'on trempe les doigts dans de l'eau froide, ce qui empêche le foie gras et la farce de coller aux mains.)

Abaisser la pâte brisée en une couche assez grande pour envelopper hermétiquement chaque truffe ainsi préparée. Bien rouler les truffes en boule dans leur enveloppe de pâte. Beurrer la plaque du four et déposer les truffes en pâte ; les badigeonner avec le deuxième jaune d'œuf mélangé avec une cuillerée à soupe d'eau.

Faire cuire au four à 200 °C pendant 20 mn. Servir très chaud avec à part une sauce Périgueux (voir page 189).

On peut également faire cuire les truffes en pâte sous la cendre dans de vraies braises, en les enveloppant dans un papier d'aluminium. La cuisson est alors de 8 à 10 mn. L'appellation traditionnelle « sous la cendre » demeure, même si la cuisson s'effectue au four.

Truffes Blanches à la Crème

Pour 4 personnes
4 belles truffes blanches de 40 g chacune
1 oignon blanc de taille moyenne
1 cuillerée à soupe de madère

Servies en entrée chaude avec du champagne, ces truffes blanches à la crème constituent un plat raffiné.
Laver et brosser les truffes, les peler et les essuyer. Peler l'oignon et le hacher très fin. Couper les truffes en tranches de 5 mm d'épaisseur, les saler et les poivrer. Faire chauffer le beurre dans une sauteuse, ajouter les tranches de truffes et laisser cuire tout doucement. Lorsque l'on commence à sentir l'odeur des truffes, verser l'oignon haché. Laisser alors mijoter doucement, pour éviter que les truffes ne durcissent. Mouiller avec le madère et le bouillon de bœuf. Laisser réduire de moitié, puis ajouter la crème. Amener au point de liaison parfaite de la sauce sur feu doux et servir.

1 cuillerée à soupe de bouillon de bœuf
2 dl de crème fraîche
15 g de beurre
sel, poivre blanc

Risotto au Champagne et aux Truffes Blanches, Sauce Safran

Pour 4 personnes
100 g de truffes blanches
100 g de riz à grains longs
30 g d'oignon haché
30 g de céleri en branche
30 g de beurre

Faire fondre 20 g de beurre dans une casserole, ajouter l'oignon haché et le faire cuire doucement sans coloration pendant quelques minutes en remuant. Ajouter le riz, bien mélanger, puis verser le sucre et 25 cl de champagne, compléter le mouillement avec le bouillon de volaille. Faire cuire à découvert pendant 20 mn en remuant très fréquemment.
Lorsque le riz est à moitié cuit, faire fondre 10 g de beurre dans une petite casserole, ajouter le céleri taillé en tout petits dés et le faire cuire en le tenant encore croquant. Mouiller avec 5 cl de champagne et ajouter le safran. Faire réduire le liquide de moitié, puis ajouter la crème. Faire réduire jusqu'à l'obtention d'une légère liaison. Saler et poivrer. Tenir au chaud.
Tailler les truffes bien nettoyées en fins bâtonnets. En incorporer la moitié au risotto, puis répartir celui-ci en dôme dans les assiettes de service. Arroser de sauce et parsemer avec le reste de truffes. Ajouter quelques pluches de cerfeuil en touche finale.

30 cl de champagne brut
25 cl de bouillon de volaille
1 pincée de safran
15 cl de crème fraîche
pluches de cerfeuil
1/2 cuillerée à café de sucre en poudre
sel, poivre

Truffes en Feuilles de Chou

Pour 4 personnes
4 truffes de 40 g chacune, nettoyées et parées
4 belles feuilles de chou vert bien tendres, prises dans le cœur
80 g de duxelles de champignons (voir page 211)
2 jaunes d'œufs
50 g de crème
1 cuillerée à café de mie de pain tamisée
1 tranche de jambon cru
120 g de beurre
1/2 oignon de taille moyenne
1 carotte moyenne
1 petit morceau de céleri-branche
1 cuillerée à soupe d'échalote hachée
2 cuillerées à soupe de vinaigre de vin
1 dl de bouillon

Faire blanchir les feuilles de chou quelques instants à l'eau bouillante, les égoutter et les éponger sur un torchon. Tailler le jambon en petits dés et le faire rissoler dans une petite casserole, ajouter la duxelles et faire cuire le tout pendant 5 mn. Mélanger à part les 2 jaunes d'œufs et la crème, les ajouter à la farce et poursuivre la cuisson pendant 2 mn, en remuant sans arrêt. Retirer du feu, ajouter la mie de pain, et laisser refroidir.

Retirer sur chaque feuille de chou la grosse côte médiane. Répartir la farce en tas, au centre de chaque feuille. Enfoncer une truffe dans chaque tas, pour que la farce l'enrobe bien. Envelopper le tout avec la feuille de chou : placer le tout sur un carré de papier-film, réunir les 4 coins de celui-ci et serrer en tordant, de manière à enserrer la feuille de chou sur elle-même, puis retirer délicatement le papier-film (cette opération permet de donner à chaque farci une forme régulière).

Peler et émincer l'oignon, la carotte et le céleri. Faire chauffer 20 g de beurre dans une petite cocotte, verser ce mélange de légumes, faire cuire doucement pendant quelques minutes, puis poser les farcis par-dessus et mouiller avec le bouillon jusqu'à mi-hauteur. Couvrir, porter à ébullition, puis enfourner et laisser cuire 25 mn à 160 °C. Pendant ce temps, réunir le vinaigre et l'échalote dans une toute petite casserole et faire réduire presque à sec. Sortir la cocotte du four, en retirer les farcis et les tenir aux chaud. Verser la cuisson sur la réduction de vinaigre à l'échalote et continuer à faire cuire, jusqu'à ce qu'il ne reste que 4 cuillerées à soupe de liquide dans la casserole. Incorporer alors, en fouettant, 100 g de beurre en petites parcelles. Goûter et rectifier l'assaisonnement.

Placer chaque farci au milieu d'une assiette chaude, entourer de sauce et servir aussitôt.

Brie de Meaux aux Truffes

Pour 4 personnes
1 truffe de 25 à 30 g
1/8 de brie de Meaux
30 g de beurre frais
réduit en pommade
2 cuillerées à soupe
d'huile d'olive
sel, poivre
À préparer la veille

Mélanger dans un bol le beurre en pommade et l'huile, en se servant d'un fouet. Saler et poivrer légèrement. Hacher finement la truffe nettoyée et brossée, l'incorporer au mélange précédent.

Tremper la lame d'un couteau assez long et large dans de l'eau très chaude et ouvrir en 2 la part de brie dans l'épaisseur, comme un sandwich. Tartiner la moitié inférieure avec le mélange beurre-huile-truffe et replacer la moitié supérieure par-dessus. Lisser les bords soigneusement. Envelopper la part de brie dans un papier-film et la mettre en attente dans le bac à légumes du réfrigérateur. Servir en parts régulières, en les coupant parallèlement aux bords dans le sens de la longueur.

Il est conseillé de procéder à cette préparation la veille du jour où l'on désire la servir, pour que le parfum de la truffe ait le temps de bien pénétrer le brie. On peut accompagner ce fromage original, à prévoir pour un repas de Noël ou de fin d'année, d'une salade verte assaisonnée d'une vinaigrette à l'huile de truffe (voir ci-dessous).

Huile de Truffes

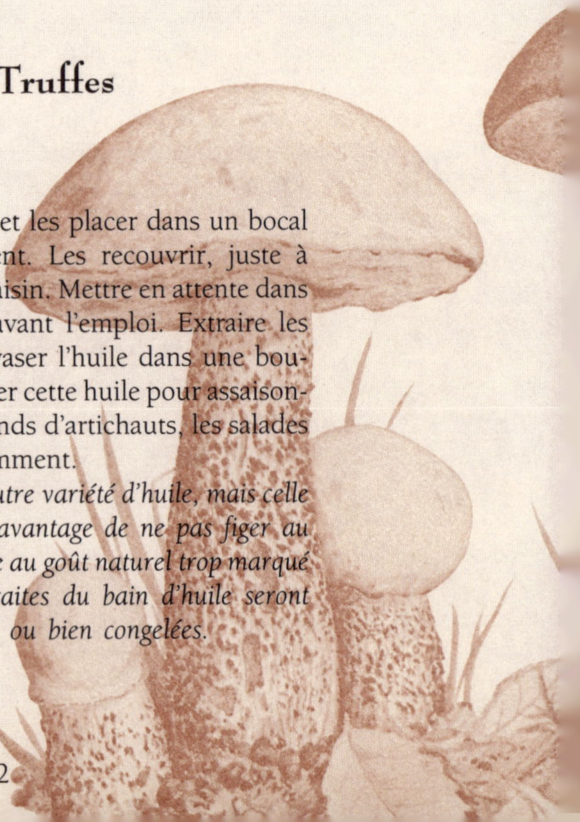

200 g de truffes fraîches
25 cl d'huile de pépins de raisin

Bien nettoyer les truffes et les placer dans un bocal fermant hermétiquement. Les recouvrir, juste à hauteur, d'huile de pépins de raisin. Mettre en attente dans un endroit frais 4 à 5 jours avant l'emploi. Extraire les truffes du bain d'huile. Transvaser l'huile dans une bouteille propre ou un bocal. Utiliser cette huile pour assaisonner les pommes de terre, les fonds d'artichauts, les salades composées au foie gras, notamment.

On peut également utiliser une autre variété d'huile, mais celle aux pépins de raisin présente l'avantage de ne pas figer au froid. Éviter par ailleurs une huile au goût naturel trop marqué (olive ou noix). Les truffes extraites du bain d'huile seront utilisées tout de suite, stérilisées ou bien congelées.

Truffes au Champagne

Pour 4 personnes
16 petites truffes de 10 à 15 g chacune
2 dl de champagne brut

Bien nettoyer les truffes. Choisir pour les faire cuire une casserole où l'on pourra les ranger côte à côte en une seule couche sur le fond.
Faire fondre 10 g de beurre dans cette casserole. Peler et hacher l'échalote menu ; la mettre à cuire dans le beurre sur feu doux quelques instants, en veillant à ce qu'elle ne colore pas. Ajouter les truffes et mouiller avec le champagne. Saler et poivrer légèrement. Faire cuire 10 mn à couvert, puis retirer les truffes avec une écumoire et les tenir au chaud dans le récipient de service (l'idéal étant, bien entendu, une timbale en argent à défaut en métal argenté ou en acier inoxydable).
Ajouter dans la casserole de cuisson le bouillon et faire cuire doucement pendant 3 mn ; incorporer le reste de beurre en fouettant rapidement sur feu vif. Verser cette sauce sur les truffes à travers une passoire conique à fin treillage métallique (le « chinois »). Servir aussitôt.
Comme vin d'accompagnement avec cette entrée, proposer évidemment du champagne.

5 cl de bouillon de viande ou de volaille
40 g de beurre
1 petite échalote
sel, poivre

Truffes en Surprise

Pour 6 personnes
100 g de truffe hachée
300 g de foie gras cuit
100 g de beurre

Passer le foie gras au mixer, lui ajouter le beurre réduit en pommade ainsi que le porto. Saler et poivrer. Mettre à raffermir au réfrigérateur.
Former 6 boules rondes avec cette préparation et les rouler dans la truffe hachée. Mettre au froid.
Hacher la gelée en petits cubes après l'avoir mise au réfrigérateur pour qu'elle soit bien solidifiée.
Répartir la gelée au centre des assiettes de service (celles-ci étant très froides). Poser au milieu une truffe en surprise. Servir bien frais.
On peut également lustrer les truffes à la gelée, c'est-à-dire les badigeonner d'une couche de gelée liquéfiée et remettre au réfrigérateur jusqu'à ce qu'elle soit prise.

25 cl de gelée de volaille (à commander chez le traiteur)
1 cl de porto
sel, poivre

Soufflés aux Truffes

Pour 4 personnes
120 g de truffes en conserve
1 dl de jus de truffe
25 cl de lait

50 g de beurre
40 g de farine
4 œufs
sel, poivre

Faire fondre le beurre dans une casserole sur feu doux. Ajouter la farine et faire cuire sans colorer pendant 3 mn, en remuant avec un fouet. Verser progressivement le lait froid sur le roux en mélangeant vivement, pour éviter la formation de grumeaux ; ajouter ensuite le jus de truffe, en fouettant toujours sur feu doux. Poursuivre la cuisson tout doucement pendant 20 mn.

Prélever 4 belles lames dans les truffes et les mettre de côté. Hacher grossièrement tout le reste.

Passer la sauce au chinois dans une autre casserole plus grande et lui ajouter les truffes hachées.

Séparer les blancs des jaunes d'œufs. Monter les blancs en neige ferme avec une pincée de sel : ils doivent avoir une consistance ferme mais sans excès, pour pouvoir se développer encore à la cuisson.

Incorporer les jaunes d'œufs à la sauce aux truffes en fouettant bien ; saler et poivrer. Ajouter le quart des blancs en neige, bien mélanger, puis incorporer enfin le reste des blancs à la spatule, en coupant la masse afin de conserver au maximum la consistance des blancs en neige. Verser cette préparation dans quatre moules à ramequins beurrés et farinés. Enfourner dans le four à 200 °C et faire cuire 10 à 12 mn.

À la sortie du four, poser une lame de truffe sur chaque soufflé et servir immédiatement.

Les truffes en conserve sont beaucoup moins parfumées que les truffes crues fraîches. C'est pourquoi, si l'on réalise les soufflés avec ces dernières, il en faut moins (80 g) ; il est par ailleurs inutile d'employer le jus de truffe : on prépare le roux avec 10 cl de lait seulement, pour garder à la sauce la même consistance. Si l'on dispose d'une cuisinière avec plaque, il est conseillé de poser les soufflés dessus pendant 2 mn pour les aider à « démarrer » avant de les enfourner.

Sauce « Jean Rougié »

Pour 5 à 6 personnes
30 g de truffe hachée
3 jaunes d'œufs durs
1 1/2 cuillerée à soupe de crème fraîche épaisse
4 cuillerées à soupe d'huile d'arachide
2 cuillerées à soupe d'huile de noix
jus de citron
2 cuillerées à café d'armagnac
sel, poivre

*C*ette sauce froide accompagne parfaitement une terrine de ris de veau, un poisson froid (bar ou saumon par exemple), des écrevisses ou des asperges.

Passer au tamis les jaunes d'œufs durs. Les mettre dans une jatte et leur ajouter la crème fraîche et la truffe hachée. Mélanger au fouet en incorporant les deux huiles petit à petit. Saler et poivrer au goût. Ajouter l'armagnac et quelques gouttes de jus de citron. Bien fouetter.

Glace aux Truffes « André Daguin »

Pour 8 personnes
3 belles truffes
1 l de lait
8 jaunes d'œufs
250 g de sucre en poudre

*C*ette glace est une création du fameux chef de l'Hôtel de France, à Auch dans le Gers, haut-lieu de la gastronomie de la truffe et du foie gras.

Brosser les truffes et les nettoyer soigneusement, les mettre dans une casserole avec le lait. Poser sur le feu et amener à ébullition. Retirer alors du feu et laisser infuser pendant 10 mn, en posant un couvercle sur la casserole. Mettre les jaunes d'œufs et le sucre dans un saladier et travailler le mélange jusqu'à ce qu'il blanchisse.

Retirer les truffes du lait et verser celui-ci en remuant régulièrement sur le mélange œufs-sucre. Transvaser le tout dans la casserole et faire cuire en remuant sur feu doux jusqu'à ce que la préparation nappe le dos de la cuiller en bois.

Peler les truffes en les entamant assez largement ; hacher finement toutes ces parties. Tailler le cœur des truffes en fins bâtonnets et les réserver.

Retirer la casserole du feu lorsque la crème anglaise est prête et jeter le hachis de truffes. Bien mélanger et faire prendre en sorbetière dès que la préparation est froide. Lorsque la glace est bien prise, la répartir dans des coupes de service et parsemer avec les fins bâtonnets de truffes mis de côté précédemment.

Sauté de Truffes au Cerfeuil

Pour 4 personnes
4 belles truffes de 40 g chacune
6 branches de cerfeuil effeuillé
1 petite cuillerée à soupe d'oignon haché
1 ou 2 gousses d'ail

Laver et brosser les truffes, les gratter et les essuyer : les couper en tranches de 5 à 6 mm d'épaisseur. Se servir pour cette opération d'un couteau dont la lame doit être frottée souvent avec une gousse d'ail pelée. Saler et poivrer les tranches de truffes.

Faire chauffer l'huile dans une petite casserole, ajouter l'oignon haché et faire cuire tout doucement sans coloration. Ajouter les truffes et les remuer plusieurs fois de suite avec une cuiller en bois. Couvrir et tenir au chaud quelques minutes sur feu doux.

Ajouter le persil grossièrement ciselé, mouiller avec le bouillon de volaille et le jus de citron. Remuer délicatement et faire chauffer 1 à 2 mn. Terminer en ajoutant le beurre et le cerfeuil. Servir très chaud.

1 cuillerée à soupe de bouillon de volaille
1/2 cuillerée à soupe d'huile d'olive
20 g de beurre
1 brin de persil plat
jus de citron
sel, poivre

Salade de Pommes de Terre aux Truffes

Pour 4 personnes
80 à 100 g de truffes, fraîches et crues si possible
8 pommes de terre BF 15 ou Roseval, de 90 à 100 g chacune
1 petite échalote grise

Laver les pommes de terre. Les cuire dans leur peau 30 mn à l'eau salée. Pendant ce temps, préparer une vinaigrette en mélangeant les deux huiles, le vinaigre, du sel et du poivre. Peler et hacher l'échalote menu ; la réserver. Passer les jaunes d'œufs durs au tamis. Laver et brosser soigneusement les truffes. Les couper en rondelles régulières, pas trop fines, et les mettre dans un saladier. Peler les pommes de terre dès qu'elles sont tiédies et les couper en rondelles. Les ajouter aux truffes et arroser aussitôt de vinaigrette. Répartir cette salade encore tiède sur les assiettes de service et parsemer chacune d'une pincée d'échalote hachée et d'un peu de jaune d'œuf dur en poudre. Décorer avec les pluches de cerfeuil. Servir aussitôt.

Si l'on utilise des truffes en conserve au naturel, incorporer un peu du jus que contient la boîte à la vinaigrette.

2 cuillerées à soupe de vieux vinaigre de vin rouge
3 cuillerées à soupe d'huile d'arachide
3 cuillerées à soupe d'huile d'olive
2 jaunes d'œufs durs
pluches de cerfeuil
sel, poivre

Brandade de Morue aux Truffes

Pour 4 personnes
100 g de truffes
700 g de morue salée
1 l de lait
25 cl de crème fleurette
20 cl d'huile d'olive
1 petite gousse d'ail
1/2 citron
poivre
À préparer la veille

Traditionnellement plat de carême, la morue a fourni de nombreux apprêts classiques où l'adjonction de truffes — souvent présentes dans les purées de morue « à la bénédictine » — fait disparaître la notion de pénitence qui jadis était liée à ce poisson !

Couper la morue en gros morceaux, les placer (peau dessus) dans une passoire et plonger celle-ci dans une bassine d'eau fraîche. Faire dessaler en renouvelant l'eau plusieurs fois.

Le lendemain, égoutter les morceaux de morue et les mettre dans une casserole avec la gousse d'ail non pelée. Verser le lait par-dessus et compléter le mouillement avec un peu d'eau. Couvrir et porter à la limite de l'ébullition, laisser pocher à petits frémissements pendant 5 mn, puis retirer du feu et laisser tiédir encore 5 mn.

Égoutter la morue dans une passoire ; retirer la peau et les arêtes avant qu'elle soit refroidie. Peler la gousse d'ail et la mettre de côté.

Verser la crème dans une petite casserole et porter à ébullition, retirer du feu et ajouter l'huile d'olive, remuer. Passer les morceaux de morue épluchés au mixer avec la gousse d'ail pelée (ou les réduire en purée au mortier). Incorporer à la purée obtenue, peu à peu, le mélange de crème et d'huile. Poivrer et ajouter le jus de citron. La préparation doit être bien lisse et homogène. La tenir au chaud.

Hacher finement 50 g de truffes bien nettoyées et l'incorporer à la brandade. Émincer le reste des truffes en fines lamelles. Verser la brandade en dôme dans un plat de service bien chaud et la parsemer de lames de truffes. Servir aussitôt.

Rissoles de Truffes à la Mode du Valromey

Pour 4 personnes
4 belles truffes de 40 g chacune
80 g de foie gras cuit

300 g de pâte feuilletée ou à brioche
1 jaune d'œuf
bain de friture

Laver et brosser soigneusement les truffes. Prélever sur chacune d'elles 8 belles tranches régulières et pas trop fines. (Utiliser les « chutes » restantes pour confectionner, par exemple, la sauce Périgueux qui accompagnera les rissoles ou toute autre recette demandant de la truffe hachée.)

Écraser le foie gras à la fourchette dans un bol. Disposer à plat sur le plan de travail 16 tranches de truffes ; répartir le foie gras sur chacune d'elles, en petit tas, au milieu. Placer par-dessus les 16 autres tranches et appuyer légèrement pour bien souder.

Abaisser la pâte feuilletée ou à brioche en une couche mince de 5 mm d'épaisseur au maximum. À l'aide d'un emporte-pièce rond, découper 32 ronds de pâte d'un diamètre légèrement plus grand que celui des tranches de truffes. Poser une double tranche de truffe farcie au milieu d'un rond de pâte, humecter le pourtour avec un peu de jaune d'œuf passé au pinceau, puis recouvrir avec un second disque de pâte. Bien souder les deux ronds en appuyant du bout des doigts sur tout le tour. Confectionner les 16 rissoles de la même façon.

Faire chauffer le bain de friture à 180 °C ; plonger les rissoles et les faire cuire jusqu'à ce qu'elles soient bien dorées des deux côtés. Les égoutter et les éponger délicatement sur du papier absorbant. Les servir sans attendre, toutes chaudes et croustillantes, disposées sur une serviette blanche. Proposer en même temps, à part, de la sauce Périgueux (voir page 189).

On peut également agrémenter la présentation de ces rissoles avec des bouquets de persil frit.

Pâtes Fraîches aux Truffes

Pour 4 personnes
1 truffe de 20 g
400 g de pâtes fraîches (tagliatelles, nouilles, spaghettis)

80 g de beurre
2 cuillerées à soupe d'huile
sel

Cette préparation très simple déploie un parfum très marqué qui la métamorphose totalement. Attention à utiliser, pour garder en attente le hachis de truffe, un récipient tout à fait hermétique.

La truffe étant bien nettoyée, la hacher finement et garder ce hachis en attente dans un récipient à fermeture parfaitement hermétique.

Faire cuire les pâtes à l'eau bouillante salée avec l'huile : celle-ci sert à les empêcher de coller. Les égoutter dans une passoire lorsqu'elles sont encore bien élastiques (*al dente*). Les secouer pour faire évacuer le maximum d'eau. Ne pas les rafraîchir.

Les verser dans un plat de service creux très chaud, ajouter le beurre en parcelles et remuer pour faire fondre. Ajouter aussitôt le hachis de truffe, remuer et servir sans attendre.

Sauce Périgueux

Pour 4 personnes
3 cl de jus de truffe
25 g de truffe hachée
50 cl de jus de veau (ou de bouillon de viande)

1/2 cuillerée à soupe de fécule de pommes de terre
1,25 dl de porto
6 cl de cognac
25 g de beurre
sel, poivre

La sauce Périgueux, dont le nom fait allusion à l'une des régions de France où la truffe est reine, accompagne traditionnellement les petites pièces de boucherie, la volaille ou le gibier, les bouchées feuilletées ou les rissoles, les croustades, les ris de veau braisés, les œufs mollets, etc.

Verser le jus de veau dans une casserole et porter à ébullition. Délayer la fécule avec un peu d'eau, dans un verre, et verser cette liaison dans la casserole ; mélanger intimement et faire réduire le tout de moitié, sur feu doux, en écumant fréquemment. Dans une seconde casserole, un peu plus grande, verser le porto et le cognac ; faire réduire aux trois quarts en chauffant sur feu modéré. Ajouter alors dans cette casserole le jus de truffe, la truffe hachée, ainsi que le jus de veau lié ; saler et poivrer. Poursuivre la cuisson doucement pendant 15 mn.

Pour finir, incorporer le beurre frais par petites parcelles en fouettant vivement. Goûter et rectifier l'assaisonnement. Servir très chaud.

Truffes Souvarov

Pour 4 personnes
4 belles truffes de 40 g chacune

*L*aver et brosser soigneusement les truffes. Les placer chacune dans un petit moule rond en terre. Verser la sauce dans chaque moule, juste à hauteur de la truffe. Abaisser la pâte feuilletée en une couche de 5 mm d'épaisseur et déposer des disques d'un diamètre supérieur de 4 cm à celui des moules. Badigeonner le bord de chaque moule avec le jaune d'œuf mélangé avec une cuillerée à soupe d'eau, puis placer le disque de pâte en couvercle, en pressant bien contre le bord pour obtenir une couverture hermétique. Faire cuire au four à 220 °C pendant 20 mn. Servir aussitôt.

La tradition demande que les convives dégustent ce mets d'exception en se couvrant la tête d'une serviette pour absorber le maximum de parfums: la truffe se mange avant tout avec le nez... Comme vin, on peut servir du champagne ou un grand bordeaux, pomerol par exemple.

25 cl de sauce Périgueux (voir recette page 189)
200 g de pâte feuilletée
1 jaune d'œuf

Salade de Homard aux Truffes Blanches

Pour 4 personnes
2 belles truffes blanches de 40 g chacune
2 homards de 700 g chacun
4 endives moyennes
1 cuillerée à soupe d'huile d'olive
3 cuillerées à soupe d'huile d'arachide
1 sachet de court-bouillon tout prêt
2 cuillerées à soupe de jus de citron
cerfeuil frais
paprika
sel, poivre

Faire cuire les homards au court-bouillon pendant 12 mn. Les égoutter et les laisser tiédir. Séparer les queues des coffres, puis décortiquer les queues et les pinces. Couper la chair ainsi obtenue : chaque queue en 2 dans la longueur, puis chaque demie-queue en morceaux de 1,5 cm de large. Réserver le tout. Récupérer soigneusement le corail et les parties crémeuses qui se trouvent dans le coffre.

Mélanger dans un bol le jus de citron et les deux huiles. Saler et poivrer. Réserver à part le quart de cette sauce. Incorporer au reste de la vinaigrette le corail et un peu de paprika.

Couper les pointes des feuilles d'endives à 6 cm du haut. Émincer le reste des feuilles. Couper les truffes dans la longueur en bâtonnets de 0,5 cm de côté.

Mélanger la chair de homard et les feuilles d'endives émincées, puis les assaisonner avec la sauce au corail. Assaisonner séparément avec le quart de vinaigrette réservé les pointes des feuilles d'endives et les bâtonnets de truffes.

Au centre de chaque assiette de service, disposer en monticule le mélange assaisonné homard-endives. Entourer cette salade de 8 pointes de feuilles d'endives comme pour former une fleur. Éparpiller les bâtonnets de truffes sur chaque salade ainsi que quelques feuilles de cerfeuil et servir à température ambiante.

Potage Rapide aux Champignons Séchés

Pour 4 personnes
60 g de champignons séchés (mousserons, trompettes-des-morts, cèpes, etc.)

*L*aver rapidement les champignons séchés, mais ne pas les laisser tremper. Les égoutter et le concasser grossièrement.
Verser le bouillon dans une casserole et porter à ébullition. Y jeter le vermicelle en pluie, puis ajouter les champignons. Faire cuire 10 mn.
Ciseler les fines herbes, à volonté, et les ajouter dans le potage. Remuer et servir aussitôt dans des assiettes bien chaudes.

1 l de bouillon de volaille
60 g de vermicelle
fines herbes fraîches (oseille, cerfeuil, ciboulette, etc.)

Fricassée Croustillante aux Quatre Champignons

Pour 4 personnes
200 g de petites chanterelles
100 g de grosses trompettes-des-morts
100 g de petits cèpes

*C*e plat constitue une excellente garniture pour du gibier à plume ou un rôti de viande blanche.
Nettoyer les champignons très soigneusement sans les laver. Ouvrir les trompettes en 2 pour mieux les débarrasser des impuretés. Tailler les cèpes en tranches de 0,5 cm d'épaisseur. Couper les pleurotes en 2 ou 3, laisser les chanterelles entières.
Mettre une cuillerée à soupe d'huile à chauffer dans une poêle, y déposer les cèpes. Dès qu'ils sont blonds sur tout les côtés, les remplacer par les pleurotes. Au bout de 2 mn, ajouter les chanterelles et les trompettes-des-morts ; ajouter également le beurre en parcelles. Remuer, puis incorporer les cèpes. Poursuivre la cuisson sur feu vif jusqu'à ce que les champignons commencent à « chanter », tout en prenant une coloration blonde. Saler. Rajouter une cuillerée à soupe d'huile et faire cuire pendant encore 1 ou 2 mn, le temps qu'ils deviennent bien croustillants.
Égoutter la fricassée et la servir sans attendre, sinon les champignons ramollissent rapidement.

200 g de pleurotes
2 cuillerées à soupe d'huile d'olive
30 g de beurre
sel

Pickles de Champignons

Pour 2 pots de 350 g environ
200 g de cèpes (bolets), petits et bien fermes
200 g de pieds-bleus
200 g de petites girolles
200 g d'agarics
200 g de marasmes d'oréade
)cl de vinaigre d'alcool

Ces pickles se servent en amuse-gueule ou en accompagnement de viande froide, de ragoût ou de bouilli.

Nettoyer soigneusement tous les champignons, couper les plus gros en quartiers pour qu'ils aient tous à peu près la même taille que les plus petits.

Verser dans une grande casserole le vinaigre et le sucre ; remuer, ajouter le poivre et la moutarde, le laurier et le clou de girofle, la gousse d'ail et le sel. Porter à ébullition et ajouter les champignons. Remuer, faire reprendre l'ébullition et laisser cuire 3 mn. Retirer du feu et laisser refroidir, puis répartir le contenu de la casserole dans 2 ou 3 bocaux. Mettre au réfrigérateur. Attendre au moins une semaine avant de consommer.

250 g de sucre roux
1 feuille de laurier
1 gousse d'ail non pelée
1 clou de girofle
1 cuillerée à soupe de graines de moutarde
1 cuillerée à soupe de grains de poivre noir
20 g de sel marin
À préparer au moins une semaine à l'avance

Sauce Forestière

Pour 6 personnes
125 g de champignons mélangés (3 variétés différentes, de parfum, d'aspect et de couleur)
25 cl de crème fraîche

Cette sauce forestière convient notamment pour accommoder des côtes de veau, des rognons ou des abats, des œufs pochés.

Nettoyer soigneusement les champignons et les hacher menu, mais sans les réduire en purée (si l'on utilise des trompettes-des-morts, les blanchir avant l'emploi). Peler et hacher très finement les échalotes.

Faire fondre le beurre dans une casserole et mettre à cuire les échalotes et le hachis de champignons très doucement, en remuant de temps en temps jusqu'à évaporation totale de l'humidité. Mouiller alors avec le bouillon de volaille, remuer à la spatule, puis ajouter la crème fraîche et faire cuire, toujours sur feu doux, jusqu'à l'obtention d'une légère liaison. Saler et poivrer, ajouter quelques gouttes de jus de citron.

Pour une bonne combinaison de champignons dans cette recette, on peut conseiller par exemple : 25 g de trompettes-des-morts, 50 g de cèpes et 50 g de girolles.

2,5 cl de bouillon de volaille très corsé
150 g d'échalotes
15 g de beurre
jus de citron
sel, poivre

Terrine de Champignons

Pour 20 personnes
600 g de girolles
400 g de trompettes-des-morts
250 g de pieds-bleus
400 g de champignons de Paris
(triés et nettoyés)
300 g de chair de veau maigre
150 g de duxelles de champignons bien sèche
(voir page 211)
300 g de crème fleuret
1 œuf
150 g de beurre
huile d'arachide, vinaig
et moutarde
200 g de tomate
5 cl d'huile de noix
15 g de ciboulette hach
30 g de persil plat hac
10 g de cerfeuil haché
20 feuilles d'estragon
sel, poivre

Passer la chair de veau au hachoir grille fine deux fois de suite et la réduire en pommade ; ajouter l'œuf et mélanger, puis incorporer progressivement la crème fraîche et assaisonner. Ajouter ensuite la duxelles bien sèche et froide. Verser le tout dans une jatte et mettre en attente au réfrigérateur.

Couper les girolles en quartiers de 2 cm environ ; les mettre dans une casserole à couvert avec 30 g de beurre en morceaux et poser sur feu doux ; lorsqu'elles ont rendu toute leur eau, les égoutter et récupérer la cuisson. Traiter les champignons de Paris de la même façon et récupérer également leur cuisson ; l'ajouter à celle des girolles.

Plonger les trompettes-des-morts dans une casserole d'eau portée à ébullition, les égoutter au bout d'1 mn et bien les presser pour éliminer toute l'humidité. Les hacher grossièrement. Couper les pieds-bleus en quartiers, les faire blanchir comme les trompettes, puis les égoutter et les passer aussitôt sous l'eau froide pour fixer leur couleur violette. Égoutter à nouveau bien à fond.

Faire chauffer un peu d'huile et de beurre dans une poêle, verser les girolles et les faire revenir en sautant légèrement jusqu'à ce qu'elles soient croustillantes. Les égoutter et laisser refroidir. Traiter de même successivement les 3 autres variétés de champignons. Lorsqu'ils sont tous refroidis, les incorporer progressivement à la farce de veau, tout en ajoutant ciboulette, persil et cerfeuil.

Beurrer grassement 2 moules à cake et y répartir la préparation. Faire cuire au four au bain-marie à 180 °C pendant 1 h.

Sortir les moules du four et les laisser reposer 20 mn avant de les retourner. Les terrines étant démoulées, les trancher avec précaution.

Pendant la cuisson des terrines, préparer la sauce : faire réduire les cuissons des girolles et des champignons de Paris jusqu'à consistance sirupeuse ; par ailleurs préparer 30 cl de vinaigrette légèrement moutardée. Incorporer au fouet la cuisson réduite à la vinaigrette et ajouter enfin l'huile de noix.

Disposer les tranches de terrine tièdes sur des assiettes de service, décorer avec des petits dés de pulpe de tomate et des feuilles d'estragon ciselées. Servir la sauce en accompagnement.

Pilaf de Champignons

Pour 4 personnes
300 g de champignons
3 dl de bouillon de champignons (voir recette page 216)
150 g de riz à grains longs

*C*ette recette se réalise avec tous les champignons, de culture ou de cueillette, mais elle convient tout particulièrement à des variétés qui demandent une cuisson un peu prolongée : helvelles crépées, polypores, souchettes, pieds-bleus, pieds-de-mouton. On emploie une seule espèce ou un mélange. Nettoyer les champignons et les couper en quartiers pas trop gros. Les mettre dans une casserole avec 10 g de beurre et une pincée de sel. Régler sur feu doux et couvrir. Lorsqu'ils ont rendu leur eau, ôter le couvercle et faire cuire doucement jusqu'à évaporation totale du liquide. Verser les champignons dans une jatte et nettoyer la casserole. Y jeter l'oignon avec 20 g de beurre et faire cuire 2 mn en remuant à la spatule, sans laisser colorer ; ajouter le bouquet garni et le riz. Remuer avec une spatule en bois pendant 2 mn, puis ajouter les champignons. Mouiller avec le bouillon et porter à ébullition. Couvrir d'un papier de cuisson beurré et d'un couvercle, puis mettre dans le four à 180 °C pendant 20 mn.
Sortir la casserole du four, ôter le couvercle et le papier beurré, extraire le bouquet garni et incorporer le reste de beurre en mélangeant délicatement à la fourchette. Vérifier l'assaisonnement et servir.

2 cuillerées à soupe d'oignon haché
50 g de beurre
1 bouquet garni
sel

Forestière de Lapereau

Pour 4 personnes
1 petit lapin de 1,4 kg
400 g de champignons assortis :
printemps : morilles, mousserons, pleurotes, champignons de Paris ;
été-automne : girolles, pleurotes, rosés, bolets, mousserons ;
hiver : pleurotes, champignons de Paris, pieds-bleus.

1 cuillerée à soupe d'huile d'arachide
30 g de beurre
30 g d'échalotte hachée
1 dl de vin blanc
4 dl de crème
1 dl de bouillon de volaille
1 cuillerée à café de moutarde forte
3 gousses d'ail non épluchées
1 branche de thym frais
sel

Couper le lapin en morceaux et les faire blondir à l'huile bien chaude pendant environ 15 mn avec les 2 gousses d'ail non épluchées. Ajouter alors 10 g de beurre et continuer à cuire doucement 10 mn.

Nettoyer les champignons ; leur faire rendre leur eau en les chauffant à couvert dans une casserole avec 15 g de beurre et une pincée de sel. Les égoutter en récupérant l'eau. Remettre les champignons dans la poêle avec 20 g de beurre et poursuivre la cuisson ainsi, en les faisant légèrement rissoler. Les garder en attente.

Retirer les morceaux de lapin et l'ail. Jeter la graisse et ajouter l'échalote et le vin blanc en plein feu gratter le fond de la casserole à la spatule de bois pour bien dissoudre les sucs. Remettre les morceaux de lapin, l'ail et l'eau rendue par les champignons, soigneusement filtrée. Couvrir et cuire 10 mn. Ajouter alors la crème et cuire encore 10 mn tout doucement.

Retirer l'ail et ajouter les champignons bien épongés sur un papier absorbant.

Laisser mijoter le tout ensemble 5 mn et ajouter la moutarde hors du feu, après l'avoir délayée dans 4 cuillerées de sauce du lapin prélevées dans la casserole. Parsemer de thym frais, remettre le couvercle et servir.

La Fameuse Fricassée de Champignons « Jean Delaveyne »

Pour 4 à 6 personnes
100 g de champignons de Paris bien fermes, de taille moyenne
80 g de cèpes
80 g de girolles
80 g de trompettes-des-morts
80 g de mousserons
80 g de pieds-bleus
(poids net après tri et nettoyage)
huile
25 g de beurre
25 g d'échalote hachée
1 gousse d'ail
1 petit bouquet garni (céleri, thym, persil)
1 petit morceau de gingembre
15 cl de porto
4 dl de crème fleurette
1/2 cuillerée à soupe de coriandre en grains
2 graines d'anis étoilé
1 clou de girofle
1 pincée de macis et 1 de cannelle
1 cuillerée à café de poivre noir en grains écrasé et autant de cumin ou carvi

Cette fricassée nécessite la réunion d'au moins six espèces de champignons différentes pour donner un résultat intéressant. Si le choix est plus important, elle parvient à de véritables sommets de saveurs et d'arômes. C'est Jean Delaveyne, père spirituel de nombreux cuisiniers, chef du fameux Camelia, à Bougival, qui est à l'origine de cette fricassée au parfum magique. Il fut l'un des premiers à s'intéresser réellement à la cuisine des champignons pour en tirer des associations en apparence surprenantes, mais pleines de logique et de bon sens, car guidées par l'observation et le sens de l'olfaction.

Émincer les cèpes et les champignons de Paris. Les faire sauter sur feu vif dans une poêle avec un peu d'huile jusqu'à ce qu'ils soient bien dorés. Les égoutter.

Blanchir séparément les autres champignons à l'eau bouillante salée. Les égoutter à fond.

Faire fondre le beurre dans une cocotte et mettre à cuire l'échalote hachée sans colorer. Ajouter ensuite l'ail et le gingembre hachés et faire cuire pendant 1 mn. Mettre alors tous les champignons et le bouquet garni. Réunir sur un carré de mousseline coriandre, anis étoilé, clou de girofle, macis, cannelle, poivre noir et cumin. Nouer cette mousseline et l'ajouter dans la cocotte. Mouiller avec le porto et verser la crème fraîche. Porter à ébullition, puis couvrir et faire cuire au four à chaleur douce pendant 1 h 30 à 150 °C. Remuer le mélange toutes les 30 mn avec une cuiller en bois. À l'issue de la cuisson, retirer les épices dans la mousseline ainsi que le bouquet garni. Vérifier l'assaisonnement et servir chaud. Éviter surtout de retirer le couvercle de la cocotte dès la sortie du four, ce qui provoquerait la dispersion immédiate des arômes. Attendre une dizaine de minutes.

Petits Pains aux Champignons

Pour environ 10 pains
700 g de champignons
600 g de farine de gruau tamisée
25 g de levure de boulanger
3 cl d'huile d'arachide
14 g de sel fin

À préparer au moins 6 h à l'avance

Mettre la levure émiettée dans un saladier, ajouter 90 g de farine de gruau et mélanger ; en fouettant régulièrement, verser 4 dl d'eau tiède et bien mélanger. Ajouter ensuite tout le reste de farine tamisée par-dessus, mélanger intimement et réunir la pâte en boule ; laisser reposer à température ambiante pendant 25 mn.

Pendant ce temps, nettoyer les champignons soigneusement, en évitant de les laver. Les émincer finement en tranches pas trop longues (1 cm environ). Faire chauffer l'huile dans une poêle et verser les champignons émincés, avec une pincée de sel. Faire cuire sur feu modéré jusqu'à ce que les champignons deviennent blonds et légèrement croustillants. Les égoutter et les éponger sur du papier absorbant, pour éliminer le maximum de matière grasse. Laisser refroidir.

Lorsque la pâte a doublé de volume, lui ajouter le sel fin et les champignons ; bien pétrir le tout pour obtenir un mélange homogène. Laisser reposer 3 h au frais.

Séparer la masse de pâte en 10 portions et les façonner rapidement en boules de même grosseur. Les disposer sur la plaque du four sans les serrer (car elles vont encore gonfler) et laisser doubler de volume à température ambiante.

Préchauffer le four à 210 °C. Badigeonner les pains avec un pinceau trempé dans de l'eau. Enfourner et placer également dans le four deux grandes boîtes de conserve remplies chacune de 50 cl d'eau ; la cuisson de ces pains chauds demande en effet un milieu de cuisson saturé de vapeur d'eau. Fermer le four et laisser cuire 20 à 25 mn. Retirer les pains du four et les laisser refroidir sur une grille.

Choisir pour cette recette des champignons faciles à émincer et assez parfumés : psalliotes, petits cèpes, argouanes, champignons de couche. On peut ajouter une petite cuillerée à café de poudre de champignons séchés à la pâte, si l'on désire un parfum plus prononcé. Par ailleurs, on peut également réaliser cette recette uniquement avec des têtes de marasmes d'oréade séchées (il en faut environ 100 g), que l'on incorpore dans la pâte sans les faire tremper.

Diablotins aux Champignons

Pour 4 personnes
70 g de duxelles de champignons (voir page 211)
12 tranches fines de baguette rassise

*C*es diablotins se servent en amuse-gueule à l'apéritif mais peuvent également accompagner un consommé de champignons ou être servis en entrée autour d'une salade verte. Beurrer chaque rondelle de pain sur les deux côtés et les faire dorer au four chaud. Fouetter vivement la crème fraîche très froide en chantilly. Mélanger la duxelles et le jaune d'œuf, puis incorporer la crème fraîche délicatement. Vérifier l'assaisonnement.
Tartiner chaque croûte de pain de cette préparation à l'aide d'une petite spatule, en lissant le dôme. Faire gratiner sous le gril du four à chaleur vive.
Servir très chaud.

1 jaune d'œuf
2 cuillerées à soupe de crème fraîche
beurre

Champignons Frits

Pour 5 personnes
500 g de beaux champignons bien secs, à chair ferme
125 g de mie de pain tamisée

*N*ettoyer les champignons sans les laver. Les détailler en tranches de 3 à 4 mm d'épaisseur. Les saler et les poivrer. Casser les 2 œufs dans une assiette creuse et les fouetter légèrement ; verser la farine dans une seconde assiette et la mie de pain dans une troisième. Passer chaque tranche de champignon d'abord dans la farine, puis dans l'œuf, puis dans la mie de pain. Il faut qu'elles soient bien enrobées.
Pendant ce temps, faire chauffer le bain de friture. Lorsqu'il atteint 180 °C, y plonger les tranches de champignons panées par petites fournées ; les laisser cuire jusqu'à ce qu'elles aient pris une belle couleur blonde. Égoutter et éponger sur du papier absorbant. Saler légèrement. Servir aussitôt bien chauds et croustillants, en entrée, avec par exemple la sauce La Varenne (page 215) ou la sauce Jean Rougié (page 185). À défaut, on peut également proposer un simple coulis de tomate ou une sauce tartare.
Cette recette se prépare avec des agarics, des cèpes ou des tricholomes, notamment.

2 œufs
50 g de farine
bain de friture
sel, poivre

Dartois de Sardines Fraîches à la Duxelles

Pour 5 personnes
400 g de duxelles de champignons bien sèche (voir page 211)
400 g de pâte feuilletée
10 sardines fraîches, pas trop grosses

Lever les filets de sardines et les réserver au frais. Conserver les têtes et les parures pour la sauce. Abaisser la pâte feuilletée sur 3 à 4 mm d'épaisseur en formant un rectangle de 25 × 30 cm. Bien égaliser les bords, puis couper ce rectangle en deux parts égales dans le sens de la longueur. Sur l'un des demi-rectangles, étaler la moitié de la duxelles, en s'arrêtant à 2 cm des bords. Saler et poivrer les filets de sardines et les accoler deux par deux, côté peau à l'extérieur. Ranger les poissons ainsi reformés sur la duxelles, côte à côte, en les plaçant tête-bêche à intervalles réguliers.

Étaler le reste de duxelles par-dessus. Humecter les bords de la pâte laissés libres avec de l'œuf battu, à l'aide d'un pinceau à pâtisserie, puis poser la deuxième abaisse de pâte par-dessus. En se servant du bout arrondi d'un manche de cuiller passé dans de la farine, sceller les bords en appuyant sur la double épaisseur de pâte, à intervalles de 3 mm environ, ce qui donnera ensuite un décor en arcs de cercle tout autour du dartois ; pour bien souder l'ensemble, il faut non seulement appuyer sur le manche de la cuiller, mais le pousser à chaque fois légèrement en arrière dans la pâte.

Dorer le dessus du dartois à l'œuf battu, dessiner un décor sur le dessus, puis faire cuire au four à 220°C pendant 30 à 35 mn. Sortir le dartois du four et le laisser reposer 10 mn avant de le découper en tranches larges. Servir avec la sauce à part, réalisée de la façon suivante, pendant la cuisson du feuilleté.

Mettre les têtes et les parures de sardines dans une petite casserole, ajouter l'échalote hachée, le Noilly et le beurre. Faire cuire doucement jusqu'à ce que le liquide soit presque évaporé. Mouiller alors avec 1 dl d'eau, couvrir et laisser cuire doucement pendant 10 mn. Ajouter la crème fraîche et poursuivre la cuisson pour obtenir une bonne liaison. Saler, poivrer et citronner au goût.

1 œuf
5 cl de crème fraîche
10 g de beurre
1 cuillerée à soupe d'échalote hachée
5 cl de Noilly
jus de citron
sel, poivre

Subrics de Champignons

Pour 4 à 5 personnes
150 g de champignons de petite taille
100 g de duxelles (facultatif, voir page 211)
100 g de mie de pain
2 œufs entiers
80 g de crème fraîche épaisse ou 100 g de fromage (pour la variante)
25 g de beurre
sel, poivre

Les subrics accompagnent notamment les volailles, le gibier à plume rôti ou la viande blanche, comme on peut aussi les proposer en entrée chaude, avec une petite salade. Comme variétés de champignons, outre le champignon de couche, on peut utiliser girolles, petits cèpes, etc. La duxelles sert à renforcer l'arôme de la préparation.

Tremper la mie de pain dans un peu de lait et l'essorer. Nettoyer les champignons et les couper en dés de 0,5 cm de côté. Faire fondre le beurre dans une petite sauteuse et mettre à cuire doucement les champignons, jusqu'à évaporation complète de leur eau de végétation.

Mélanger dans un saladier la mie de pain et les œufs battus ; ajouter la crème fraîche et les champignons égouttés, ainsi que la duxelles, si l'on en utilise. Saler et poivrer. Travailler le mélange jusqu'à consistance bien homogène. Faire chauffer un peu de beurre dans une poêle anti-adhésive. Prélever des petites portions de la préparation précédente avec une cuiller et les faire cuire à la poêle, en les aplatissant légèrement avec le dos de la cuiller. Faire dorer des deux côtés et égoutter. On obtient environ une vingtaine de subrics.

Variante au fromage

Procéder de la même façon que pour les subrics simples en remplaçant simplement la crème fraîche épaisse par 100 g de fromage : gruyère râpé avec des champignons d'une saveur un peu faible (dans ce cas, utiliser en appoint la duxelles préparée avec le champignon en question, ou un autre d'une saveur proche) ; cantal emietté avec des girolles ou des pieds-bleus ; roquefort tamisé avec des cèpes ou des bolets.

Pannequets aux Champignons

Pour 4 personnes
300 g de champignons
8 crêpes de froment
1 cuillerée à café d'échalote hachée
15 cl de crème fleurette

Nettoyer les champignons et les couper en petits dés de 1 cm de côté. Faire fondre 15 g de beurre dans une sauteuse, ajouter l'échalote et laisser fondre doucement. Ajouter les champignons et remuer ; verser la crème, saler, poivrer et muscader. Faire cuire doucement jusqu'à ce que la préparation soit liée. Retirer du feu et incorporer la mie de pain et les jaunes d'œufs. Bien remuer.
Répartir cette préparation au centre de chaque crêpe. Rouler ensuite les crêpes en repliant les extrémités pour emprisonner la farce au milieu. Les ranger côte à côte dans un plat beurré. Arroser de beurre fondu et passer 10 mn à four chaud (220 °C). Servir brûlant.

2 cuillerées à soupe de mie de pain tamisée
2 jaunes d'œufs
40 g de beurre
noix de muscade
sel, poivre

Cressonnière Glacée aux Champignons

Pour 6 personnes
450 g de champignons
2 bottes de cresson
1 petite tomate bien rouge
2 l d'eau

Nettoyer les champignons et les émincer pas trop fin. Les mettre dans une casserole avec le beurre en morceaux ; faire chauffer doucement en remuant pendant quelques instants, puis verser 2 l d'eau et faire bouillonner jusqu'à réduction de moitié. Ajouter alors la crème fleurette et poursuivre la cuisson jusqu'à réduction d'un quart. Retirer du feu et laisser refroidir.
Effeuiller et trier le cresson. Le plonger dans une casserole d'eau bouillante pendant 1 mn, le plonger dans l'eau glacée puis l'égoutter à fond. L'ajouter à la crème de champignons et passer le tout au mixer. Goûter et rectifier l'assaisonnement. Mettre au frais.
Ébouillanter la tomate pendant 10 s, puis la rafraîchir à l'eau froide et la peler. Couper ensuite la pulpe en tout petits dés. Fouetter vivement la crème fleurette en chantilly, la saler et la poivrer, puis lui incorporer les trois quarts des petits dés de tomate.
Répartir la crème de champignons au cresson dans 6 tasses de service. Laisser tomber sur chacune d'elle, quand elle est remplie, un flocon de crème chantilly au centre. Ajouter au sommet quelques dés de tomate. Servir frais.

50 cl de crème fleurette
100 g de beurre
1,5 dl de crème fleurette fouettée
sel, poivre

Crème de Champignons à l'Oseille

Pour 5 personnes
350 g de champignons
50 cl de crème fleurette
100 g de beurre

Nettoyer et émincer les champignons. Les mettre dans une casserole avec le beurre en morceaux. Faire chauffer doucement en remuant quelques instants, puis mouiller avec 1,5 l d'eau et saler légèrement. Faire réduire de moitié à découvert sur feu modéré en remuant de temps en temps, puis ajouter la crème fleurette. Poursuivre la cuisson jusqu'à réduction d'un quart du liquide. Passer au mixer, puis incorporer les 2 jaunes d'œufs légèrement battus. Mixer encore quelques instants pour homogénéiser, puis goûter et rectifier l'assaisonnement. Laver les feuilles d'oseille et couper les queues. Les éponger et les tailler en fines lanières. Disposer cette chiffonnade au fond de la soupière de service. Verser aussitôt la crème de champignons très chaude par-dessus. Servir aussitôt.

1,5 l d'eau
15 feuilles d'oseille
2 jaunes d'œufs
sel

Cette crème de champignons gagne à être servie avec des croûtons de pain dorés au beurre et bien croustillants.

Potage de Champignons à la Semoule

Pour 6 personnes
500 g de champignons
70 g de semoule de blé fine

Nettoyer les champignons et les couper en fines lamelles. Les mettre à cuire dans une casserole avec 2 l d'eau et un peu de sel. Lorsque la cuisson a réduit à peu près de moitié, passer les champignons dans une passoire conique en treillis métallique (chinois), en pressant bien avec le dos d'une petite louche, pour exprimer le maximum de jus. Verser à nouveau le liquide obtenu dans la casserole et porter à ébullition. Verser alors la semoule en pluie dans le bouillon et faire cuire 10 mn en remuant. Pour finir, incorporer la crème en fouettant doucement et vérifier l'assaisonnement. Servir très chaud.

80 g de crème fraîche
2 l d'eau
sel

Les champignons en lamelles cuit à l'eau qui ont servi au bouillon peuvent être utilisés pour une farce de volaille ou de légumes, ou encore s'incorporer à un hors-d'œuvre, une salade composée, une garniture de poisson froid, etc.

Criques de Pommes de Terre Fourrées aux Champignons

Pour 4 personnes
4 grosses cuillerées à soupe de champignons à la crème (voir page 213)
600 g de pommes de terre
8 belles feuilles d'épinard entières sans déchirures
1 jaune d'œuf
20 g de beurre
1 cuillerée à soupe d'huile d'archide
sel, poivre

Cette garniture accompagne les viandes blanches ou la volaille. Mais on peut aussi servir les criques en entrée chaude, avec une petite salade agrémentée de quelques champignons crus.
L'idéal, bien entendu, est d'avoir à sa disposition quatre petites poêles à blinis et une surface de chauffe qui puisse les recevoir ensemble, mais avec deux poêles, c'est déjà une bonne solution. À défaut de poêle à blinis, on peut néanmoins réaliser cette recette avec une grande poêle, en répartissant les 4 feuilles farcies en étoile.
Lier les champignons à la crème avec le jaune d'œuf et bien mélanger. Laver les feuilles d'épinard, puis les plonger dans une casserole d'eau bouillante, les égoutter et les éponger. Les poser à plat sur un torchon et répartir au centre de chacune d'elles une cuillerée de champignons à la crème. Rabattre les feuilles en enfermant la farce, puis aplatir la paupiette obtenue, en évitant de déchirer la feuille. L'épaisseur de la préparation obtenue ne doit pas dépasser 1,5 cm.
Éplucher et laver les pommes de terre. Les râper dans un saladier et presser ensuite la pulpe pour éliminer le maximum d'eau ; saler et poivrer.
Verser une cuillerée à soupe d'huile d'arachide dans une poêle à blinis et la faire chauffer. Prélever un huitième de la pulpe de pommes de terre et la tasser dans la poêle avec le dos d'une fourchette. Poser ensuite par-dessus une feuille d'épinard farcie, puis finir de remplir la poêle avec encore un huitième de pulpe de pommes de terre. Tasser sur les bords pour souder l'ensemble, mais sans écraser la feuille d'épinard farcie. Faire cuire pendant 5 mn, puis retourner la galette avec une spatule. Poser une noisette de beurre sur la face dorée et laisser cuire encore 5 mn.
Procéder de la même façon avec les quatre autres « criques » en les réservant au chaud au fur et à mesure, après les avoir égouttées sur du papier absorbant.

Hors-d'Œuvre Froid aux Champignons en Gelée

Pour 4 personnes
3 dl de consommé de champignons (voir page 173)
3 feuilles de gélatine
8 cuillerées à soupe de mousse fraîche de champignons (voir page 213)
8 cuillerées à soupe de champignons à la grecque (voir page 214)
1 beau champignon cru
2 tomates bien fermes
ciboulette et cerfeuil

Ébouillanter les tomates, les peler et les épépiner. Tailler la pulpe en tout petits dés. Préparer la gelée de champignons en incorporant la gélatine fondue au consommé.

Répartir les champignons à la grecque dans le fond de 4 assiettes creuses bien froides. Verser par-dessus la gelée de champignons presque prise. Mettre au réfrigérateur. Tailler le champignon cru en lamelles régulières. Bien fouetter la mousse de champignons (la détendre avec un peu d'eau si elle est trop épaisse) : elle doit avoir une consistance fluide. En napper la gelée prise, à partir du centre jusqu'à 2 cm des bords. Disposer les dés de tomates en bordure tout autour. Décorer avec quelques lames de champignon, des pluches de cerfeuil et de la ciboulette. *Cette préparation donnée ici entièrement avec des champignons peut bien entendu s'enrichir d'autres éléments, tels que pointes d'asperges, queues d'écrevisses, lames de truffe, etc.*

Petites Crêpes aux Champignons

Pour 4 personnes
200 g de duxelles de champignons (voir page 211)
2,5 dl de crème fleurette
60 g de farine tamisée
3 cl de lait
2 œufs
beurre
noix de muscade
sel, poivre

Ces petites crêpes servent à accompagner une viande ou une volaille, mais elles peuvent aussi être proposées en entrée chaude, avec un petit ragoût d'abats par exemple.
Verser la farine dans un saladier, ajouter un œuf entier et le jaune du second. Tout en fouettant pour mélanger les ingrédients, incorporer la crème fleurette et le lait. Fouetter énergiquement pour éviter la formation de grumeaux. Ajouter alors la duxelles de champignons et bien mélanger. Saler, poivrer et muscader un peu.
Beurrer légèrement une poêle à blinis et verser une petite quantité de pâte. Faire cuire pendant 4 à 5 mn en retournant la crêpe à mi-cuisson, et ainsi pour toutes les crêpes en les réservant au chaud au fur et à mesure.

Gratinée aux Champignons

Pour 4 personnes
700 g de champignons
80 g de blanc de poireau
500 g de crème fleurette
150 g de beurre
1 dl de crème fraîche épaisse
2 l d'eau

1 jaune d'œuf
1,5 dl de vin blanc sec
1 gousse d'ail
1 petit oignon
1 baguette légèrement rassise
sel, poivre

Nettoyer les champignons ; en mettre 250 g de côté (les plus beaux et les plus réguliers). Hacher très grossièrement le reste. Peler et hacher également l'oignon. Faire fondre 50 g de beurre dans une grande casserole ; ajouter l'oignon, saler et poivrer ; laisser cuire quelques instants sans coloration. Ajouter ensuite les 450 g de champignons hachés et faire fondre doucement en remuant, puis mouiller avec le vin blanc et ajouter l'ail émincé ; faire réduire à découvert presque à sec, puis verser doucement 2 l d'eau. Poursuivre la cuisson en remuant de temps en temps, jusqu'à ce que le liquide ait réduit de moitié, puis ajouter la crème fleurette et faire réduire encore une fois d'un cinquième environ.

Passer le contenu de la casserole au mixer, goûter et rectifier l'assaisonnement. Tenir au chaud (la quantité de potage obtenue est de 1,4 l environ).

Émincer les 250 g de champignons mis de côté précédemment, ainsi que le blanc de poireau lavé et épongé. Faire fondre 50 g de beurre dans une sauteuse et verser les champignons. Laisser cuire doucement sans coloration jusqu'à évaporation de l'eau de végétation ; ajouter le blanc de poireau et poursuivre la cuisson quelques instants sans laisser colorer. Saler et poivrer, bien remuer. Pendant ce temps, faire dorer au beurre à la poêle 24 rondelles fines taillées dans la baguette. Répartir cette garniture dans 4 bols à gratinée (ou dans une grande soupière). Verser par-dessus le potage à la crème et aux champignons, puis placer en surface 6 petits croûtons. Fouetter la crème fraîche très vivement et lui incorporer le jaune d'œuf. Répartir ce glaçage sur les croûtons dans chaque bol. Enfourner les bols à gratinée ainsi remplis sous le gril du four et laisser dorer pour obtenir une belle couleur uniforme. Servir brûlant.

Croquettes de Champignons

Pour 4 personnes
450 g de champignons
50 cl de bouillon de champignons (voir page 216)
80 g de farine
35 g de beurre
4 œufs
chapelure
bain de friture,
sel, poivre
À préparer au moins 2 h à l'avance

Faire fondre la moitié du beurre dans une casserole, ajouter la farine et mélanger ; arrêter la cuisson après 5 mn sur feu moyen, lorsque le mélange est blond, et laisser refroidir. Nettoyer les champignons et les couper en petits cubes de 5 mm de côté. Les faire cuire dans une autre casserole avec le reste de beurre, doucement, jusqu'à ce qu'ils aient rendu leur eau de végétation, puis que celle-ci se soit évaporée entièrement. Mettre dans un saladier et laisser refroidir. Verser le bouillon dans la casserole et porter à ébullition. Le verser ensuite sur le roux refroidi en mélangeant énergiquement au fouet. Remettre le velouté obtenu dans la casserole et faire cuire 10 mn sur feu moyen ; assaisonner et ajouter 2 jaunes d'œufs en mélangeant bien, puis passer le velouté sur les champignons à travers une passoire conique. Bien mélanger le tout, vérifier l'assaisonnement et mettre le saladier 2 h au réfrigérateur.

Casser 2 œufs entiers dans une assiette creuse, les battre en omelette, saler et poivrer. Verser la chapelure dans une seconde assiette.

Sortir le saladier du réfrigérateur. À l'aide de 2 cuillers à soupe, prélever des petites masses de la pâte refroidie et les façonner en croquettes de forme allongée. Les passer une par une d'abord dans les œufs battus, puis dans la chapelure.

Faire chauffer le bain de friture à 180 °C, plonger les croquettes et les faire frire pendant 2 mn. Les égoutter sur un papier absorbant lorsqu'elles sont bien dorées et les servir aussitôt.

Si l'on ne dispose pas de bouillon de champignons (ou si l'on n'a pas le temps d'en préparer), on peut utiliser à la place, soit du lait, soit du bouillon de volaille peu corsé.

Velouté au Parfum de Sous-Bois

Pour 4 à 6 personnes
350 g de brisures et de pieds de champignons mélangés
150 g de têtes de champignons bien fermes
1,5 l d'eau chaude
60 g de beurre

50 g de crème fraîche
30 g de riz
2 jaunes d'œufs
1 petit oignon
cerfeuil frais
1/2 citron
sel, poivre

Peler et hacher l'oignon. Faire fondre 30 g de beurre dans une casserole. Ajouter l'oignon haché, laisser cuire quelques instants sans coloration, puis ajouter les pieds et les brisures de champignons (parfaitement propres et nettoyés), ainsi que le jus du citron. Laisser cuire quelques minutes, puis verser l'eau chaude dans la casserole. Porter à ébullition et verser le riz en pluie. Saler légèrement et laisser cuire 20 mn.

Couper les têtes des champignons nettoyés en petits quartiers et les faire cuire vivement dans le reste de beurre. Les garder au chaud de côté.

Passer au mixer le contenu de la casserole et le remettre dans le récipient. Délayer dans un bol les jaunes d'œufs et la crème fraîche, verser cette liaison dans la casserole et fouetter pour bien lier. Ne pas laisser bouillir. Saler et poivrer. Répartir les têtes de champignons dans des assiettes chaudes, verser le potage lié par-dessus et parsemer de pluches de cerfeuil.

Gratin d'Orge aux Champignons « André Guillot »

Pour 8 à 10 personnes
500 g de champignons
250 g d'orge mondé
2 l de lait
4 gousses d'ail non pelées
100 g de beurre
100 g de parmesan
1 cuillerée à café d'échalote hachée
3 cuillerées à soupe de crème fraîche
2 cuillerées à soupe d'huile

Cette recette est donnée par André Guillot dans *La Vraie Cuisine légère,* **chez le même éditeur.**

Laver l'orge en le versant dans une passoire placée sous le robinet. Verser le lait dans une casserole et le porter à ébullition, baisser le feu et verser l'orge égoutté en pluie. Ajouter les gousses d'ail et laisser cuire doucement pendant environ 1 h 30.

Lorsque le lait est absorbé, l'orge est cuit. Sortir les gousses d'ail et les presser pour en extraire la pulpe. Mettre de côté. Nettoyer les champignons, les couper en morceaux et les faire sauter dans une poêle avec l'huile et l'échalote hachée, en évitant de laisser roussir. Égoutter cette préparation et la verser dans une jatte ; ajouter la purée d'ail, 50 g de beurre en morceaux et le parmesan. Bien mélanger pour obtenir une préparation homogène. Réunir dans le même récipient l'orge cuit, les champignons sautés ainsi aromatisés et 30 g de beurre en morceaux. L'ensemble doit être bien lié. Beurrer un plat à gratin et verser cette préparation, napper de crème et faire cuire 20 mn à feu moyen (200 °C). Juste avant de servir, on peut faire gratiner sous le gril.

Soufflés aux Champignons

Pour 4 personnes
350 g de champignons (poids net)
1 cuillerée à soupe de crème fraîche
30 g de beurre
4 œufs
1/2 cuillerée à café de fécule de pomme de terre ou de maïzena
farine et beurre pour les moules
jus de citron
sel, poivre

Nettoyer les champignons. Les couper en tranches et les citronner. Les mettre dans une petite casserole avec le beurre. Faire chauffer pour leur laisser rendre leur eau de végétation et la faire évaporer. Ajouter alors la crème et cuire jusqu'à bonne liaison. Verser le contenu de la casserole dans le bol d'un mixer ; saler et poivrer, réduire en purée fine. Casser les œufs et séparer les blancs des jaunes. Remettre la purée de champignons dans la casserole sur le feu. Incorporer la maïzena (ou la fécule) en fouettant, puis, hors du feu, 3 jaunes d'œufs.

Monter en neige bien ferme, avec une pincée de sel, 4 blancs d'œufs et les incorporer à leur tour.

Beurrer et fariner 4 moules à ramequins de 8 à 9 cm de diamètre. Les remplir avec la préparation précédente, en répartissant celle-ci équitablement.

Faire cuire pendant 10 mn au four à 200 °C. Servir aussitôt.

On peut agrémenter cette présentation en versant, au moment de servir, une cuillerée à café de sauce forestière (page 193) ou de sauce fleurette aux champignons (page 166), brûlante, juste au milieu de chaque soufflé.

Duxelles de Champignons

Pour 180 g de duxelles environ
250 g de champignons (poids net)
1 cuillerée à soupe d'oignon haché

1 cuillerée à soupe d'échalote hachée
25 g de beurre
1 pincée de persil haché
sel, poivre

La duxelles de champignons — dont le nom aurait été créé par le fameux La Varenne, cuisinier du marquis d'Uxelles à la fin du XVIIe siècle — est un hachis de champignons, cuit au beurre avec oignon et échalote : on l'utilise comme farce, garniture ou élément complémentaire dans une sauce ou une préparation. La duxelles se prépare classiquement avec des champignons de Paris, mais on peut éventuellement la préparer avec n'importe quelle espèce de champignons. Nettoyer les champignons et les hacher finement, queues comprises. Faire chauffer le beurre dans une casserole sans qu'il ne colore ; ajouter l'oignon et l'échalote, et faire cuire très doucement en remuant pendant quelques minutes. Ajouter les champignons et laisser cuire, toujours doucement en remuant de temps en temps avec une cuiller en bois jusqu'à évaporation totale de l'humidité. Saler et poivrer. Ajouter le persil haché et retirer du feu.

Cuisson pour Champignons

Pour 500 g de champignons de Paris
40 g de beurre

1/2 citron
sel

Il est toujours préférable de cuisiner des champignons frais, sans liquide et en les faisant sauter, mais le mode de cuisson que nous donnons ici permet de différer l'emploi de champignons de quelques jours tout en leur conservant leur belle couleur.

Choisir des champignons de Paris de taille moyenne, fermes et bien blancs, peu ouverts. Couper la partie terreuse du pied. Les laver rapidement, mais bien à fond, dans 3 bains d'eau successifs sans les laisser tremper. Les égoutter aussitôt et les éponger. Presser le jus du citron dans une casserole, ajouter 1 dl d'eau, le beurre en parcelles et une pincée de sel. Porter à ébullition et ajouter aussitôt les champignons. Faire cuire à bouillonnements réguliers pendant 5 mn, puis les égoutter et les verser dans un récipient en terre, en verre ou en acier inoxydable. Couvrir d'un papier pour empêcher de noircir.

Duxelles pour Légumes à Farcir

Pour 4 pièces environ
100 g de duxelles de champignons (voir p. 211)
5 cl de vin blanc sec
1 dl de jus de viande
1 pointe d'ail écrasé
25 g de mie de pain

Cette farce convient en particulier pour garnir des pommes de terre, des têtes de champignons ainsi que des tomates.

Émietter la mie de pain dans une sauteuse, ajouter la duxelles et la pointe d'ail. Mélanger, ajouter le vin blanc et le jus de viande. Faire cuire doucement jusqu'à ce que la préparation ait suffisamment réduit pour avoir la consistance d'une farce.

Fumet de Champignons

Pour 1 verre de fumet environ
500 g de champignons de couche
2 dl de bouillon de volaille
50 g de beurre

Cette essence de champignons très aromatique s'emploie pour augmenter la saveur de certaines sauces ou cuissons. Les corps gras ayant la faculté de fixer les arômes, ceci explique l'emploi du beurre dans cette préparation où, de prime abord, il ne semble pas indispensable.

Nettoyer et laver les champignons ; les égoutter et les hacher. Les mettre dans une casserole, ajouter le beurre en morceaux et arroser avec le bouillon. Faire cuire lentement sur feu doux pendant 1 h.

Passer dans une passoire fine, en pressant bien le hachis de champignons pour en extraire le maximum de jus. Conserver celui-ci au réfrigérateur, le congeler ou le stériliser.

Mousse de Champignons

Pour 250 g environ
350 g de champignons
50 g de beurre

Nettoyer les champignons et les émincer finement. Les mettre dans un saladier et les arroser avec quelques gouttes de jus de citron, mélanger et réserver. Verser dans une casserole le lait et la même quantité d'eau ; ajouter le beurre en morceaux et porter à ébullition. Ajouter ensuite les champignons, saler et poivrer. Couvrir et faire cuire vivement pendant une dizaine de minutes. Passer le contenu de la casserole au mixer, goûter et rectifier l'assaisonnement. Verser cette mousse dans un récipient et couvrir d'un papier huilé.

Une fois refroidie, cette mousse peut se parfumer avec un peu d'huile de noix ou de noisettes, pour agrémenter une salade, garnir des canapés ou des croûtons qui accompagnent une terrine. Elle peut également servir d'élément de liaison pour une sauce, un ragoût, un potage, etc.

1 cuillerée à soupe de lait
jus de citron
sel, poivre

Champignons à la Crème

Pour 2 personnes
350 g de champignons
(poids net)

Pratiquement tous les champignons peuvent s'accommoder de cette façon. Ils accompagnent notamment les abats ou la viande blanche.
Laver les champignons, les égoutter et les émincer. Faire fondre le beurre dans une casserole, ajouter les champignons émincés, arroser avec le jus du citron et faire cuire doucement quelques minutes. Lorsque l'eau de végétation est évaporée, ajouter la crème, remuer et faire réduire jusqu'à l'obtention de la liaison. Goûter et rectifier l'assaisonnement.

2 dl de crème fraîche
30 g de beurre
1/2 citron

Sauce aux Champignons à l'Oseille

Pour 4 personnes
250 g de champignons nettoyés
20 g d'échalote hachée
1 dl de porto blanc
5 cl de vin blanc sec
5 cl de bouillon de volaille
30 g de beurre
25 cl de crème
50 g d'oseille

Émincer les champignons et les faire suer avec 20 g de beurre.
Réunir l'échalote et le porto, réduire à sec puis ajouter le vin blanc. Réduire à nouveau presque à sec ; ajouter le fond de volaille et réduire encore une fois jusqu'à ce qu'il ne reste que quelques gouttes de liquide au fond de la casserole. Ajouter alors les champignons et la crème. Cuire 3 à 4 mn et passer au mixer. Vérifier l'assaisonnement, remettre à bouillir. Incorporer 10 g de beurre et l'oseille coupée en chiffonnade.
Cette sauce accompagne parfaitement les œufs, les ris de veau, le jambon ou le poisson.

Champignons à la Grecque

Pour 4 personnes
600 g de champignons (petits cèpes ou agarics)
75 g d'oignon haché
20 g d'ail écrasé
1 petit bouquet garni
1 dl d'huile d'olive
2 citrons
1,5 dl de vin blanc sec
30 grains de coriandre
15 grains de poivre noir
sel
À préparer à l'avance

Faire chauffer l'huile dans un poêlon, mettre l'oignon haché et faire cuire très doucement sans coloration. Nettoyer soigneusement les champignons et les escaloper ; les ajouter dans le poêlon, puis mouiller avec le jus des citrons ; ajouter le vin blanc, la coriandre et le poivre, ainsi que l'ail. Saler et ajouter le bouquet garni. Porter à ébullition et maintenir celle-ci sur feu vif pendant 10 mn. Retirer du feu, verser dans un saladier ou une terrine et laisser refroidir.
Servir en hors-d'œuvre froid. Cette préparation se conserve 2 ou 3 jours au réfrigérateur.

Première variante
Pour la même proportion de champignons, si l'on dispose de lactaires et de pieds-bleus, on peut : ajouter aux ingrédients précédents 50 g de fenouil frais haché et une pointe de couteau de safran, tout en diminuant la quantité d'oignon de 25 g. La méthode de préparation est exactement la même.

Seconde variante

Toujours pour la même proportion de champignons, mais en utilisant un assortiment de cèpes, d'agarics, de pieds-bleus et de lactaires, on applique exactement la même recette, en ajoutant simplement 25 g de concentré de tomate dans la cuisson, ainsi que 200 g de tomates pelées, épépinées et taillées en petits cubes dans la préparation, juste avant de retirer du feu.

Sauce La Varenne

Pour 4 personnes
120 g de duxelles de champignons (voir page 211, en remplaçant le beurre par 2 cuillerées à soupe d'huile)

Cette sauce connaît pratiquement les mêmes emplois que la mayonnaise classique.

Incorporer la duxelles de champignons à la mayonnaise sans trop travailler celle-ci. Ajouter les fines herbes. Garder en attente au moins 15 mn avant de servir.

1,2 dl de sauce mayonnaise
1 cuillerée à soupe de persil plat haché
1 cuillerée à soupe de cerfeuil haché

Bouillon de Champignons

Pour 1 l de bouillon environ

500 g de pieds et de parures de champignons ou de champignons entiers

Ce bouillon sert de base à diverses préparations (potages, sauces, mouillement d'un ragoût ou d'une daube, etc.). On peut le conserver facilement stérilisé en bocaux ou surgelé. Les brisures, parures et pieds de champignons, à condition qu'ils soient sains, sont l'idéal pour cette préparation car il est dommage de devoir hacher, puis jeter après cuisson, des champignons entiers.

Nettoyer soigneusement les champignons, en ne les lavant que si c'est indispensable. Les hacher pas trop fin et les mettre dans une casserole ; ajouter le beurre et mettre sur feu doux. Faire mijoter sans hâte jusqu'à ce qu'ils aient rendu toute leur eau. Mouiller ensuite avec 2 l d'eau, saler et poivrer au goût. Cuire doucement jusqu'à ce que le contenu de la casserole ait réduit de moitié.

Passer dans une passoire conique à fin treillage ou tapissée d'un linge propre, en pressant bien sur les champignons cuits pour récupérer le maximum de jus.

2 l d'eau
30 g de beurre
sel, poivre

Champignons Confits à la Graisse d'Oie

Pour 1 kg de champignons, petits et bien fermes

6 dl de graisse d'oie

Nettoyer soigneusement les champignons sans les laver. Faire fondre un peu de graisse d'oie dans une casserole, ajouter les champignons, couvrir et laisser chauffer pour leur faire rendre leur eau. Les égoutter. Récupérer le liquide obtenu et le conserver pour un potage ou une sauce.

Nettoyer la casserole et remettre les champignons dedans, ajouter la sauge, l'ail et le thym. Couvrir avec la graisse d'oie préalablement fondue et laisser cuire doucement pendant 1 h 30. À ce stade de la cuisson, les champignons ont pris une teinte foncée.

Les répartir dans des bocaux ou des récipients en terre vernissée, en prenant soin de retirer la sauge, l'ail et le thym. Veiller à ce que la couche de graisse qui les recouvre

2 feuilles de sauge
2 gousses d'ail non pelées
1 brindille de thym

ait au moins 1 cm d'épaisseur. Laisser refroidir, couvrir et conserver dans un endroit frais et sec, à l'abri de la lumière. *Ces bocaux de champignons à la graisse d'oie se conservent facilement plusieurs mois. Cette méthode convient en particulier aux cèpes, mais aussi aux pieds-de-mouton, aux girolles de consistance ferme et aux champignons de Paris.*

Champignons en Conserve à l'Huile

Pour 4 bocaux de 500 g
2 kg de champignons, jeunes et bien fermes
1 l de vinaigre blanc
1 l d'eau

Nettoyer soigneusement les champignons. Verser le vinaigre dans une casserole, ajouter 1 l d'eau et le gros sel. Porter à ébullition, plonger le tiers des champignons et laisser bouillonner 2 mn. Les retirer avec une écumoire et recommencer la même opération deux fois de suite avec le reste des champignons.
Ébouillanter les 4 bocaux. Lorsque les champignons sont bien égouttés, les répartir dans les bocaux, ajouter le thym, le laurier et le poivre en les répartissant également. Verser l'huile d'olive (50 cl dans chaque bocal) sur les champignons, puis fermer les bocaux et les ranger dans un endroit frais à l'abri de la lumière.
Ainsi préparés, les champignons peuvent se conserver jusqu'à un an, mais il est préférable de les consommer dans les six mois. À la place de l'huile d'olive, on peut utiliser de l'huile de pépins de raisin par exemple (qui ne fige pas au froid). Cette huile, imprégnée du parfum des champignons, servira de corps gras de cuisson pour cuisiner d'autres espèces.

2 l d'huile d'olive
2 feuilles de laurier
2 brindilles de thym frais
30 grains de poivre noir
gros sel

Sauce Chasseur

Pour 4 à 5 personnes
100 g de champignons de couche
1,5 dl de bouillon brun de viande ou de volaille légèrement lié
1 dl de vin blanc
1 tomate moyenne

50 g de beurre
20 g d'échalote hachée (1 cuillerée à soupe)
1 cuillerée à soupe de fines herbes mélangées hachées (persil, cerfeuil, estragon)
sel, poivre

La sauce chasseur s'emploie pour accommoder notamment les rognons, les médaillons ou les escalopes de veau sautées, mais surtout le poulet sauté. Agrémentée de foies de volaille sautés, elle peut aussi accompagner des œufs sur le plat ou une omelette.

Nettoyer et émincer finement les champignons. Faire chauffer 20 g de beurre dans une casserole et ajouter les champignons. Laisser cuire très doucement sans coloration, puis ajouter l'échalote et poursuivre la cuisson sur feu modéré en remuant de temps en temps. Mouiller avec le vin blanc et le laisser réduire presque entièrement.

Pendant ce temps, ébouillanter la tomate, la peler et la tailler en petits dés. L'ajouter dans la casserole avec le bouillon de viande. Faire réduire d'un quart, saler et poivrer. Incorporer en fouettant le reste de beurre froid en petites parcelles et terminer avec les fines herbes.

PRÉPARATIONS DE BASE

Beurre de Champignons

Pour 6 personnes
300 g de champignons
140 g de beurre

jus de citron
sel, poivre

Cette sauce accompagne notamment le poisson poché ou grillé. (Conserver les champignons cuits pour agrémenter une salade.) On peut la corser à volonté en lui ajoutant avant réduction un peu de poudre de champignons séchés. Nettoyer les champignons. Les émincer finement et les mettre dans une casserole ; ajouter 20 g de beurre, saler et poivrer ; mettre sur feu doux et laisser cuire doucement pendant quelques minutes. Mouiller avec 2 tasses à café d'eau et ajouter quelques gouttes de jus de citron. Laisser mijoter 5 à 6 mn.

Verser le tout dans un chinois au-dessus d'une petite casserole, en pressant fortement sur les champignons avec le dos d'une cuiller, pour exprimer le maximum de jus. Faire réduire le liquide obtenu jusqu'à ce qu'il n'en reste que la valeur d'un petit verre à madère (5 à 6 cuillerées à dessert). Incorporer alors le beurre froid en petites parcelles, en fouettant vivement pour bien émulsionner. Rectifier l'assaisonnement et ajouter éventuellement encore un peu de jus de citron. Si la sauce paraît trop épaisse, ajouter une cuillerée d'eau chaude en fouettant.

Index des recettes par variété de champignon

AGARIC, voir psalliote
ALBARELLE, voir pholiote

AMANITE ET ORONGE
Amanites des Césars en carpaccio, 69
*Golmottes à la crème
et aux tomates*, 68
*Œufs poêlés aux amanites fauves
et à la crème d'oseille*, 68
Oronges au Cointreau, 70
Oronges crues au céleri, 70
*Oronges au plat sur feuilles
de vigne*, 71
Oronges rôties à la marjolaine, 72
Oronges au vin miellé, 72
*Salade d'oronges aux truffes
blanches*, 71

ANISÉ, voir psalliote
ARGOUANE, voir mousseron
ARMILLAIRE, voir clitocybe
CANARI, voir mousseron

CÈPE ET BOLET
Bolets à pied rouge au pistou, 73
*Cèpes à la bordelaise façon
Escoffier*, 76
*Cèpes à la bordelaise
à la chapelure*, 76
Cèpes grillés, 77
Cèpes à la limousine, 77
Cèpes à la marmandaise, 74
Cèpes à la provençale, 73
*Farce aux cèpes pour la dinde
de Noël*, 79
Gras-double persillé aux bolets, 74
Gratin de cèpes aux aromates, 79
Minute de carpe aux cèpes, 84
Morue en gratin aux bolets, 75
*Petits flans aux cèpes et leur sauce
crème*, 78
Potage de cèpes aux huîtres, 80
*Raviolis de cèpes dans leur bouillon
d'ail doux*, 81
Risotto crémeux aux cèpes, 84
*Sauté de cèpes aux pommes
et au genièvre*, 82
Timbale d'artichauts aux cèpes, 83

CHAMPIGNON NOIR
*Salade de bulots aux champignons
noirs*, 86
*Taboulé sucré
aux champignons noirs*, 85

CHAMPIGNON DE PARIS, voir psalliote

CHANTERELLE, GIROLLE ET CRATERELLE
*Chanterelles en marinière
aux moules*, 88
*Chanterelles en compote
à la mirabelle*, 89
*Cocotte de girolles aux olives
vertes*, 90
*Compote aigre-douce de girolles
aux abricots secs*, 92
Darioles de trompettes-des-bois, 95
*Filets de turbot aux girolles
et aux fanes de radis*, 92
Fricot de girolles à la paysanne, 90
*Omelette plate aux girolles
et aux olives noires*, 91
Purée de trompettes-des-morts, 96
*Soupe de chanterelles à la cervelle
de veau*, 87
Tomates confites aux girolles, 88
Trompettes-des-morts aux endives, 94
*Trompettes et poivrons sautés
à l'ail*, 93

CLAVAIRE
Fricassée de clavaires aux épices, 97

CLITOCYBE
*Curry de clitocybes nébuleux au lait
de coco*, 98
*Feuilletés d'armillaires
au potiron*, 101
*Lasagnes de palourdes aux laqués
améthystes*, 100
*Pudding de clitocybes
géotropes*, 99

CLITOPILE, voir mousseron
COLLYBIE, voir marasme

COPRIN
Coprins poêlés au beurre, 102
Coprins en salade, 102
Coprins sauce poulette, 103

CORTINAIRE
Chutney de cortinaires, 105
Cortinaires en daube froide, 104

COULEMELLE, voir lépiote
CRATERELLE, voir chanterelle

FISTULINE HÉPATIQUE
*Langue-de-bœuf en estouffade
aux anchois*, 107
*Langue-de-bœuf en salade
à la pomme et aux noix*, 106
Langue-de-bœuf en sashimi, 106

GIROLLE, voir chanterelle
GOLMOTTE, voir amanite

GOMPHIDE
*Polenta aux gomphides
et aux chipolatas*, 108

GUÉPINIE
*Guépinies crues en marinade
à la menthe*, 109

GYROMITRE, HELVELLE, voir morille

HYDNE
Pieds-de-mouton au cidre, 110
*Pieds-de-mouton en daube
à la sauge*, 111
*Salade de pieds-de-mouton au curry
et au lard*, 110

HYGROPHORE
*Feuilletés de grenouilles
aux hygrophores*, 112

LACTAIRE
Lactaires en barigoule, 116
Lactaires poivrés sur la braise, 114
Lactaires au rhum brun, 115
Pissaladière aux lactaires, 113
Soupe de lactaires à la rouille, 114

LANGUE-DE-BŒUF, voir fistuline
LAQUÉ AMÉTHYSTE, voir clitocybe

LENTIN DE CHÊNE
*Meurette d'anguilles aux lentins
de chêne*, 117
*Sauté de légumes aux lentins
de chêne*, 118

INDEX

Lépiote et Coulemelle
Beignets de coulemelles, 120
Coulemelles étuvées au cerfeuil, 119
Lépiotes farcies aux noisettes, 119

LYCOPERDON, voir vesse-de-loup

Marasme
Brouillade de marasmes en coquilles d'œufs, 121
Galettes de riz aux marasmes, 123
Marasmes rissolés au jambon cru, 122
Saint-Jacques aux marasmes, 122

MEUNIER, voir mousseron

Morille et Helvelle
Fricassée de morilles aux carottes, 127
Helvelles aux abattis, sauce aux herbes, 132
Morilles en boules d'or à la manière du Dr Ramain, 125
Morilles farcies, 130
Morilles farcies au ris de veau, 126
Morilles au jambon braisées à l'ancienne, 129
Morilles en robe des champs, 132
Potage aux œufs durs et aux morilles séchées, 128
Ris de veau aux morilles, 124
Tête de veau en fricassée aux gyromitres, 131

Mousseron, Tricholome et Rhodopaxille
Blanquette de clitopiles à la moutarde, 144
Caillettes de sardines fraîches aux mousserons, 139
Canaris au vinaigre de cidre safrané, 136
Cervelles de veau aux argouanes, 142
Crépinettes de lapin aux pieds-violets, 134
Cromesquis d'argouanes, 143
Escalopes de saumon aux mousserons, 141
Gratin de poireaux aux mousserons, 138
Mousserons de printemps aux écrevisses, 135
Poêlée de mousserons aux asperges et aux fines herbes, 136
Poulet sauté aux clitopiles, 140
Ragoût de pieds-bleus aux épices, 145
Tricholomes au cumin et aux raisins secs, 138
Tricholomes équestres en bouillabaisse, 137
Velouté mauve aux pieds-bleus, 140

OREILLE-DE-CHAT, voir champignon noir
ORONGE, voir amanite

Pézize
Coupes de pézizes à la normande, 146
Pézizes au kirsch, 146
Salade de pézizes écarlates aux violettes, 147

Pholiote
Boudins blancs aux albarelles du Vexin, 152
Canards sauvages rôtis aux pholiotes, 150
Fromage de chèvre frais aux pivoulades marinées, 148
Gnocchis de pommes de terre aux pholiotes, 151
Œufs cocotte aux pivoulades, 149
Omelette aux pholiotes, 149

PIED-BLEU, voir mousseron
PIED-DE-CHÈVRE, voir polypore
PIED-DE-MOUTON, voir hydne
PIED-VIOLET, voir mousseron
PIVOULADE, voir pholiote

Pleurote
Marinade de pleurotes à la menthe, 153
Pleurotes en coquilles d'huîtres, 155
Pleurotes rafraîchis au basilic, 153
Sauté de pleurotes à l'orientale, 154
Terrine de raie aux pleurotes, 154
Velouté de pleurotes au curry, 156

PLUTÉE, voir volvaire

Polypore
Gratin de macaronis aux polypores, 157
Pieds-de-chèvre en civet, 159
Quiche aux polypores, 158
Salade de polypores aux fines herbes, 157

Psalliote, Agaric, Champignon de Paris et Rosé
Bavaroise de champignons sur coulis de fenouil, 168
Champignons crus à la tapenade, 160
Champignons farcis aux cervelles d'agneau, 165
Champignons farcis aux crevettes en feuilles de laitue, 167
Champignons farcis aux escargots, 164
Champignons farcis à la persillade, 170
Consommé de champignons, 173
Émincé d'oignons nouveaux aux champignons, 162
Gratin de champignons confits au porto et aux figues fraîches, 174
Marinade de rosés des prés aux aromates, 169
Rosace de champignons au poivron, 172
Rosés des prés farcis aux épinards et au fromage de chèvre, 171
Salade de champignons crus aux haricots verts, 162
Salade de champignons crus au soja, 169
Sauce fleurette aux champignons, 166
Soupe glacée à la tapenade, 166
Taboulé aux champignons de Paris, 170
Tartare de loup aux agarics anisés, 163
Têtes de champignons boulangères, 161
Tian de champignons, 164
Velouté de champignons à la saveur d'anis, 175

RHODOPAXILLE, voir mousseron
ROSÉ DES PRÉS, voir psalliote

Russule
Gratin de russules aux épinards, 176
Paprikache de russules au poivron vert, 177
Salade de russules aux épinards et au saumon fumé, 176

SHIITAKE, voir lentin de chêne
SPARASSIS, voir clavaire

Strophaire
Têtes noires au poivre vert, 178

TRICHOLOME, voir mousseron
TROMPETTE-DES-MORTS, voir chanterelle

Truffe Noire et Blanche
Brandade de morue aux truffes, 187
Brie de Meaux aux truffes, 182
Glace aux truffes
« André Daguin », 185
Huile de truffes, 182
Pâtes fraîches aux truffes, 189
Rissoles de truffes à la mode
du Valromey, 188
Risotto au champagne et aux truffes
blanches, sauce safran, 180
Salade de homard aux truffes
blanches, 191
Salade de pommes de terre
aux truffes, 186
Sauce Jean Rougié, 185
Sauce Périgueux, 189
Sauté de truffes au cerfeuil, 186
Soufflés aux truffes, 184
Truffes blanches à la crème, 180
Truffes au champagne, 183
Truffes en chaussons « sous la
cendre », 179
Truffes en feuilles de chou, 181
Truffes en surprise, 183
Truffes Souvarov, 190

VESSE-DE-LOUP, voir aussi amanite

Champignons divers
Champignons frits, 199
Crème de champignons à l'oseille, 203
Cressonnière glacée
aux champignons, 202
Criques de pommes de terre fourrées
aux champignons, 204
Croquettes de champignons, 207
Dartois de sardines fraîches
à la duxelles, 200
Diablotins aux champignons, 199
Forestière de lapereau, 196
Fricassée croustillante aux quatre
champignons, 192
Fricassée de champignons « Jean
Delaveyne », 197
Gratinée aux champignons, 206
Gratin d'orge aux champignons
« André Guillot », 209
Hors-d'œuvre froid aux champignons
en gelée, 205
Pannequets aux champignons, 202

Petites crêpes aux champignons, 205
Petits pains aux champignons, 198
Pickles de champignons, 193
Pilaf de champignons, 195
*Potage de champignons
à la semoule*, 203
*Potage rapide aux champignons
séchés*, 192
Sauce forestière, 193
Soufflés aux champignons, 210
Subrics de champignons, 201
Terrine de champignons, 194
Velouté au parfum de sous-bois, 208

Index des recettes par genre de plat

Salades, Hors-d'Œuvre et Entrées Froides

Amanites des Césars
en carpaccio, 69
Bavaroise de champignons sur
coulis de fenouil, 168
Cervelles de veau
aux argouanes, 142
Champignons crus
à la tapenade, 160
Champignons à la grecque, 214
Coprins en salade, 102
Cortinaires en daube froide, 104
Guépinies crues en marinade
à la menthe, 109
Hors-d'œuvre froid aux
champignons en gelée, 205
Langue-de-bœuf en salade
à la pomme et aux noix, 106
Langue-de-bœuf en sashimi, 106
Marinade de pleurotes
à la menthe, 153
Marinade de rosés des prés
aux aromates, 169
Oronges crues au céleri, 70
Pleurotes en coquilles d'huîtres, 155
Pleurotes rafraîchis au basilic, 153
Rosaces de champignons
au poivron, 172
Salade de bulots aux champignons
noirs, 86
Salade de champignons crus
aux haricots verts, 162
Salade de champignons crus
au soja, 169

Salade de homard aux truffes
blanches, 191
Salade d'oronges aux truffes
blanches, 71
Salade de pézizes écarlates
aux violettes, 147
Salade de pieds-de-mouton
au curry et au lard, 110
Salade de polypores aux fines
herbes, 157
Salade de pommes de terre
aux truffes, 186
Salade de russules aux épinards
et au saumon fumé, 176
Taboulé aux champignons
de Paris, 170
Tartare de loup aux agarics
anisés, 163
Terrine de raie aux pleurotes, 154
Tricholomes au cumin
et aux raisins secs, 138

Soupes et Potages

Bouillon de champignons, 216
Consommé de champignons, 173
Crème de champignons
à l'oseille, 203
Cressonnière glacée aux
champignons, 202
Diablotins aux champignons, 199
Gratinée aux champignons, 206
Potage de cèpes aux huîtres, 80
Potage de champignons
à la semoule, 203
Potage aux œufs durs
et aux morilles séchées, 128
Potage rapide aux champignons
séchés, 192
Soupe de chanterelles à la cervelle
de veau, 87
Soupe glacée à la tapenade, 166
Soupe de lactaires à la rouille, 114
Velouté de champignons à la saveur
d'anis, 175
Velouté mauve aux pieds-bleus, 140
Velouté au parfum
de sous-bois, 208
Velouté de pleurotes au curry, 156

Entrées Chaudes

Beignets de coulemelles, 120
Bolets à pied rouge au pistou, 73

INDEX

Boudins blancs aux albarelles du Vexin, 152
Cèpes à la marmandaise, 74
Champignons farcis à la persillade, 170
Champignons farcis aux cervelles d'agneau, 165
Champignons farcis aux crevettes en feuilles de laitue, 167
Champignons farcis aux escargots, 164
Chanterelles en marinière aux moules, 88
Coprins poêlés au beurre, 102
Coprins sauce poulette, 103
Criques de pommes de terre fourrées aux champignons, 204
Cromesquis d'argouanes, 143
Croquettes de champignons, 207
Curry de clitocybes nébuleux au lait de coco, 98
Darioles de trompettes-des-bois, 95
Dartois de sardines fraîches à la duxelles, 200
Feuilletés d'armillaires au potiron, 101
Feuilletés de grenouilles aux hygrophores, 112
Fricassée de clavaires aux épices, 97
Fricassée de morilles aux carottes, 127
Gnocchis de pommes de terre aux pholiotes, 151
Lactaires en barigoule, 116
Lasagnes de palourdes aux laqués améthyste, 100
Langue-de-bœuf en estouffade aux anchois, 107
Lépiotes farcies aux noisettes, 119
Morilles en robe des champs, 132
Morilles en boule d'or à la manière du Dr Ramain, 125
Morilles farcies, 130
Morilles farcies au ris de veau, 126
Mousserons de printemps aux écrevisses, 135
Oronges au plat sur feuilles de vigne, 71
Oronges rôties à la marjolaine, 72
Pannequets aux champignons, 202
Paprikache de russules au poivron vert, 177
Pâtes fraîches aux truffes, 182

Petits flans aux cèpes et leur sauce crème, 78
Pieds-de-chèvre en civet, 159
Pieds-de-mouton en daube à la sauge, 111
Pissaladière aux lactaires, 113
Poêlée de mousserons aux asperges et aux fines herbes, 136
Polenta aux gomphides et aux chipolatas, 108
Pudding de clitocybes géotropes, 99
Quiche aux polypores, 158
Raviolis de cèpes dans leur bouillon d'ail doux, 81
Risotto au champagne et aux truffes, 180
Risotto crémeux aux cèpes, 84
Rissoles de truffes à la mode du Valromey, 188
Rosés des prés farcis aux épinards et au fromage de chèvre, 171
Sauté de truffes au cerfeuil, 186
Soufflés aux champignons, 210
Soufflés aux truffes, 184
Terrine de champignons, 194
Tomates confites aux girolles, 88
Tricholomes équestres en bouillabaisse, 137
Truffes blanches à la crème, 180
Truffes au champagne, 183
Truffes en chaussons « sous la cendre », 179
Truffes en feuilles de chou, 181
Truffes en surprise, 183
Truffes Souvarov, 190

Poissons

Brandade de morue aux truffes, 187
Caillettes de sardines fraîches aux mousserons, 139
Escalopes de saumon aux mousserons, 141
Filets de turbot aux girolles et aux fanes de radis, 92
Meurette d'anguilles aux lentins de chêne, 117
Minute de carpe aux cèpes, 84
Morue en gratin aux bolets, 75
Saint-Jacques aux marasmes, 122
Tartare de loup aux agarics anisés, 163
Terrine de raie aux pleurotes, 154

Œufs

Brouillade de marasmes en coquilles d'œufs, 121
Œufs cocotte aux pivoulades, 149
Œufs poêlés aux amanites fauves et à la crème d'oseille, 68
Omelette aux pholiotes, 149
Omelette plate aux girolles et aux olives noires, 91

Viandes

Canards sauvages rôtis aux pholiotes, 150
Crépinettes de lapin aux pieds-violets, 134
Forestière de lapereau, 196
Gras-double persillé aux bolets, 74
Helvelles aux abattis, sauce aux herbes, 132
Poulet sauté aux clitopiles, 140
Ris de veau aux morilles, 124
Tête de veau en fricassée aux gyromitres, 131

Garnitures

Blanquette de clitopiles à la moutarde, 144
Bolets à pied rouge au pistou, 73
Canaris au vinaigre de cidre safrané, 136
Cèpes à la bordelaise à la chapelure, 76
Cèpes à la bordelaise façon Escoffier, 76
Cèpes grillés, 77
Cèpes à la limousine, 77
Cèpes à la provençale, 73
Champignons à la crème, 213
Champignons farcis à la persillade, 170
Champignons frits, 199
Chanterelles en compote à la mirabelle, 89
Cocotte de girolles aux olives vertes, 90
Compote aigre-douce de girolles aux abricots secs, 92
Cortinaires en daube froide, 104
Coulemelles étuvées au cerfeuil, 119
Criques de pommes de terre

INDEX

fourrées aux champignons, 204
Croquettes de champignons, 207
Darioles de trompettes-des-bois, 95
Diablotins aux champignons, 199
Émincé d'oignons nouveaux
aux champignons, 162
Fricassée croustillante aux quatre
champignons, 192
Fricassée de morilles aux
carottes, 127
Fricot de girolles à la paysanne, 90
Galettes de riz aux marasmes, 123
Gratin de cèpes aux aromates, 79
Gratin d'orge aux champignons
« André Guillot », 209
Gratin de macaronis
aux polypores, 157
Gratin de poireaux
aux mousserons, 138
Gratin de russules aux
épinards, 176
Lactaires poivrés sur la braise, 114
Lactaires au rhum brun, 115
Marasmes rissolés au jambon
cru, 122
Morilles au jambon braisé
à l'ancienne, 129
Petites crêpes aux
champignons, 205
Pieds-de-mouton au cidre, 110
Pilaf de champignons, 195
Purée de trompettes-des-morts, 96
Ragoût de pieds-bleus aux
épices, 145

Sauté de cèpes aux pommes
et au genièvre, 82
Sauté de légumes aux lentins
de chêne, 112
Sauté de pleurotes à l'orientale, 154
Subrics de champignons, 201
Têtes brunes au poivre vert, 178
Têtes de champignons
boulangères, 161
Tian de champignons, 164
Timbale d'artichauts aux cèpes, 83
Trompettes-des-morts aux
endives, 94
Trompettes et poivrons sautés
à l'ail, 93

Sauces, Condiments, Conserves et Préparations de base

Beurre de champignons, 219
Bouillon de champignons, 216
Champignons confits à la graisse
d'oie, 216
Champignons en conserve
à l'huile, 217
Chutney de cortinaires, 105
Cuisson pour champignons, 211
Duxelles de champignons, 211
Duxelles pour légumes
à farcir, 212
Farce aux cèpes pour la dinde
de Noël, 79
Fumet de champignons, 212

Huile de truffes, 182
Mousse de champignons, 213
Pickles de champignons, 193
Sauce aux champignons
à l'oseille, 214
Sauce chasseur, 218
Sauce fleurette aux
champignons, 166
Sauce forestière, 193
Sauce Jean Rougié, 185
Sauce La Varenne, 215
Sauce Périgueux, 189

Pain et Fromages

Brie de Meaux aux truffes, 182
Fromage de chèvre frais aux
pivoulades marinées, 148
Petits pains aux champignons, 198

Desserts et Entremets

Coupes de pézizes
à la normande, 146
Glace aux truffes
« André Daguin », 185
Gratin de champignons confits
au porto et aux figues fraîches, 174
Oronges au Cointreau, 70
Oronges au vin miellé, 72
Pézizes au kirsch, 146
Taboulé sucré aux champignons
noirs, 85

Composition : EUROCOMPOSITION, à Sèvres

Achevé d'imprimer en août 2000
par POLLINA s.a., 85400 Luçon

N° d'édition : FT 2551 - N° d'impression : 80930
Dépôt légal : août 2000
Imprimé en France